本研究为江苏省高校人文社科重点研究基地——苏州科技大学城市发展智库阶段性成果。

本研究得到苏州科技大学国外智库涉华舆情分析研究中心的研究基金资助。

本研究为教育部人文社会科学基金资助项目"基于语料库的美国媒体中国形象建构研究（1990—2012）"（14YJA740061）最终成果。

光明社科文库
GUANGMING DAILY PRESS:
A SOCIAL SCIENCE SERIES

·教育与语言书系·

基于语料库的中美媒体话语语用修辞对比研究

支永碧　王永祥　支冉 | 著

光明日报出版社

图书在版编目（CIP）数据

基于语料库的中美媒体话语语用修辞对比研究 / 支永碧，王永祥，支冉著．--北京：光明日报出版社，2022.11

ISBN 978-7-5194-6969-6

Ⅰ.①基… Ⅱ.①支… ②王… ③支… Ⅲ.①媒体—社会语言学—对比研究—中国、美国 Ⅳ.①G206.2 ②H0-05

中国版本图书馆 CIP 数据核字（2022）第 254602 号

基于语料库的中美媒体话语语用修辞对比研究
JIYU YULIAOKU DE ZHONGMEI MEITI HUAYU YUYONG XIUCI DUIBI YANJIU

著　　者：支永碧　王永祥　支　冉	
责任编辑：石建峰	责任校对：李　兵
封面设计：中联华文	责任印制：曹　净

出版发行：光明日报出版社
地　　址：北京市西城区永安路 106 号，100050
电　　话：010-63169890（咨询），010-63131930（邮购）
传　　真：010-63131930
网　　址：http://book.gmw.cn
E - mail：gmrbcbs@gmw.cn
法律顾问：北京市兰台律师事务所龚柳方律师
印　　刷：三河市华东印刷有限公司
装　　订：三河市华东印刷有限公司
本书如有破损、缺页、装订错误，请与本社联系调换，电话：010-63131930

开　　本：170mm×240mm
字　　数：296 千字　　　　　　　　　印　张：17
版　　次：2023 年 6 月第 1 版　　　　印　次：2023 年 6 月第 1 次印刷
书　　号：ISBN 978-7-5194-6969-6
定　　价：95.00 元

版权所有　　翻印必究

前　言

　　一直以来，国际媒体在构建和传播国家形象方面起着不可忽视的作用。但是，各国媒体在报道其他国家事件时，在一定程度上都带有意识形态色彩，因此对一个国家形象的塑造可能存在歪曲、丑化的可能性。一旦国家形象遭到这种负面思维定式的传播，想要恢复一个真正的、良好的国家形象往往需要付出巨大的代价。这对于提高一国的"软实力"是极其不利的，也直接影响一个国家能否在国际社会拥有强大的话语权和影响力。

　　改革开放40多年，中国在各方面发展迅猛，中国的"软实力"亦得到不断提升，在当今世界民族之林中的话语也越来越掷地有声，各国媒体，特别是美国媒体纷纷开始关注中国。

　　美国媒体在世界上的影响力众所周知。美国媒体不断和美国政府、美国智库密切互动，关注中国、研究中国。美国媒体对中国形象的建构和传播往往能引起国际社会的极大关注，也一定程度上主导了涉华国际舆论，值得中国学界高度重视和警惕。

　　因此，本研究从概念隐喻、及物性、互文性、态度系统、模糊限制语、语义韵六个视角对美国媒体关于中国政治、经济、文化、外交、环境、科技形象的话语建构开展基于语料库的批评性话语分析，并将其与中国媒体话语开展对比研究。

　　本研究旨在回答如下几个问题：

　　（1）中美媒体采用何种语篇语用策略建构中国的政治、经济、军事、外交和环境形象？其动因何在？

　　（2）中美主流媒体采用何种语篇语用策略建构本国的文化身份、民族认同和国家认同？

　　为此，本研究购买了当代美国英语语料库（COCA），并分别自建中美主流媒体涉华政治、经济、军事、文化、外交、环境、科技报道小型标注语料库，借助 Wmatrix、Wordsmith 5.0、BFSU Qualitative Coder、Chi Square and log likelihood 1.0 等研究工具，深入开展中美媒体话语的语用修辞对比研究。

本研究初步发现：

（1）经济方面，美国媒体涉华经济报道不仅关注中国的经济发展对世界的贡献，也时常大肆渲染中国经济发展对世界的所谓"威胁"，恶意建构"中国经济威胁论"。

（2）环境方面，美国利用概念隐喻，夸大事实，恶意建构负面的中国环境形象，以达到其不可告人的目的。

（3）科技方面，鉴赏元素占比最高，判断资源是其次，情感资源占比最低。通过态度系统建构的中国科技形象既有正面的也有负面的，以实现其既定的政治目的。

（4）外交方面，美国媒体利用模糊限制语模糊态度和立场，推卸责任，避免过分刺激中国，避免对中国的敏感问题做出无端判断。

（5）国防领域，美国媒体的涉华军事报道往往缺乏一定的客观性与公正性，存在大量偏见与歧视，故意夸大所谓的"中国军事威胁"。具体来说，美国媒体通过不同的言语过程建构中国的国防安全形象，其中物质过程最多，刻意强调中国强军的主动性和威胁性。

（6）政治方面，美国媒体总体上肯定了中国政府的反腐机制和力度，也对中国特色全球治理方案予以肯定和赞同，但也有部分媒体别有用心，对中国的人权、民主问题说三道四，值得高度关注和批判。

总体来说，虽然不少美国媒体能基本上尊重新闻事实，较为客观地报道中国发展模式。但受政治体制、价值观、语言、历史和文化传统的差异性影响，也有不少美国媒体仍然用"有色眼镜"观察中国，对中国改革开放取得的成就视而不见。个别媒体甚至"妖魔化"中国，对中国模式和中国道路误读、误判乃至曲解，需要我们开展细致而有效的解释、说明或批评性话语分析。

鉴于上述发现，本研究提出，一方面美国主流媒体应该端正自身作为意识形态传播者的态度。另一方面中国也应该大胆创新对外传播话语体系，有效地应对西方社会的"有色眼镜"与"话语霸权"，并积极构建和传播自身良好的国际形象，创造有利于本国发展的国内外舆论环境，提升中国"软实力"，加强中国在国际社会的话语权。

本研究的意义可归纳为以下几点：

首先，本研究将定量分析与定性分析有机结合，从不同理论视角对美国媒体的涉华报道进行研究，获得了一些有价值的发现，结论较为客观中肯，既没有简单否定美国媒体的涉华正面报道，也结合特定的社会历史文化语境阐释了美国媒体中国形象建构的意识形态倾向。

其次，本研究语料涉猎的范围比较广泛，涵盖中国的政治、经济、文化、外交、科技、环境等诸多领域，且将中国媒体的自我报道作为参照语料库，进行对比分析，研究结论比较可信。可以说，本研究现实意义、理论意义、实践价值兼备。

最后，本研究将语料库语言学与批评性话语分析相结合，对中美媒体话语的语用修辞开展对比研究，有助于深刻揭示西方媒体涉华报道的主观性及其社会文化历史根源，有助于在国际上维护良好的中国形象，帮助中国掌握舆论主导权，扩大中国的国际影响力。

当然，本研究成果可以进一步验证批评性话语分析理论的实践价值，并丰富中国形象研究的现有成果，拓展媒体话语研究的深度和广度。

支永碧

2021年11月

目　录
CONTENTS

第一部分　绪论、文献综述和理论基础

第一章　绪论 ········ 3

第一节　研究背景 ········ 3

第二节　研究意义与价值 ········ 6

第三节　研究目标 ········ 6

第四节　创新之处 ········ 7

第五节　研究对象与研究内容 ········ 7

第六节　研究思路与方法 ········ 8

第七节　组织结构 ········ 9

第二章　文献综述 ········ 10

第一节　中国形象研究综述 ········ 10

第二节　批评性话语分析研究概述 ········ 41

第三节　本章小结 ········ 64

第三章　研究框架 ········ 66

第一节　语料库语言学 ········ 66

第二节　批评性话语分析框架的理论建构 ········ 67

第三节　本章小结 ········ 78

第二部分 概念隐喻视角的中国形象研究

第四章 美国媒体关于中国环境形象的隐喻建构研究 ······ 81

  第一节 引言 ······ 81
  第二节 研究设计 ······ 82
  第三节 基于Wmatrix的数据统计与分析 ······ 86
  第四节 概念隐喻的语篇语用功能批评性分析 ······ 92
  第五节 本章小结 ······ 110

第五章 基于语料库的美国媒体中国政治形象建构研究 ······ 112

  第一节 引言 ······ 112
  第二节 研究方法 ······ 113
  第三节 基于Wmatrix的数据统计与分析 ······ 115
  第四节 概念隐喻的语篇语用功能批评性分析 ······ 119
  第五节 本章小结 ······ 130

第三部分 系统功能语言学视角的中国形象研究

第六章 基于语料库的美国媒体中国科技形象建构研究 ······ 133

  第一节 引言 ······ 133
  第二节 研究设计 ······ 134
  第三节 分析与讨论 ······ 137
  第四节 《纽约时报》涉华科技报道的态度系统分析 ······ 145
  第五节 本章小结 ······ 150

第七章 中美媒体关于中国国防的话语建构 ······ 152

  第一节 引言 ······ 152
  第二节 研究设计 ······ 153

第三节　中美媒体涉华军事报道的及物性对比分析 ………… 157
第四节　中美媒体中国军事形象建构的及物性分析 ………… 165
第五节　本章小结 …………………………………………… 171

第四部分　语用学视角的中国形象研究

第八章　中美媒体关于中国外交的话语建构研究 …………… 175

第一节　引言 ………………………………………………… 175
第二节　研究设计 …………………………………………… 176
第三节　分析与讨论 ………………………………………… 179
第四节　模糊限制语的语篇语用功能批评性分析 …………… 186
第五节　本章小结 …………………………………………… 190

第五部分　语义韵视角的中国形象研究

第九章　基于语料库的美国媒体中国经济形象建构研究 …… 195

第一节　引言 ………………………………………………… 195
第二节　研究设计 …………………………………………… 195
第三节　美国媒体涉华经济报道的语义韵分析 ……………… 206
第四节　本章小结 …………………………………………… 214

第十章　美国媒体关于中国城市形象的话语建构 …………… 215

第一节　引言 ………………………………………………… 215
第二节　研究设计 …………………………………………… 216
第三节　语义韵的语篇语用功能分析 ………………………… 226
第四节　本章小结 …………………………………………… 230

第六部分　结束语

第十一章　结束语 …… 235

　第一节　本研究的主要发现 …… 235
　第二节　本研究的主要贡献 …… 236
　第三节　本研究存在的问题与未来研究展望 …… 236

附录　涉华科技语篇标注语料示例 …… 240

参考文献 …… 244

后　记 …… 256

第一部分
绪论、文献综述和理论基础

第一章

绪 论

第一节 研究背景

  国家形象是一个国家不可或缺的"软实力"资源，直接关系到一国在国际上的话语权和影响力。中华人民共和国成立以来，通过中国人民的不懈努力，中国的国际地位日益上升，中国逐步从地区大国走向世界大国，中国的国际形象直接关系到国家利益的维护和拓展，直接关系着复兴的中国在多大程度上能够为国际社会所接受和认可[1]。然而，正如学者窦卫霖所言，改革开放四十多年，虽然中国的经济、军事等硬实力发展成绩斐然，但中国的"软实力"建设成就似乎与之不太相称，需要进一步提升。由于中国道路、中国模式的特殊性，加之意识形态、价值观、政治体制、语言和文化因素的影响，国际社会对中国仍存在一定的偏见、误解或曲解。中国复兴已经让习惯了拥有话语主导权的美国等西方国家深感不安，他们时常炮制"中国环境威胁论""中国军事威胁论""中国崩溃论""中国责任论"等各种论调，试图干扰和破坏中国发展的国际舆论环境，值得学界高度警惕[2]。

  在这样的背景下，近年来，中国政府、中国领导人以及越来越多的中国学者在对外传播和跨文化交流中积极关注中国国家形象的构建，他们从不同角度、不同层面、不同途径努力探索中国国家形象建设的基本框架与实践路径，旨在维护和传播良好的中国国际形象，提升中国的国际话语权。

  众所周知，美国是一个"三权分立"的国家，而媒体是仅次于这三种权力的"第四种权力"，是"无冕之王"。美国媒体不仅具有强大的信息传播功

---

[1] 罗建波. 中国国家形象战略的基本框架与实现途径 [J]. 理论视野, 2007 (08): 27-29.
[2] 窦卫霖. 中美官方话语的比较研究 [D]. 上海：上海外国语大学, 2011: 44.

能，可以塑造大到一个国家，小到一个人的形象，而且无所不在的美国媒体还对决策者起着监督作用。在中美关系中，媒体的影响力同样是巨大的。美国许多媒体在20世纪90年代常常妖魔化中国，对两国关系起了相当大的负面作用，它们对报道内容的选择和报道的倾向性，也在一定程度上影响美国政府的对华政策制定，影响中美关系的走向，影响中国的国际形象和外交。

当前，越来越多的学者关注国家形象研究，研究视角"已经超越了单纯的国际政治学范畴，更多的是从现实主义、建构主义、国际政治心理学、国际关系、公共传媒等角度进行跨学科探讨"①。

迄今为止，国内学术界的主要成果侧重于对中国国家形象象征性的判断和具体国家形象传播策略的研究，并且取得了相当可观的成果。李希光对中国被欧美妖魔化的背景、动因、手段等作用机制有着深入的剖析。他强调，政治传播在国家形象的建构中具有不可替代的重要作用。②刘继南、何辉通过考察世界主流媒体对中国的报道，并进行定量、定性分析，深刻地揭示国际社会主流媒体对中国国家形象的认知和建构。③

其他有关中国形象的研究成果有：哈罗德·伊萨克斯的《美国的中国形象》④、克里斯托弗·杰斯普森《美国的中国形象（1931—1949）》⑤、史蒂文·莫舍尔的《被误解的中国》⑥、科林·马克林的《西方的中国形象》⑦、乔舒亚·库珀·雷默的《中国形象：外国学者眼里的中国》⑧、刘林利的《日本大众媒体中的中国形象》、张玉的《日本报纸中的中国形象》、丁磊的《国家形象及其对国家间行为的影响》、姜智琴的《美国的中国形象》、吴光辉的《日本的中国形象》、杜雁芸的《美国政府对中国国家形象的认知》、吴友富

---

① 杜雁芸. 美国政府对中国国家形象的认知 [M]. 北京：时事出版社，2013：6-8.
② 李希光. 妖魔化中国的背后 [M]. 北京：中国社会科学出版社，1996.
③ 刘继南，何辉. 当前国家形象建构的主要问题及对策 [J]. 国际观察，2008（01）：29-36.
④ 哈罗德·伊萨克斯.《美国的中国形象》[M]. 于殿利，陆日宇译. 北京：时事出版社，1999.
⑤ 克里斯托弗·杰斯普森.《美国的中国形象（1931—1949）》[M]. 姜智琴译. 南京：江苏人民出版社，2010.
⑥ Mosher. S. W. China Misperceived: American Illusions and Chinese Reality [M]. A New Republic Book，1990.
⑦ Mackerras. C. Western Images of China, Revised Edition [M]. Oxford: Oxford University Press，1999.
⑧ 乔舒亚·库珀·雷默.《中国形象：外国学者眼里的中国》[M]. 沈晓雷等译. 北京：社会科学文献出版社，2006.

的《中国国家形象的塑造和传播》以及朱小雪的《外国人眼中的中国形象及华人形象研究》等。特别是周宁教授的《天朝遥远：西方的中国形象研究》（上、下）、《中国形象：西方的学说与传说》《跨文化研究：以中国形象为方法》《世界之中国：域外中国形象研究》等成果一直走在国家形象研究的前沿。他在《世界的中国形象丛书》指出，跨文化形象学有关中国形象的研究有"三组课题"（详见该丛书总序）值得关注。这给我们提供了重要启示，即跨文化的国家形象研究还有很多问题需要探索，学界仍有漫长的道路需要摸索。

概括说来，已有的国家形象研究尚存在一些问题：

（1）对国家形象的理解存在不足。或概念定义不清，用形象定义形象，或将国际形象解释为一国在新闻媒介中的形象或一个国家在别的国家民众心目中的形象；或者与相关概念混淆，如一些学者将国家形象与国家威望、国家声誉、国家品牌、国家吸引力等概念混淆。

（2）某些研究未能准确指出国家形象的构成要素。这些学者认为国家形象的构成要素包括：物质基础、政治制度、文化实力、意识形态和国民素质等，这些要素分析将形象看作现实的反映，且这些要素隐含着某种预设的标准，而这种"标准"本身是没有标准的，只不过是某种主观评价的载体。

（3）学者们在探讨国家形象形成或建构过程中，都偏重于强调"软实力"的作用，忽略了"硬实力"同样发挥了不可或缺的重要影响。

（4）从语料库和批评性话语分析视角对中国和华人形象进行深入研究的成果很少。传播学视角下的话语分析研究在语料选择、方法设计、数据分析等方面还存在不少问题，深度、广度尚显不足。

（5）虽然有学者探讨了西方媒体话语中的预设策略和隐喻评价机制，但鲜有学者将其上升到国家利益、国家形象塑造、西方文化霸权、西方文化认同建构的战略高度来研究。

基于这样的认识，本研究从批评性话语分析视角，以建构主义语言哲学为认识论基础，借助案例分析和语料库手段，将定性与定量分析相结合、个案分析和对比分析相结合，深入研究美国新闻媒体涉华报道的修辞特点、规律及其动因，阐述其对中国国家形象和文化保护的影响，旨在探索不同语言文化背景下语言运用中隐喻、语义韵、预设等语篇语用策略在表达语义尤其是说话者的立场观点上的异同，以期丰富批评性话语分析的研究成果。

第二节　研究意义与价值

本研究具有较大的理论意义、现实意义和实践价值：

（1）有助于我们充分认识和深刻把握西方媒体的话语策略及其背后所蕴含的政治意图，从而为我国新闻媒体工作者、外交人员以及其他文化从业者提供重要的理论指导，引领他们成功运用灵活的话语策略来传播和颂扬中国的核心价值观，最终提升中国的国际形象，进而增强国民的文化认同、民族认同和国家认同。

（2）话语和权力之间具有相互建构的关系。权力制造话语，话语巩固并再造权力。当前，我国的对外传播能力还不能满足对迅速复兴的大国形象进行宣传的需要，深入研究欧美媒体涉华报道的多元化倾向，可以帮助我们理性判断和审视欧美媒体的涉华报道及其背后的实际意图，从而及时采取对策，减少负面报道给中国形象带来的影响。

（3）争取国际话语权是国家对外文化安全政策的重要内容。本研究充分吸收有关学科的理论成果，对欧美媒体的话语霸权、他者镜像建构、西方文化认同建构等语篇语用策略展开批评性话语分析，可以有效促进中国话语体系的建构，赢得国际话语权，最终推动中国的文化发展战略。

（4）可以在一定程度上帮助提高外语专业学生的批判性阅读能力、外刊鉴赏能力与写作能力，还可由（汉语、外语、对外汉语教学等领域的）教师广泛运用于阅读和写作教学实践。

第三节　研究目标

通过对自建标注语料库和 COCA 新闻语料库的定量分析和定性分析，我们试图回答以下几个问题：

（1）如何建构本研究概念隐喻、语义韵、及物性、互文性、态度系统、模糊限制语的批评性分析框架？

（2）中美媒体建构了怎样的中国政治、经济、文化、科技、外交和环境形象？其动因何在？

（3）中美主流媒体采用何种语篇语用策略建构了美国的文化身份、民族认同和国家认同？

第四节 创新之处

第一，拥有第一手语料，将大型语料库——当代美式英语语料库"COCA"的新闻子语料库——作为研究后盾，数据可信度高，研究对象比较丰富，研究空间很大。

第二，自建美国主流媒体涉华报道语料库 3000 多万字，涵盖政治、经济、文化、外交、军事与安全等多个领域，研究对象丰富，语料具有一定的代表性。

第三，将语料库语言学、批评语言学等多元化的理论和方法有机结合，运用相关工具 Wordsmith. 5.0 和 Logliklihood 1.0 分析软件帮助开展定量的统计与定性对比分析，可以深入而系统地探索语义韵对有效表达立场观点和维护、强化或操纵特定社会意义或意识形态意义的重要作用。

第四，从概念隐喻、及物性、互文性、态度系统、语义韵等不同视角出发，深入探讨美国媒体涉华报道语篇中隐含的偏见、歧视、政治控制等意识形态，丰富了批评性话语分析和语言评价性研究的视野，也可以丰富当代中国新话语研究的方法和视野。

第五节 研究对象与研究内容

通过了解美国新闻媒体涉华报道中的高频词分布特点及其体现的意识形态和政治动机，从语料库视角，对美国新闻话语的语篇语用策略开展深入研究和批评性话语分析，以了解西方媒体对中国形象、美国形象建构的特点、规律及其动因。

本研究以中美主流媒体涉华报道为研究对象，总体框架如下：
（1）中美主流媒体有关中国环境的话语建构；
（2）中美主流媒体有关中国政治的话语建构；
（3）中美主流媒体有关中国经济的话语建构；
（4）中美主流媒体有关中国外交的话语建构；
（5）中美主流媒体有关中国城市的话语建构；

(6) 中美主流媒体有关中国科技的话语建构；
(7) 中美主流媒体有关中国国防的话语建构。

第六节　研究思路与方法

本研究的语料选择来源于当代美式英语语料库［The Corpus of Contemporary American English（简称COCA）］的新闻子语料库中的114 341 164词（取自美国10家报纸，包括《今日美国》《纽约时报》《亚特兰大宪法杂志》《旧金山纪事报》和《华盛顿邮报》等）。当代美式英语语料库为美国杨百翰大学（Brigham Young University）的马克·戴维斯（Mark Davis）教授设计创立，是当今世界最大的免费公共语料库。该语料库包括1990至2017年搜集到的真实语料，来源广泛，包括口语、小说、杂志、学术等五个领域，并允许使用者精确搜索任意词或词组、通配符、词条、词类等。该语料库逐年更新。具体研究方法如下：

（1）文献资料法。查阅"隐喻"与"批评性话语分析""中国形象""话语霸权""文化认同"等方面的资料，了解研究动态和前沿进展，明确课题研究的内涵与外延，为本课题的研究提供科学依据和借鉴材料。

（2）定量、定性并重互进。采用语料库语言学的研究方法，对欧美主流媒体涉华报道的概念隐喻（旅途隐喻、建筑隐喻、疾病隐喻等）进行批评隐喻分析，探索隐喻的意识形态本质和中国形象建构。

（3）走向话语的多元化分析。反对本质主义，以建构主义哲学为认识论基础，反对西方话语霸权，倡导多元文化共存，主张多种发展道路，为批判西方的人权论与所谓的"自由""民主"提供理论支撑。

（4）主要工具是WMATRIX、WORDSMITH5.0、ANTCONC.3.4.4、CHI-SQUARE AND LOGLIKELIHOOD CALCULATOR1.0等分析软件，从批评性话语分析视角对美国新闻话语进行深入研究，探讨隐喻等隐性评价机制的社会意义和意识形态意义。

技术路线图如图1-1：

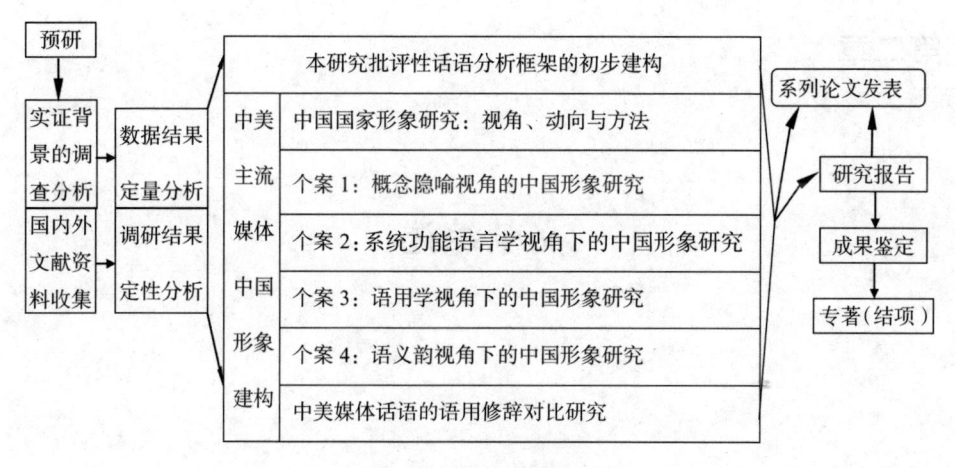

图 1-1 技术路线图

第七节 组织结构

  本研究共分十一章。第一章为绪论，主要介绍研究背景、研究对象、研究目标、研究内容和研究工具等。第二章是文献综述，通过可视化分析方法详细论述中国形象研究、批评性话语分析研究的国内外前沿与动向，总结研究不足与存在问题，阐述本课题的研究起点。第三章为研究框架，介绍本研究批评性话语分析框架的理论建构。第四章到十章，采用基于语料库的批评性话语分析方法，分别从概念隐喻、态度系统、及物性、模糊限制语、语义韵等若干理论视角出发，深入系统地探讨美国主流媒体关于中国环境、政治、科技、军事、外交和经济形象的话语建构，以进一步阐述批评性话语分析对我国构建国际形象的实践意义。第十一章为结束语，总结本研究的主要发现、主要贡献、存在问题和未来研究方向。

第二章

文献综述

第一节 中国形象研究综述

近年来,随着全球化以及信息化的发展趋势不断加强,国家形象问题受到了各国领导人的重点关注。2011年胡锦涛主席访美期间,中国国家形象宣传片首次在美国纽约曼哈顿时代广场播放。欧洲、亚洲等多家电视台也随之陆续播出。鉴此,各国媒体掀起了对中国将建构怎样的"国际形象"这一问题的研究热潮。

孙有中认为,一个国家的形象可以分为国内形象与国际形象,两者之间存在一定的相似之处,但更多的是差异。国家的综合国力从根本上决定了一个国家的形象,但又不仅仅局限于此,它在一定程度上是可以被重新塑造的。在这一过程中,国家形象的作用不断地体现出来。[1]

20世纪90年代中期以来,国内学者关于中国形象的研究成果不断涌现,但正如刘继南、何辉所言,国内学者对中国形象的研究缺乏完整的理论体系。[2] 王祎(2011)则认为,由于"研究基础和研究理论相对闭塞",研究国家形象的国内学者应该多向西方国家学习。

本研究作者借助可视化分析软件CiteSpace5.3,从合作作者、合作机构、共引机构以及关键词等方面对国际媒体有关中国形象研究的动向、视角及方法进行综述,总结目前中国形象研究中尚存的问题与不足。

CiteSpace是在科学计量学(Scientometric)、数据和信息可视化(Data and

---

[1] 孙有中. 国家形象的内涵及其功能 [J]. 国际论坛, 2002, 4 (3): 14-21.
[2] 刘继南, 何辉. 当前国家形象建构的主要问题及对策 [J]. 国际观察, 2008 (01): 29-36.

information visualization）背景下逐渐发展起来的一款引文可视化分析软件，侧重于对科学文献潜藏的知识框架进行剖析。鉴于 CiteSpace 是以可视化为手段，对科学知识的节点、规律和分布情况进行分析和呈现，因此通过此类方法所获取的可视化图表也被称为"科学知识图谱"。

陈悦，陈超美等（2015）认为，可视化软件 CiteSpace 的突出特征在于把一个知识领域浩如烟海的文献数据，以一种多元、分时、动态的可视化引文分析，并以巧妙的空间布局将所分析领域的演进历程完整地呈现在一张引文网络的知识图谱之上。同时，可视化分析软件能自动标记出图谱上的重要节点，从而显示出图谱本身的可解读性。[①]

一、数据来源

本研究的中文数据主要来源于中国知网（简称 CNKI），研究者以"中国形象"和"媒体"为搜索主题，在 CNKI 上进行检索，时间跨度为 1978—2018 年，获取有效文献 830 条。

本研究的外文数据来源于覆盖 150 多个学科领域的科学引文索引数据库 Web of Science（简称 WoS）。它包含科学引文索引（Science Citation Index，简称 SCI）、社会科学引文索引（Social Science Citation Index，简称 SSCI）和艺术与人文学科索引（Art & Humanities Citation Index，简称 A & HCI）等 3 个数据库，基本包含了全球范围内重点的研究文献，为图谱分析提供了基本的数据支持，并且使可视化研究具有一定的说服力。[②] 研究者以"China"（中国）和"media"（媒体）为主题检索词在 WoS 中的 SCI、SSCI 以及 A & HCI 上进行检索，时间跨度同样为 1978—2018 年，共获取检索结果 2514 条，经由 CiteSpace 软件去重后获取 511 条有效文献。

本研究以 830 条中文数据与 511 条外文数据为基础，借助可视化软件 CiteSpace 对国内外中国形象研究的现状进行综述。在生成的图谱上，N 表示网络节点数量，E 表示连线数量，Density 表示网络密度。

[①] 陈悦，陈超美，刘泽渊，胡志刚，王贤文. CiteSpace 知识图谱的方法论功能 [J]. 科学学研究，2015.

[②] 杨玉麟，屈义华. 公共图书馆资源建设与服务 [M]. 北京：北京大学出版社，2013：276—277.

二、国内外数据总体分析

研究者分别对国内外中国形象研究相关论文的年代分布进行统计分析，显示结果如下（图 2-1 为知网搜索结果计量可视化分析，图 2-2 为 WoS 搜索结果描述性统计分析）：

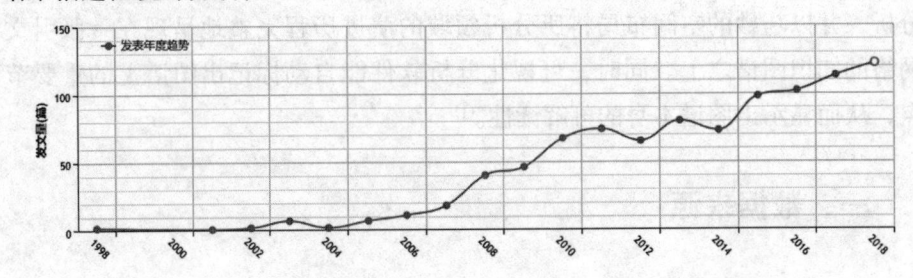

图 2-1　1978—2018 年国内中国形象研究年发文量分布研究

根据图 2-1，我们可以将国内对中国形象的研究现状总体上分为两个阶段，1998—2007 年为第一个阶段，2008—2018 年为第二个阶段。第一个阶段为中国形象研究的起步阶段。在该阶段，中国进行内部调整，处于缓慢发展时期，中国形象问题并没有引起国内媒体及学者足够的关注和重视。这一阶段只有 2005 年、2006 年以及 2007 年的发文量比较多，分别达到了 7 篇、11 篇和 18 篇。进入 2008 年之后，中国形象研究的论文数量呈稳步上升的趋势，并在 2017 年达到了最高峰 113 篇。可见，国内的中国形象研究虽然起步较晚，但国内学者已将中国形象的建构问题列为其研究重点，研究成果越来越多。

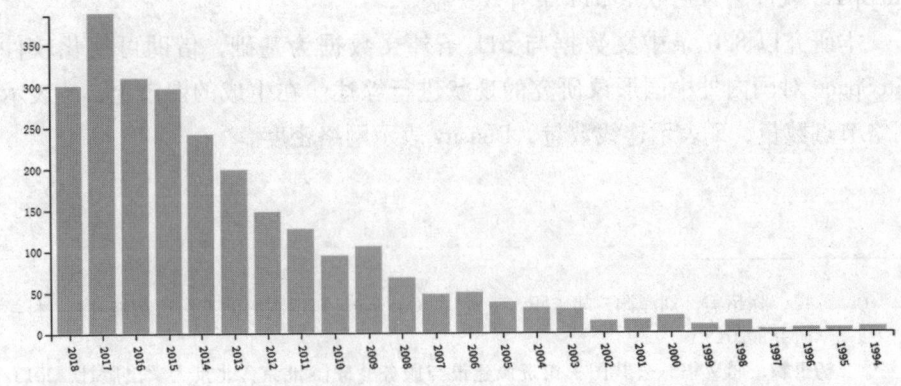

图 2-2　1978—2018 年国外中国形象研究年发文量分布研究

我们从图 2-2 可以看出，国外媒体对中国形象的研究起步较早，可以将其研究现状大致分为两个阶段，第一阶段为 1994—2007 年，第二个阶段为 2008—2018 年。第一阶段成果数量不是很多，起步阶段研究进程比较缓慢。第二阶段是在中国举办 2008 年奥运会后，一定程度上打开了国际知名度，国外对中国形象的研究年发文量大幅上升，并在 2017 年达到峰值。这一数据表明，近十年来，中国的国际话语权得到了大幅提升，国际媒体开始高度关注中国的形象问题。

上述统计结果显示，国内外中国形象研究的发文总量总体呈上升趋势，最低数据与最高数据之间差距显著。由此可见，近年来，由于中国的国际地位不断上升，话语权也在不断增强，国内外媒体对中国形象及相关话题展开的研究日益增多。

三、科研合作网络分析

对科研合作进行计量研究最早可以追溯到 20 世纪 60 年代。科学计量学家马丁（Martin）和卡茨（Katz）认为，科学合作就是研究者为生产新的科学知识这一共同目的而在一起工作[①]。本研究以作者、机构和国家作为科研合作网络分析的研究主体，利用可视化分析软件 CiteSpace 绘制相应的合作网络可视化图谱。由于 CNKI 暂不支持国家/地区的合作网络分析，本研究仅分析国外的国家合作网络图谱。

（一）作者合作网络分析

将中文数据与外文数据分别导入 CiteSpace 可视化软件，节点类型（Node Types）选中作者（Author），时间切片（Time Slicing）设置为 1978—2018 年，其他参数为默认数值，即可生成作者合作网络图谱。在这一合作网络图谱中，节点的大小与作者发文量呈正相关关系，节点越大说明作者的发文量越多，若节点间有连线，则表示节点所代表的作者间存在合作关系，连线越粗则合作关系越密切。

如图 2-3 所示，该图谱上有 30 个节点，且节点之间只有 3 条连线，合作节点最多只有 3 个，仅占整张网络图谱的 6%。由此可见，在中国形象研究方面，国内作者之间的合作程度非常低。从上图可以看出，邓秀琳与鄢佼，杨

---

① J. S. Katz、B. R. Martin.

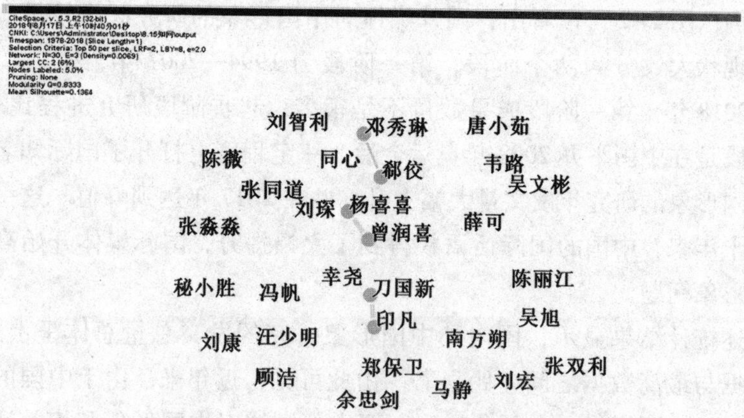

图 2-3　1978—2018 年国内中国形象研究作者合作网络图谱

喜喜与曾润喜、刀国新与印凡存在合作关系。数据显示，上述三组作者分别发表了《批评性话语视阈下中亚主流网络媒体中的中国国家形象——以中国在上海合作组织成员国的角色为例》《国外媒体涉华政策传播的话语框架与语义策略》和《泰国主流媒体中国两会报道中的中国形象研究——以泰国电视九频道和〈泰吻报〉为例》等论文。该图谱中大部分作者的发文量为 2 篇，发文量较少，说明国内对中国形象的研究尚处于起步阶段，中国形象研究的国内学者较少且作者之间的合作关系并不密切。

从图 2-4 我们可以看出，该图谱上有 524 个节点，节点间的连线达到 1261 条，最大的合作结合点为 393 条，达到 75%。由此可见，国外学者在中国形象研究方面合作关系密切，且大多是在 3~4 个以上作者进行合作。图谱中的节点大小不同，表明作者的发文量存在明显的差距，但每个节点间有较强的连线密度，说明国外作者存在密切的合作关系。根据软件计算的数据绘制出表 2-1 国外中国形象研究发文量前 20 的作者排名（含并列）。

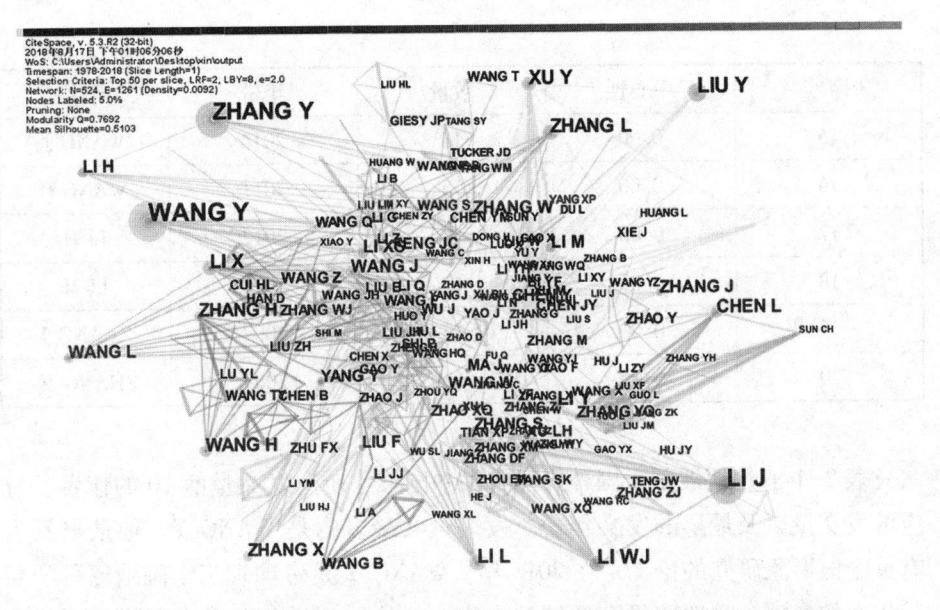

图 2-4 1978—2018 年国外媒体上有关中国形象研究的作者合作网络图谱

表 2-1 国外媒体上有关中国形象研究发文量前 20 的作者排名（含并列）

序号	中心性	数量	年份	作者
1	0.00	43	2011	WANG Y
2	0.00	38	2008	LI J
3	0.00	36	2012	ZHANG Y
4	0.00	22	2009	LIU Y
5	0.00	20	2004	LI WJ
6	0.00	18	2009	LI L
7	0.00	18	2007	LI X
8	0.00	17	2011	XU Y
9	0.00	17	2009	ZHANG L
10	0.00	16	2008	LI Y
11	0.00	15	2011	WANG H
12	0.00	14	2012	CHEN L
13	0.00	14	2005	ZHANG H
14	0.00	13	2015	LI XS

续表

序号	中心性	数量	年份	作者
15	0.00	13	2014	WANG J
16	0.00	13	2011	WANG L
17	0.00	12	2012	LI H
18	0.00	12	2012	LI M
19	0.00	12	2007	ZHANG J
20	0.00	12	2009	ZHANG W

表2-1清楚地展示了国外媒体有关中国形象研究发文量前20的作者、对应的发文量以及最早的发文年份。发表论文最多的是WANG Y，他最早发表有关中国形象研究的论文是在2011年。WANG Y是帝国理工学院地球科学与工程系的教授，是地质研究领域的专家。他从地理学角度对中国形象进行分析，2011年他与Cui F、ZHOU Q以及ZHAO YQ合作发表了一篇名为"Application of constructed wetland for urban lake water purification: Trial of Xingqing Lake in Xi'an city, China"（《人工湿地在城市湖泊水质净化中的应用：西安市兴庆湖试验》）的论文。我们可以看到表中的中心性（Centrality）均为0。在Citespace中使用中心性与文献的重要性呈正相关，并对该类文献、作者、期刊以及机构等用紫色圈进行重点标注[①]。中心性均为0说明合作作者的可视化图谱不存在网络聚类。图谱中大部分作者的发文量低于10，虽然作者间的合作密度很强，且合作的最大节点达到了393，占整个网络图谱的75%，但每个作者的研究焦点并不只专注于中国形象这一课题。

（二）机构合作网络分析

将CNKI数据与WoS数据分别导入CiteSpace这一软件后，节点类型（Node Type）选中机构（Institution），保持其他参数为默认状态，即可绘制国内中国形象分析研究机构合作网络图谱。

在图2-5有32个节点，存在7条连线，且节点间的最大连线数仅为3条，只占整个图谱的9%。与国内作者间合作相比，机构间的合作更为密切。

---

① 李杰，陈超美. CiteSpace科技文本挖掘及可视化（第二版）[M]. 北京：首都经济贸易大学出版社，2017：93.

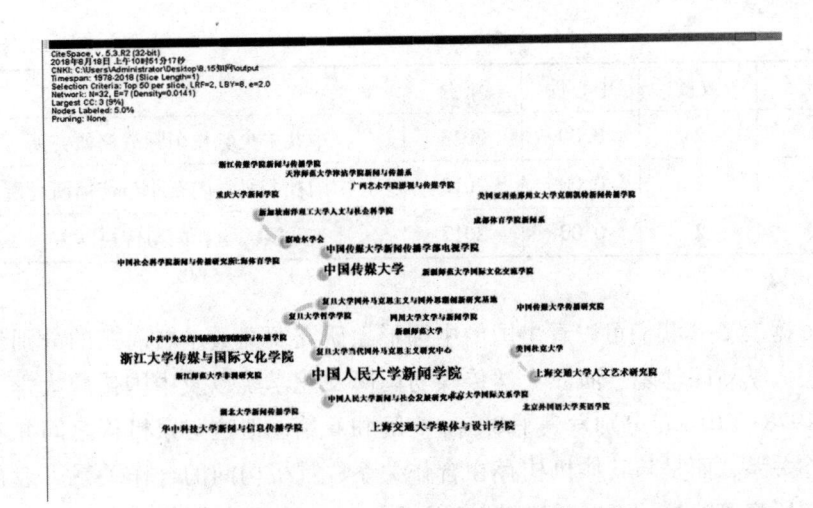

图 2-5　1978—2018 年国内中国形象研究机构合作网络图谱

图谱表明，复旦大学当代国外马克思主义研究中心、复旦大学哲学院和复旦大学国外马克思主义与国外思潮创新研究基地存在合作关系。数据显示，这三家机构在 2008 年合作发表了一篇名为《论西方理性主义文化的内在张力——兼论西方媒体眼中的中国形象》的论文，发表作者为张双利。根据图谱重要节点可以看出，研究中国形象的机构中大学居多，其中发文量最多的机构是中国人民大学新闻学院。据该节点的年轮显示，中国传媒大学是研究中国形象较早的学术机构，2008 年该机构的刘笑盈发表了一篇名为《时空三段式：中国形象的新解读》的论文。为进一步梳理和分析中国形象研究以及机构间的合作关系，研究者另外绘制了国内中国形象研究发文量前 10 的机构排名（详见表 2-2）（含并列）。

表 2-2　1978—2018 年国内中国形象研究发文量前 10 的机构排名（含并列）

序号	数量	中心性	年份	机构
1	8	0.00	2010	中国人民大学新闻学院
2	6	0.00	2013	浙江大学传媒与国际文化学院
3	6	0.00	2008	中国传媒大学
4	4	0.00	2015	上海交通大学媒体与设计学院
5	3	0.00	2011	上海交通大学人文艺术研究院
6	3	0.00	2016	华中科技大学新闻与信息传播学院
7	3	0.00	2018	中国传媒大学新闻传播学部电视学院

续表

序号	数量	中心性	年份	机构
8	2	0.00	2013	中共中央党校国际战略研究所
9	2	0.00	2012	中国社会科学院新闻与传播研究院
10	2	0.00	2013	武汉大学新闻与传播学院

根据表2-2我们可以看出国内中国形象研究发文量排名前三的分别为中国人民大学新闻学院、浙江大学传媒与国际文化学院以及中国传媒大学。他们在1978—2018年分别发表了8篇、6篇和6篇，但这三家机构之间并不存在合作关系，而是与其他机构存在合作关系，且机构间的合作关系一般存在于同一所高等院校的不同研究院。这说明每所高校都与同校的其他机构相互交流研究成果，并共同加入中国形象研究的行列。

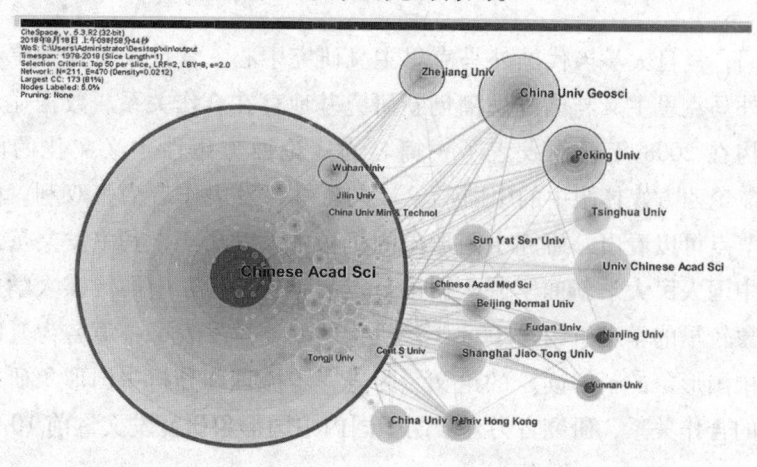

图2-6　1978—2018年国外媒体中中国形象研究机构合作网络图谱

在图2-6这一图谱中，共有211个节点，470条连线，且节点间最大的连线数达到了173条，占整张图谱的81%。这一图谱选用了CiteSpace网络可视化最为经典的显示方式，即节点的年轮表示方法。在这一合作网络图谱中，节点的大小与机构出现的次数相关，节点年轮圈上某个年份越宽，表示在相应年份上该机构出现或被引用的频数越高。引文年轮总体呈现暖色，说明近年发文量较多。从图谱我们可以看出，发文机构主要是国内的顶尖学院。根据图谱重要节点可分析出研究批评性话语分析的机构中大学居多，其中发文量最多的机构是中国科学院（University of Chinese Academy of Sciences）。该节

18

点的年轮颜色渐变表明，该机构对中国形象的研究是持续且稳定的，从1978年至今一共发表了相关论文315篇。从节点的连线来看，这些机构在中国形象研究方面，合作关系密切，只有少数机构在独立地进行这一课题的研究，且发文量大的机构间合作更为密切。这些学者对中国形象的研究起到了领头羊的作用。

图谱中有几个年轮中心出现深色，表明在那一时间段，这些机构发文激增，达到历年来的发文量最高点，此类机构有中国社会科学院、北京大学、南京大学和云南大学。数据表明，这四所机构的发文量分别在2014年、2014年、2015年和2012年达到第一次发文量最高峰，数量分别为42篇、12篇、5篇和6篇。说明在2012—2015这四年间，国内学者和机构出现了研究中国形象的热潮，推动了中国形象研究的进程。

为了更加详细地整理和分析国外期刊上从事中国形象研究的机构以及机构间的合作关系，笔者绘制了以下两个表格（表2-3与表2-4）。

表2-3　1978—2018年国外媒体中中国形象研究发文量前20的机构排名（含并列）

序号	数量	中心性	年份	机构
1	315	0.74	2000	中国科学院
2	77	0.12	2002	中国地质大学
3	60	0.16	2005	北京大学
4	55	0.07	2013	中国社会科学院
5	48	0.04	2005	上海交通大学
6	42	0.10	2006	浙江大学
7	38	0.05	2007	中山大学
8	37	0.10	2011	中国石油大学
9	36	0.10	2008	清华大学
10	33	0.05	2006	香港大学
11	33	0.07	2009	复旦大学
12	31	0.08	2006	南京大学
13	28	0.03	2006	北京师范大学
14	27	0.00	2012	吉林大学
15	27	0.11	2009	武汉大学
16	26	0.00	2004	云南大学

续表

序号	数量	中心性	年份	机构
17	23	0.03	2010	同济大学
18	22	0.03	2006	中国矿业大学
19	22	0.00	2009	中央民族大学
20	22	0.03	2008	中国医学科学院

从表 2-3 我们可以看出，发文量最多的机构中国科学院与排名第二的中国地质大学之间差距达 4 倍多，说明中国科学院非常重视中国形象的研究。纵观表 2-3 的机构可以发现，排名前 20 的机构大部分来自中国，且发文年份大都集中在 21 世纪初——中国开始重视国际形象的时间点。从中心性的角度来看，中心性越高说明该节点与其他节点联系越密切，从而促进了不同聚类间的知识流动。中国科学院的中心性最高，说明在 1978—2018 年，中国科学院作为中国形象研究的中心，与国外众多机构间形成了紧密的合作网络关系。

表 2-4　1978—2018 年国外媒体上有关中国形象研究发文时间排名前 20 的机构

No.	Count	Centrality	Year	Institutions
1	2	0.00	1992	美国农业部农业研究局
2	2	0.00	1992	美国马里兰大学
3	315	0.74	2000	中国科学院
4	77	0.12	2002	中国地质大学
5	2	0.00	2003	清华大学
6	26	0.00	2004	云南大学
7	7	0.02	2004	中国地质科学院
8	2	0.00	2004	美国西肯塔基大学
9	60	0.16	2005	北京大学
10	48	0.04	2005	上海交通大学
11	42	0.10	2006	浙江大学
12	33	0.05	2006	香港大学
13	31	0.08	2006	南京大学
14	28	0.03	2006	北京师范大学
15	22	0.03	2006	中国矿业大学

续表

No.	Count	Centrality	Year	Institutions
16	16	0.01	2006	中国地震局
17	16	0.04	2006	哈尔滨工业大学
18	38	0.05	2007	中山大学
19	5	0.00	2007	重庆大学
20	4	0.00	2007	约克大学

表2-4展现了1978—2018年国外媒体对中国形象进行研究的前20个机构，我们可以看到美国农业部农业研究局（United States Department of Agriculture, Agricultural Research Service, 简称USDA ARS）与美国马里兰州大学（University Maryland）在1992年就已经开始对中国形象问题进行研究，并合作发表2篇论文，但此后，这两所机构就不再对中国形象进行研究。排名第3的中国科学院不仅对中国形象问题关注较早，而且大力投身于这一课题中，发表了315篇论文。

表2-3和表2-4的数据表明，国外媒体对中国形象的研究起步较早，起点较高，且机构间的合作关系紧密，逐步推动了国外的中国形象研究进程。

将国内外的机构合作图谱进行对比，可以发现，国内对中国形象的研究起步较晚，且涉及的机构较少，机构间合作关系不如国外的合作关系紧密。另外，国外机构的发文量也远远大于国内机构的发文量，这说明国外媒体对中国将建构怎样的中国形象极为关注，时刻关注中国的发展道路。

（三）国家合作网络分析

鉴于CNKI数据不支持国家合作网络分析，本章仅分析WoS数据。将WoS数据导入CiteSpace，节点类型（Node Type），选中国家（Country），其他参数保持不变，即可获取国外中国形象研究国家合作网络图谱。

如图2-7所示，图谱中有41个节点，节点间的连线有126条，节点间最大的连线数为41条，达到了100%，说明每个节点间都存在合作关系，重要节点有中国、美国、澳大利亚、英国及德国等，说明这几个国家为主要发文国家。从图谱可以初步判断在中国形象研究方面，国家间多是相互合作的，单独进行研究的国家几乎没有。图谱中最大的节点为中国，节点年轮的渐变颜色表明中国在1978—2018年间持续稳定地发表研究中国形象方面的论文。

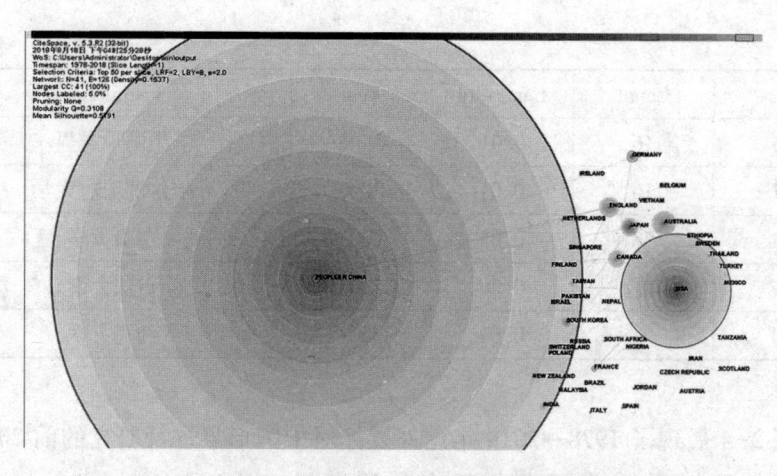

图 2-7　1978—2018 年国外中国形象研究国家网络分析图谱

如图 2-8 所示，中国在 2016 年达到历年发文量的最高峰，发表了 260 篇论文。

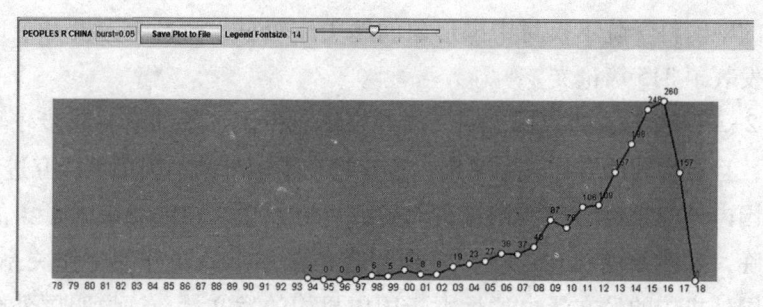

图 2-8　1978—2018 年中国每年的发文量

为了分析目前进行中国形象研究的国家的动态以及国家间的合作关系，笔者另绘制了如下三个表格。

表 2-5　1978—2018 年中国形象研究发文量前 10 的国家（或地区）（含并列）

数量	中心性	年份	国家（或地区）
1633	1.02	1994	中国大陆
337	0.52	1991	美国
75	0.01	2008	澳大利亚
63	0.07	1999	英国
55	0.06	2001	日本
53	0.02	2007	加拿大

续表

数量	中心性	年份	国家（或地区）
33	0.15	2002	德国（统一后的德国）
32	0.00	2004	韩国
23	0.02	2012	印度
16	0.00	2009	中国台湾

表 2-6　1978—2018 年中国形象研究中心性前 10 的国家（或地区）（含并列）

序号	数量	中心性	年份	国家（或地区）
1	1633	1.02	1994	中国大陆
2	337	0.52	1991	美国
3	33	0.15	2002	德国（统一后的德国）
4	14	0.11	2007	法国
5	5	0.10	2008	意大利
6	63	0.07	1999	英国
7	55	0.06	2001	日本
8	11	0.04	2009	西班牙
9	53	0.02	2007	加拿大
10	23	0.02	2012	印度

将表 2-5 和表 2-6 结合起来看，1978—2018 年期间，中国、美国和澳大利亚发文量最多；但在中心性方面，前三位国家则为中国、美国和德国。前两位的中国和美国作为中国形象研究的领头羊，不仅发文量多，而且也积极与其他国家相互交流研究成果，保持紧密的合作关系。中心性达到 0.15 的德国，虽然发文量不如中国，只发表了 33 篇相关论文，但其发文量也位居前 10，其与其他国家的合作关系密切。数据表明，德国在 2008 年发表了 7 篇论文，达到历年来发文量的最高峰。2008 年中国不仅举办了第 29 届夏季奥林匹克运动会，还成功发射了神舟七号载人飞船。这些重大成果吸引了国际媒体对中国的热烈关注。

表 2-7　1978—2018 年中国形象研究发文时间排名前 10 的国家（或地区）（含并列）

序号	数量	中心性	年份	国家（或地区）
1	337	0.52	1991	美国
2	1633	1.02	1994	中国大陆
3	63	0.07	1999	英国
4	55	0.06	2001	日本
5	33	0.15	2002	德国（统一后的德国）
6	32	0.00	2004	韩国
7	16	0.00	2006	荷兰
8	14	0.11	2007	法国
9	53	0.02	2007	加拿大
10	14	0.00	2007	泰国

表 2-7 列举了 1978—2018 年中国形象研究发文时间排名前 10 个国家，前三位分别为美国、中国和英国。虽然中国的发文量与中心度最大，但美国对中国形象的研究起步更早，1991 年就已经开始对中国形象进行研究，并在 2016 年发表了 53 篇论文，达到了发文量的最大值。位居第三位的英国虽然发文量与中心度不高，但其对中国形象的研究起步较早。1999 年时任国家主席江泽民对英国的首次访问使英国对中国有了更加深入的了解，英国媒体也因此开始关注中国。英国时任首相卡梅伦 2013 年对中国进行访问时送给国家主席习近平一件英格兰男子足球队的球衣，上面有所有成员的签名，表达了对中国的友好态度。英国对中国形象研究的发文量也在 2014 年达到最高峰（共 12 篇）。

结合上述三个表格，可见欧美国家媒体对中国形象的研究起步较早，亚洲除中国以外，其他国家对中国形象的研究并不太关注与深入。随着中国的高速发展，国际地位的不断提高，相信会有更多的亚洲国家参与到这一课题的研究中。

四、主题和领域共现网络分析

"共现"是指不同文献中描述的相同信息共同出现的现象，一般指文献的题名、作者、关键词和机构等。但"共现分析"指的是对出现的共现现象进行定量研究，从而了解信息相关内容所隐含的知识框架。

（一）关键词共现网络分析

关键词的共现分析就是对数据集中作者提供的关键词的分析（可以包含 Web of Science 的 DE 和 ID 两个知识单元）。[1] 一般来说，关键词在一篇文献中两两组合出现的频数越高，则越能代表这两个组合关键词所代表的主题之间存在密切的关系，因此，对关键词共现的频数进行统计即可形成一个公共词网络，网络内节点之间的连线就可以反映出主题内容的亲疏关系[2]。

将中文数据 CNKI 与外文数据 WoS 分别导入 CiteSpace 软件中，选中 Keyword（关键词），其他参数保持不变，即可获取国内外中国形象研究关键词共现网络图谱。

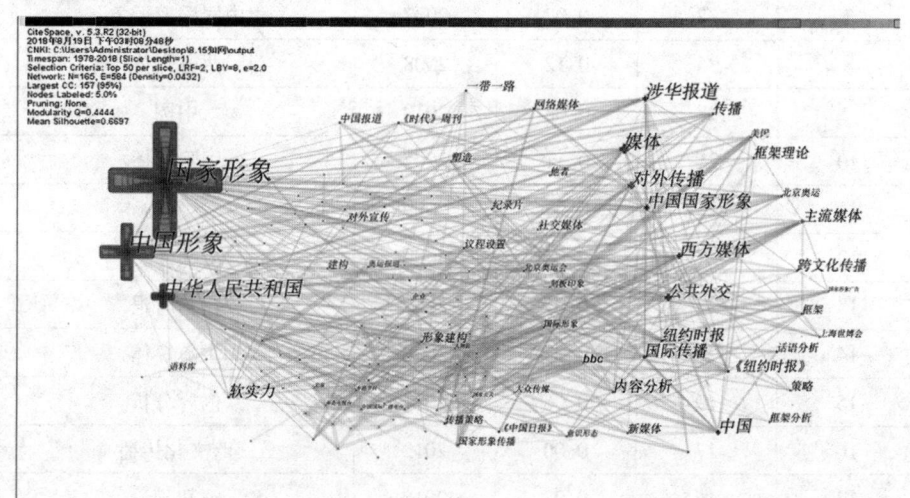

图 2-9　1978—2018 年中文数据中中国形象研究关键词共现网络图谱

如图 2-9 所示，节点数为 165 个，节点间的连线有 584 条，最多连线数达到了 157 条，占整张共现网络图谱的 95%，说明中国形象研究的关键词重合度高，研究重点相对比较集中。图中最大的节点为"国家形象"，接着便是"中国形象"以及"中华人民共和国"，表明国内学者在研究国家形象问题

---

[1] 李杰，陈超美. CiteSpace 科技文本挖掘及可视化（第二版）[M]. 北京：首都经济贸易大学出版社，2016.
[2] 吴晓秋，吕娜. 基于关键词共现频率的热点分析方法研究 [J]. 情报理论与实践，2012，35（08）：115-119.

时，更倾向于对本国形象的研究。表2-8列出了排名前20的关键词，可以更加简洁地看出中文数据中目前中国形象研究的热点关键词。

表2-8 1978—2018年中文数据中中国形象研究排名前20的关键词

排名	数量	中心度	年份	关键词
1	334	0.60	2003	国家形象
2	177	0.27	2005	中国形象
3	73	0.53	2006	中华人民共和国
4	49	0.09	2008	媒体
5	48	0.07	2007	涉华报道
6	44	0.12	2007	对外传播
7	37	0.07	2007	中国国家形象
8	35	0.12	2008	西方媒体
9	28	0.08	2010	中国
10	26	0.11	2007	国际传播
11	25	0.02	2009	软实力
12	24	0.04	2009	公共外交
13	23	0.01	2009	纽约时报
14	20	0.07	2008	主流媒体
15	19	0.06	2011	内容分析
16	17	0.00	2012	跨文化传播
17	16	0.03	2010	框架理论
18	15	0.01	2009	传播
19	10	0.02	2015	"一带一路"
20	9	0.05	2011	形象建构

表2-8显示了国内数据中国形象研究主要涉及的关键词。表中"涉华报道""西方媒体""对外传播""国际传播"和"跨文化传播"等关键词表明，国内学者不仅仅局限于对中国国内形象的研究，更注重于中国国际形象的研究，主要分析和研究西方媒体构建了怎样的中国形象。

根据关键词的共现数据，通过CiteSpace获取引文突现较强的前20个关键词，结果如图2-10所示：

Top 20 Keywords with the Strongest Citation Bursts

Keywords	Year	Strength	Begin	End	1978 - 2018
国家形象	1978	7.522	1978	2007	
北京奥运	1978	3.4837	2008	2009	
北京奥运会	1978	2.9003	2008	2009	
网络媒体	1978	2.0949	2008	2011	
西方媒体	1978	3.6886	2008	2009	
对外宣传	1978	2.7119	2008	2011	
塑造	1978	2.4661	2009	2010	
媒体	1978	6.571	2009	2011	
美国	1978	3.0216	2010	2011	
议程设置	1978	1.9409	2010	2011	
话语权	1978	2.0774	2011	2012	
上海世博会	1978	2.5992	2011	2012	
中国报道	1978	2.3036	2012	2013	
公共外交	1978	3.4618	2012	2016	
跨文化传播	1978	2.8441	2012	2014	
形象建构	1978	1.8997	2013	2014	
刻板印象	1978	1.9803	2013	2015	
形象	1978	1.9464	2014	2015	
框架分析	1978	2.227	2015	2018	
一带一路	1978	2.7889	2015	2018	

图 2-10　中文数据中引文关键词突现排名前 20 的关键词

关键词共现网络可以反映某一特定领域的研究热点在过去以及当前的状态。通过关键词的突现则可以具体地描绘某一关键词成为研究热点的起止时间，为未来的研究方向提供可供参考的数据。

根据图 2-10 中每个关键词的突现强度排名，我们可以看到"国家形象"这一关键词高居榜首，意味着其强度最高，且持续的时间最长，说明各国对中国国家形象问题给予了高度的重视。在突现强度排名前 20 个关键词中，出现了"塑造""话语权""形象建构""刻板印象"和"形象"等关键词，表明西方媒体热切关注中国为改变其过去的"刻板印象"和加强在国际社会的"话语权"，将怎样"塑造"中国的"形象"。位居突现强度第二的"北京奥运"虽只持续了两年时间，但其强度达到了 3.4837，表明在这一时间段内，各国媒体高度关注中国，纷纷对中国举办的奥运会进行报道，构建了"奥运中国"的形象。

在图 2-11 这一图谱中存在 385 个节点，节点间的连线达到了 1524 条，且节点间最大的连线数为 355 条，说明图谱间的关键词一般都是两两出现的，共现率较高，彼此间关系较为密切。表 2-9 罗列了外文数据中中国形象研究前 20 个关键词，便于更加清晰地了解国外学者及媒体对这一课题的研究和关注热点。

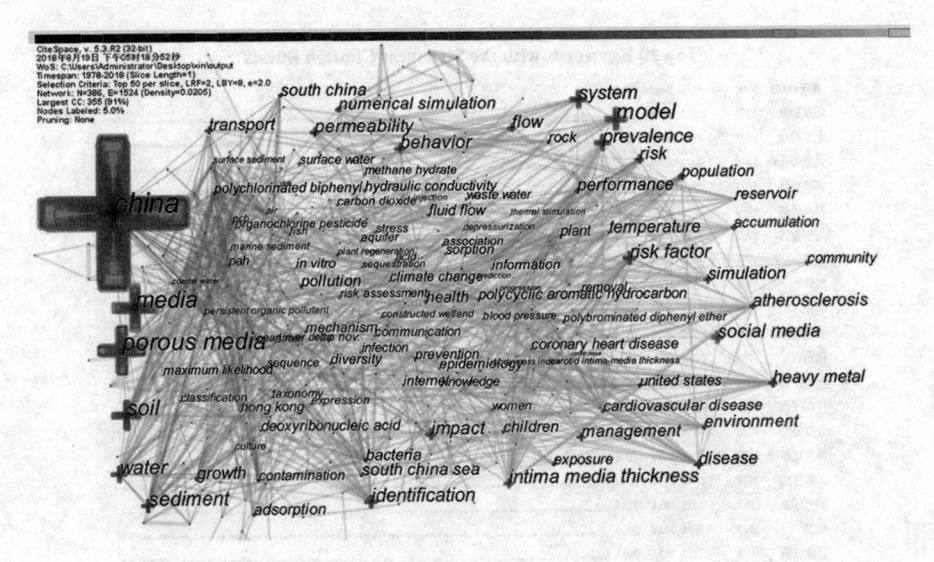

图 2-11　1978—2018 年外文数据中中国形象研究关键词共现网络图谱

表 2-9　1978—2018 年外文数据中中国形象研究排名前 20 的关键词

排名	数量	中心度	年份	关键词
1	468	0.29	2000	中国（China）
2	165	0.11	2006	多孔介质（porous media）
3	150	0.05	2003	媒体（media）
4	107	0.09	2006	土壤（soil）
5	106	0.05	2004	内膜中层厚度（intima media thickness）
6	93	0.06	2006	模型（model）
7	70	0.07	2005	水（water）
8	69	0.12	2005	沉积物（sediment）
9	59	0.05	2008	制度（system）
10	57	0.03	2006	流行（prevalence）
11	56	0.05	2007	识别（identification）
12	51	0.03	2009	风险因素（risk factor）
13	46	0.08	2008	影响（impact）
14	44	0.07	2011	行为（behavior）
15	43	0.02	2007	渗透（permeability）

续表

排名	数量	中心度	年份	关键词
16	41	0.00	2014	社交媒体（social media）
17	40	0.08	2009	疾病（disease）
18	39	0.04	2009	模拟（simulation）
19	39	0.03	2004	流动（flow）
20	38	0.07	2006	发展（growth）

在表2-9中，"China"这一关键词排名最高，中心度也达到了0.29，说明"中国"这一关键词常与其他关键词组合出现。从图谱中我们可以看出与"中国"一同出现的关键词有"soil"（土壤）、"water"（水）、"system"（制度）与"population"（人口）、"pollution"（污染）等词，表明在此时代背景下，外国媒体对中国的土地与水域等自然资源、政治制度、人口以及污染问题较为关注，从这些方面构建了多元化的中国形象。

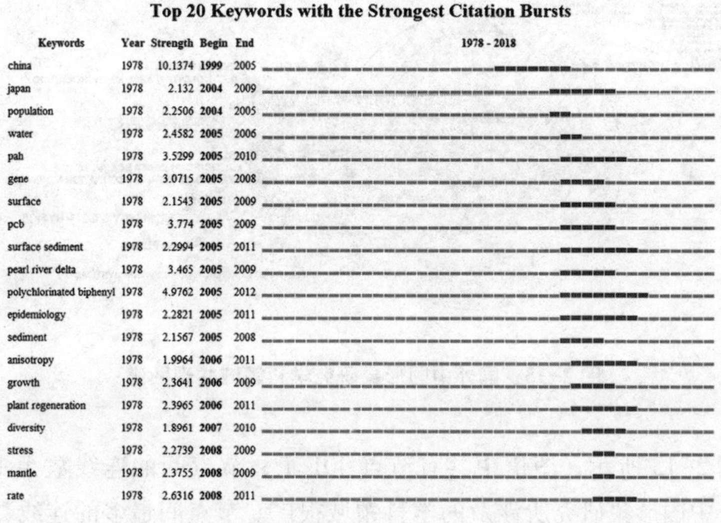

图2-12 外文数据中引文关键词突现排名前20的关键词

图2-12为外文数据中关键词突现排名前20的关键词，从图中我们可以看出"中国"这一关键词突现的时间最早，在1999年就已经成为国外媒体关注的热点。1999年对中国是意义重大的一年。这一年不仅是新中国成立50周年，举行了新中国成立50周年大阅兵，也是神舟一号成功发射以及澳门回归

祖国的一年。此外美国也在这一年同意中国加入世界贸易组织，说明美国在一定程度上承认了中国的实力，随后，中国得以在2001年顺利加入世贸组织。

图中不同时期国外学者的研究热点也不尽相同，说明对于中国形象研究这一课题，学者们紧跟时代潮流，研究当时的时代热点，从不同方面和角度对中国形象进行了建构。

（二）学科共现网络分析

学科共现分析指的是对WoS文本数据中的SC字段进行的分析。SC字段是每个被Web of Science收录的期刊文献在被收录时，WoS根据其涉及的内容来标引的学科领域名称[①]。将WoS数据导入CiteSpace后，节点类型（Node Type）选中学科领域（Category），保持其他参数不变，点击"GO"即可获取如图2-13所示的中国形象研究学科领域共现图谱，为了保持图谱的清晰度，仅截取了部分重要的节点。

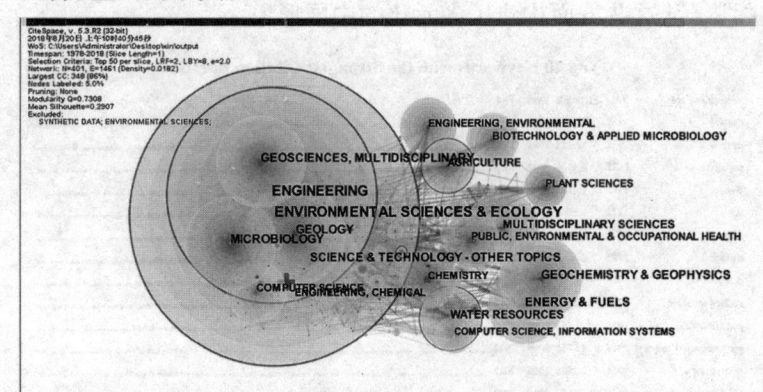

图2-13 国外中国形象研究学科领域共现图谱

如图2-13所示，图谱中共有节点401个，节点间的连线数为1461条，可见国外中国形象研究所涉及的学科领域很广。节点间最多的连线数达到了348条，占据整张图谱的86%，表明这些学科领域间的交流比较密切。为了便于更清晰地研究图2-13的数据信息，另绘制了以下几个表格。

---

① 李杰，陈超美. CiteSpace科技文本挖掘及可视化（第二版）[M]. 北京：首都经济贸易大学出版社，2016：204.

表 2-10　1978—2018 年国外中国形象研究发文量排名前 20 的学科领域

排名	数量	中心度	年份	学科领域
1	415	0.22	2000	环境科学与生态学
2	301	0.25	2000	工程学
3	148	0.03	2000	地质学
4	140	0.06	2005	工业技术
5	132	0.09	2002	微生物学
6	131	0.04	2002	地球科学，多学科
7	123	0.07	2000	地球化学与地球物理学
8	110	0.07	2007	能源和燃料
9	106	0.04	2005	多学科科学
10	96	0.13	2002	水资源
11	87	0.08	2000	工程，环境
12	87	0.05	2004	计算机科学
13	86	0.06	2001	化学
14	86	0.08	2003	职业健康
15	81	0.02	2000	工程，化学
16	81	0.11	2001	农业
17	78	0.07	2003	生物技术与应用微生物学
18	67	0.09	1991	植物科学
19	56	0.04	2008	信息系统
20	51	0.08	2008	食品科学

根据表 2-10 我们可以看出，国外对中国形象的分析主要涉及环境科学与生态学、工程学、地质研究学、工业技术、微生物学、能源与燃料学、计算机科学以及农业等学科领域。其中，排名前三的为环境科学与生态学（415）、工程学（301）以及地质研究学（148），说明国外学者在进行中国形象研究时以这三个领域为研究热点，但从中心度的角度（见表 2-10）来看，地质研究学的中心度只有 0.03，第 3 名的位置被电气与电子工程学所代替。由此可见，中国形象的研究主要还是在适应性更强的学科领域，并在这些领域中发挥着重要的作用。

表 2-11 1978—2018 年国外中国形象研究中心度排名前 10 的学科领域

排名	数量	中心度	年份	学科领域
1	301	0.25	2000	工程学
2	415	0.22	2000	环境科学与生态学
3	17	0.17	2006	电气和电子
4	96	0.13	2002	水资源
5	81	0.11	2001	农业
6	132	0.09	2002	微生物学
7	67	0.09	1991	植物学
8	87	0.08	2000	工程，环境
9	86	0.08	2003	职业健康
10	123	0.07	2000	地球化学与地球物理学

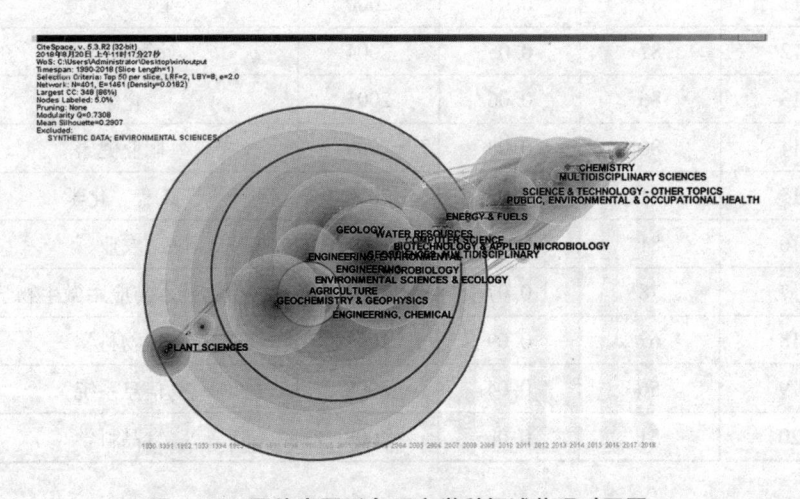

图 2-14 国外中国形象研究学科领域共现时区图

表 2-12 1978—2018 年中国形象研究发文时间排名前 10 的学科

排名	数量	中心度	年份	学科领域
1	67	0.09	1991	植物学
2	32	0.00	1993	食品科技
3	301	0.25	2000	工程学
4	415	0.22	2000	环境科学与生态学

续表

排名	数量	中心度	年份	学科领域
5	87	0.08	2000	工程，环境
6	123	0.07	2000	地球化学与地球物理学
7	148	0.03	2000	地质学
8	81	0.02	2000	工程，化学
9	26	0.00	2000	综合性内科
10	25	0.00	2000	内科、综合性内科

图 2-14 和表 2-12 清晰地描绘了随着时间的推移中国形象研究这一课题所涉及领域的发展，因此，我们可以将国外的中国形象研究发展分为三个主要阶段：萌芽阶段（1978—2000 年）、发展阶段（2001—2008 年）、成熟阶段（2009—2018 年）。在萌芽阶段，中国的城市化与过去相比，不仅在政策上有很大的变化，在速度上也有很大的提升，城市化进程表现出加速发展的趋势。但由于这个阶段的城市化是在中国由计划经济向市场经济过渡的背景下进行的，也凸显了中国自然资源方面的问题。鉴于此，美国媒体多从植物学、食品科技、工程学等领域对中国形象进行研究。在进入发展阶段之后，中国顺利加入了世界贸易组织，开始正式走上国际社会舞台，国外媒体对中国形象的研究也不再局限于植物学等领域，而是从农业、化学等领域对中国形象进行分析。这阶段的中国发展迅速，成功举办了 2008 年北京奥运会，国际知名度再度上升，国际媒体对中国形象的研究也随之进入成熟阶段，开始拓展至医疗与保险、科学技术等领域。

总体来说，中国形象研究中学科的发展是从简单到复杂、从单一化到多元化的一个过程。学科随着时间的推移发文量越来越低，中心度也随之降低，说明近年来国外媒体和学者对中国形象的研究虽然涉及的学科领域越来越多，但大多没有进行深入的研究。

五、共被引网络分析

1973 年，美国情报学家亨利·斯莫尔（Henry Small）在其发表的论文《科学文献中的共引：出版物间关系测量的新方法》（Co-Citation in the scientific literature: A new measure of the relationship between publications）中首

次提出了"共被引分析"的概念,指出"共被引分析"(Co-Citation analysis)指的是两篇文献共同出现在了第三篇施引文献的参考文献目录中,那么这两篇文献就形成了共被引关系。共被引分析包含了文献、作者以及期刊这三个方面的分析。由于本书篇幅有限,仅从文献这一角度进行共被引分析。文献的共被引分析是 CiteSpace 的亮点之一,也是 CiteSpace 在开发及使用初期最早投入使用和进行理论论述的功能[1]。

本书对国外中国形象研究中的共引文献进行分析,旨在了解中国形象分析的理论基础,为以后研究这一课题的学者提供一定的研究方向。

在将 WoS 数据导入 CiteSpace 后,节点类型(Node Type)选中共引文献(Reference)即可生成被引文献的共被引网络图谱,如图 2-15:

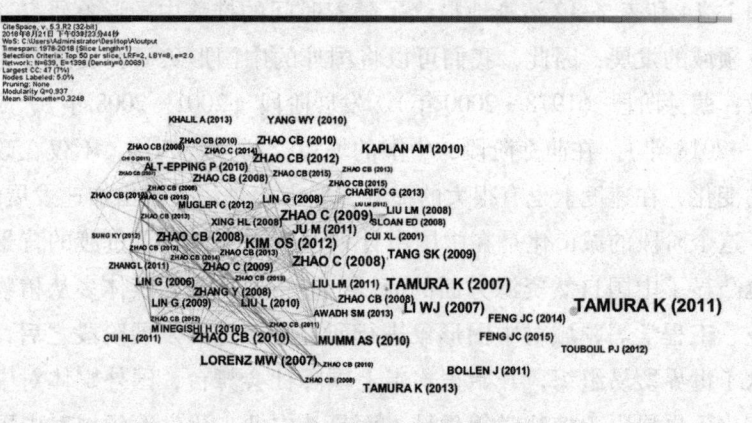

图 2-15　1978—2018 年外文数据中中国形象研究文献的共被引分析图谱

如图 2-15 所示,图谱中存在 639 个节点,虽然较大的节点只有 47 个,仅占整张图谱的 7%,但节点间的连线数为 1398 条,且重要节点与其他节点间的联系较为频繁。图谱中最大的节点为"TAMURA K, 2011, MOL BIOL EVOL, V28, P2731, DOI10.1093/MOLBEV/MSR121",一共被引用了 48 次。为了更加清晰地呈现图 2-15 的数据,笔者另绘制了如下两个表格。

---

[1] 李杰,陈超美.CiteSpace 科技文本挖掘及可视化(第二版)[M].北京:首都经济贸易大学出版社,2016:141.

表 2-13 1978—2018 年外文数据中中国形象研究共被引次数前 10 的文献

排名	数量	中心度	年份	被引文献
1	48	0.00	2011	TAMURA K, 2011, MOL BIOL EVOL, V28, P2731, DOI 10.1093/MOLBEV/MSR121
2	23	0.00	2007	TAMURA K, 2007, MOL BIOL EVOL, V24, P1596, DOI 10.1093/MOLBEV/MSM092
3	20	0.00	2007	LI WJ, 2007, INT J SYST EVOL MICR, V57, P1424, DOI 10.1099/IJS.0.64749-0
4	16	0.00	2012	KIM OS, 2012, INT J SYST EVOL MICR, V62, P716, DOI 10.1099/IJS.0.038075-0
5	16	0.00	2009	ZHAO C, 2009, FUNDAMENTALS COMPUTA, V0, P0
6	16	0.00	2008	ZHAO C, 2008, ADV GEOPHYS ENV MECH, V0, P1
7	13	0.00	2007	LORENZ MW, 2007, CIRCULATION, V115, P459, DOI 10.1161/CIRCULATIONAHA.106.628875
8	13	0.00	2010	ZHAO CB, 2010, INT J NUMER ANAL MET, V34, P1767, DOI 10.1002/NAG.880
9	12	0.00	2009	TANG SK, 2009, INT J SYST EVOL MICR, V59, P2025, DOI 10.1099/IJS.0.007344-0
10	11	0.00	2010	MUMM AS, 2010, J GEOCHEM EXPLOR, V106, P1, DOI 10.1016/J.GEXPLO.2010.01.005

表 2-14 1978—2018 年中国形象研究共被引时间排名前 10 的文献

排名	数量	中心度	年份	被引文献
1	2	0.00	1990	VANBERKUM P, 1990, APPL ENVIRON MICROB, V56, P3835
2	2	0.00	1991	BATZLI JCM, 1991, THESIS U MARYLAND CO, V0, P0

续表

排名	数量	中心度	年份	被引文献
3	2	0.00	1993	QIN F, 1993, GEOPHYSICS, V58, P1349, DOI 10.1190/1.1443517
4	2	0.00	1994	FARIA EL, 1994, GEOPHYSICS, V59, P272, DOI 10.1190/1.1443589
5	2	0.00	1995	HOLE JA, 1995, GEOPHYS J INT, V121, P427, DOI 10.1111/J.1365-246X.1995.TB05723.X
6	2	0.00	1996	YUAN DX, 1996, KARST WATER SYSTEM P, V0, P0
7	2	0.00	1997	WU WZ, 1997, CHEMOSPHERE, V34, P191, DOI 10.1016/S0045-6535 (96) 00351-7
8	2	0.00	1997	WANG CY, 1997, CHINESE SCI, V27, P221
9	2	0.00	1997	THOMPSON JD, 1997, NUCLEIC ACIDS RES, V25, P4876, DOI 10.1093/NAR/25.24.4876
10	2	0.00	1997	SANDEN P, 1997, J GEOCHEM EXPLOR, V58, P145, DOI 10.1016/S0375-6742 (96) 00078-7

表2-13中罗列了1978—2018年外文数据中中国形象研究共被引次数前10的文献。其中，被引次数最多的前两名文献来自TAMURA K，他是居住在澳大利亚的日本移民，目前是澳洲国立大学（ANU）亚洲历史领域方面的研究学者。国外学者在构建中国的历史形象时，多次引用其发表的相关论文。其被引用最多的文献是一篇名为《麦琪的回忆：日本战争新娘的故事》(Michi's Memories: The Story of a Japanese War Bride) 的论文。

根据表2-14我们可以看出，国外对中国形象研究较早的被引文献主要涉及农业方面。20世纪末，中国作为农业大国，不仅拥有悠久的农耕文明，耕地面积也十分广大，占世界耕地面积的7%。但国外学者认为，随着中国经济的不断发展，农业大国的地位在逐渐下降，耕地面积也在逐渐减少，对此，他们对中国以牺牲农业方面的优势来换取经济上的发展是否是明智之举提出了质疑。

六、中国形象研究：视角与动向

（一）研究视角

美国媒体关于中国问题的报道一直是中国形象研究领域的关注热点。近年来投入这项研究的学者越来越多。本节从研究视角、研究动向两个方面对中国形象研究的前沿与趋势进行综述，希冀在学科认知、具体实践和发展方向上对读者有一定的启迪。

本研究以多种学科的建构主义为理论基础，从语言学、新闻学、国际政治文化、传播学、外交学和社会学等视角归纳分析近10年来中国形象研究的相关文献。从Web of Science和中国知网平台（CNKI）检索出与国际媒体和中国形象有关的所有研究文献，抽取了其中800多篇文章进行可视化分析。研究发现：近10年来多数研究者采用新闻学的研究角度，最常采用的研究方法是内容分析法，研究的主要趋势是多学科交叉发展。

1996年，李希光与刘康等合著的《妖魔化中国的背后》一书出版，"妖魔化中国""中国威胁论"等论点的提出引起国际社会的讨论与研究，也引发中国学者对美国媒体的研究热潮。

近几年，中国形象研究取得了长足的发展。国内外学界对中国形象的分析主要形成了六个研究视角，包括语言学角度、新闻学角度、国际政治文化角度、传播学角度、外交学角度、社会学角度。但通过检索Web of Science，国外研究中国形象的文献有133篇，媒体类的只有寥寥几篇。

1. 新闻学领域。邵静（2011）主要采用主题分类的方法，分别研究了《纽约时报》和《华盛顿邮报》中的中国形象，指出除了民族宗教类报道的负面性较强之外，在政治和经济类报道中均未发现普遍的针对中国的负面倾向。方建移、柳仁丹（2017）着重分析了国外媒体针对中国新疆的报道，发现相关报道总体上比较负面，负面报道占比高达54%。而且，随着时间的推移，负面报道的比重还呈现不断上升的趋势。秘小胜（2011）探讨了西方媒体中的中国形象困境，指出西方媒体总是有意或无意地歪曲事实，妖魔化中国，原因并非都是误解或不了解中国，"而是为西方政治家造势，在对华谈判中向中国政府施压。更有甚者，为了本国政治需要，把本国矛盾转移到中国头上来。"因此，中国外宣应该采取合适的表达方式和途径，有时可以借鉴西方媒体的工作方式，以达到有效传播中国观点的目的。

2. 传播学领域。段鹏从历史的角度考量西方国家对中国国家形象认知的演变，对中国国家形象现状进行了深刻分析，探讨中国国家形象现存问题的内部、外部原因，阐释了中国政府改进对外传播现状的对策，剖析中国政府应对境外媒体误读的策略。① 褚云茂（2013）探讨了中国国家形象的传播管理战略，强调指出，"在全球化的背景下作为软实力之一的国家形象在新世纪凸显了其无可替代的重要性，良好的国家形象有利于国家全球地位的提升、国家利益的维护以及国家目标的实现"。他认为，对"中国崛起"形象表述语的正确定位、"和谐世界"价值观的传播、世界公民和企业品牌的锻造等是国家形象传播的重要途径，这些关键要素有助于正面地塑造与传播中国国家形象。沈琬（2013）采用内容分析法、文献分析法研究中国形象，指出，中国须打造品牌国家形象，促进国家的形象营销。同心（2014）采用文献分析法、层次分析法阐述了中国国家形象跨文化传播的指标体系，计算了国家形象的分层权重。单波等（2016）对2014—2015年中国国家形象、软实力与跨文化传播研究的核心议题进行评析，指出对国家形象的研究应该避免单一的技术主义路线，倡导主体间性与文化间性，在多元互动中以对话方式建构和传播中国国家形象，创新中国跨文化形象传播理论，着重传播中国视角下的全球治理话语理念，进一步阐释"中国梦"的和平本质及其与世界的互利关系，重点围绕习近平新时代中国特色大国外交和"人类命运共同体"理念进行有效传播，努力提升中国的国际形象，争夺和提升中国的国际话语权。

3. 语言学领域。批评性话语分析成为最常见的中国形象研究路径。叶学君、李珊（2013）阐述《时代》封面选取的中国人物与国家形象的关系，分析国外媒体在报道中国代表人物时的语言倾向性。朱伟婧（2015）以定量研究法、文本分析法、比较研究法为主要的研究方法，从批评语言学角度研究国外媒体的涉华报道。

辛斌一直关注媒体话语的互文性分析，他善于通过研究被转述话语的来源和转述方式来体现话语的互文性特点，阐释新闻话语背后的意识形态，以及新闻报道如何借助转述方式和消息来源等互文性策略传递意识形态，为自己的利益服务。② 毫无疑问，辛斌的媒体话语批评性分析系列成果为中国形象研究提供了重要的理论启迪和实践参考。

---

① 段鹏. 国家形象构建中的传播策略［M］. 北京：中国传媒大学出版社，2007.
② 辛斌，高小丽. 批评性话语分析：目标、方法与动态［J］. 外语与外语教学，2013（04）：1-5, 16.

此外，系统功能语言学领域的及物性系统、评价系统等也是中国形象研究常用的分析工具。及物性是语言学的一个语义系统，它将现实事件分为更加具体的过程，并通过分析事件中的环境与参与者等因素更好地分析事件本身。它包括6个不同的过程，即：物质过程，表示某件事的过程；心理过程，表示感觉、反应和认知等心理过程；关系过程，反映事物之间处于何种关系的过程；行为过程，诸如呼吸、咳嗽、叹息、做梦、哭笑等生理活动过程；言语过程，通过讲话交流信息的过程；存在过程，表示某物存在的过程（张树斌等，2012）。

4. 国际政治文化领域。陈丽（2010）使用文献研究法、实证研究法、跨学科研究法，指出由于中美两国价值观不同，美国媒体常常会对中国进行恶意歪曲，并提出中国的应对策略。董入雷（2017）分析了以服装符号为代表的软实力对国家形象的影响。褚云茂（2013）指出，在政治体制上，西方民众对于政府自然地怀有一种不信任感，因而西方媒体对于政府的态度也是同样如此。而中国主流媒体的报道大多是传播政府思想，为党和政府服务的，这是一个无法避免的事实。因此，西方民众按照西方思维习惯来评判中国媒体的报道必然会产生认识偏差。单波等（2016）指出，近年来，中国致力于在国际上建立自己的良好形象。这一举动表现出一定的技术化倾向，其核心在于品牌形象管理与舆论引导，但仍需要进一步采取有效措施对多元、多向的国家环境、意识形态与文化思维进行传播。

5. 外交学领域。康皎（2013）采用内容分析法，研究美国公共舆论中的中国形象，指出面对涉华调查，我们应当保持理性，不仅要判断调查数据的真伪，也应当对照调查的数据和结论是否相符，而且更应仔细考察调查的原始样本和样本量，比较其调查方法和手段。公共外交方面，公共外交的核心是追求知名度、好感度、认同感。例如，美国在国际上知名度很高，但是好感度不高。日本尽管经济发达，却始终得不到认同。惠春琳（2010）指出，媒体作用于公众舆论的方式主要有三种，即"通过强化观众已持有的观点、看法使其接受符合自己逻辑的说理；通过评论、强调、用语和象征等，反复刺激以影响公众；通过出乎意料或者震撼强烈的戏剧性报道来吸引公众。总之，现代公众对于对外事务的了解主要是通过媒体完成的。各种层次的公众和媒体发生作用的方式可能有所不同。媒体可以通过大规模的报道'激活'某一问题上潜在的公众舆论，而媒体也可能被某些利益集团操控、利用或迎合公众。"

6. 社会学领域。林岩（2012）采取历史文献研究、定量分析与定性分析相结合的研究方法,分析西方在后冷战时期建构的中国人形象。可见,面对中国崛起,西方不但仍然在用冷战思维思考中国,而且建构所谓的"中国威胁论",将中国之强大解读为中国人人性之"反常"。中西之间的道德分界在全球化语境下不但没有消解,赫然已成鸿沟。陈丽(2013)采用内容分析法、实证研究法和跨学科研究法分析社会制度对中国形象的影响。

(二)中国形象研究的动向

由于统计学的研究方法在传播领域得到了广泛的运用,国外主流媒体的中国形象建构早已不再局限于对表层现象的描述,更多的是尽力发掘更有价值的角度,或者探求某些内在的规律性(傅潇瑶,2017)。《中国意象建构中的等级隐喻——北美新闻话语的"中国考察"》以隐喻话语为主要特征,首次对"等级隐喻"问题进行综合性论述(吴建清,2016)。

概括来说,目前的中国形象研究呈现如下特点:

1. 经济类报道所占比例不断增加。中国提出"一带一路"倡议以来,中美双边贸易持续稳定增长,经济类报道所占比例总趋势在增加,但这并未改变美国主流媒体涉华报道的倾向。美国媒体涉华报道中多次提及"中国领导人整顿政府主导经济体的陈旧增长模式",这可能与中国经济的飞速增长有关,中国的经济动态随时可能影响世界(杨苗苗,2015)。

2. 研究角度逐渐多样化。从新闻学多角度来研究,譬如新闻媒介、新闻框架与新闻文本。但与此同时也体现了学科交叉的特点,研究并不是从单一的角度进行的,而是多种角度的重合,即有意识地从两种或者两种以上的角度选择相应学科的知识观和方法论去考察和探究国外媒体对中国国家形象的探讨。扩大了探讨面,丰富了探讨内容,加深了探讨的难度,体现了研究角度的多元化。例如《〈纽约时报〉和〈华盛顿邮报〉中的涉华报道研究》则同时采用新闻学和国际政治文化角度对中国国家形象进行探讨(邵静,2011)。

3. 研究方法日益丰富。与研究视角一样,研究方法也不是某种单一因素,而是多种因素共同作用的结果。研究文献发现,目前常见的方法有内容分析法、文献研究法、比较研究法、定量统计法、话语分析法、问卷分析法等,而每一篇研究主要使用2~3种研究方法,其中最常用的是内容分析法与文献分析法,其他分析法搭配使用。研究方法的多样化使研究向更加专业化、复杂化的方向发展。

(三) 中国形象研究：问题与展望

随着中国影响力的不断扩大，国际媒体对中国形象的建构日趋频繁，研究领域和范围不断扩大，议题不断增多。由于中国是世界第二大经济体，经济类的报道将仍占据主导地位。在报道内容上仍然保持基本客观，但并不排除负面报道的可能。国内学者的中国形象研究将会体现多学科交叉与深度融合，多种研究方法并行，协同作用、相互影响，提高中国形象研究的创新体系。

首先美国媒体对中国形象的建构是美国通过媒介的方式表征中国、思考中国活动方式的结果。这种建构要经历一个由浅入深、多种阶段、多种层次的发展过程。因而，研究中国形象的学者必须研究这种规律，并按规律进行研究，才能取得最佳的效果。其次，由于意识形态与文化思维的不同，美国在加工信息时会采用其习惯的方式，于是形成了自我与他者对同一对象认知方式的差异。中国学界必须要认识到这种特点和趋势。

在考察中国形象研究的相关文献过程中，我们也发现一些问题：第一，研究水平参差不齐，重复性研究偏多，博士论文、项目专题研究偏少；第二，研究角度虽然不断增多，但主要还是以新闻学为主，新闻学角度的论文占据很大比例。而其他角度如语言学、社会学等研究较少，亟须加快学科融合的步伐，拓展研究的深度。

第二节 批评性话语分析研究概述

批评性话语分析（Critical Discourse Analysis，简称 CDA）是一门通过文本分析来发现和分析社会现象及问题的跨学科语言研究，即批评性话语分析不是直接去关注语言本身的单位和结构，而是首先关注和发现社会政治领域的问题，如语言霸权、文化霸权等[①]。批评性话语分析"不仅可以体现社会环境中的所有结构性特点，它也与话语的过程、结构、解释和功能有关。如果语言领域关系到社会群体的目的和利益，那么表达群体身份、活动、价值观

[①] 唐丽萍. 美国大报之中中国形象的语料库语言学方法辅助下的批评性话语分析 [M]. 北京：高等教育出版社，2016：40.

和位置的词汇语法就会出现在语篇中，并带有强烈的意识形态"①。

"CAD 不仅研究语言是什么，而且研究语言为什么是这样；不仅研究语言的意义，而且对话语如何产生这种意义保持探索意向。它意在通过表层的语言形式和话语对意识形态的反应来揭示意识形态对话语的影响，以及两者是如何源于社会结构和权势又是如何为之服务的"（缪益清，2000）。批评性话语分析"以话语和话语生成为切入点，研究话语主题与社会、意识形态的关系"（Gee，2000）。

批评性话语分析的主要工具有及物性、情态、互文性等，主要方法有社会认知分析、话语历史分析以及语言和话语分析三种，处于重要地位的是费尔克劳夫（Norman Fairclough）的语言和话语分析方法。近年来，随着语料库语言学的发展，语义韵、概念隐喻、预设、评价系统等逐渐成为批评性话语分析领域的重要视角，已有学者尝试将这些理论视角与语料库方法相结合研究美国媒体、美国政府、美国智库的涉华政治话语、涉华军事话语、涉华经济话语（如卫乃兴，2006，2012；支永碧，2010，2015，2016；王梦晓、支永碧，2017；唐伟、支永碧，2018）。

"批评性话语分析通过分析文本的语言特征及其产生的社会和历史背景来检验语言结构背后的意识形态意义，揭示语言、权力和意识形态之间的复杂关系。"② 该方法蕴含了不同学科的研究内容，如语言学、社会学、心理学等，因而吸引了国内外不同学科学者的关注。

批评性话语分析最早可追溯到 20 世纪 70 年代由福勒（R. Fowler）等人所著的《语言与控制》一书。一般认为，《语言和权力》《语言、权力和意识形态》《话语中的偏见》等系列专著的出版标志着批评性话语分析的正式诞生。从 20 世纪 80 年代末期开始，以费尔克劳夫为代表的批评语言学家把批评性话语分析推向了一个新的发展高度。1995 年，陈中竺将"批评性话语分析"引入中国。历经 20 多年的发展，批评性话语分析在国内呈现了良好的发展态势。

国内研究批评性话语分析的学者较多，研究成果颇丰的有天津外国语大学田海龙和南京师范大学辛斌，分别发表论文 40 多篇。

目前，国内已有很多学者对批评性话语分析进行了较为详细的综述性研究，并对主流研究进行了分类与论述。支永碧指出，与国外研究相比，国内

---

① 辛斌，高小丽. 批评性话语分析：目标、方法与动态 [J]. 外语与外语教学，2013：3.
② 施光. 批评性话语分析研究综述 [J]. 学术论坛，2007，(04)：202-205.

的批评性话语分析研究缺乏丰富的研究内容、宽阔的研究层面、先进的研究手段，因此研究方法还需不断创新完善。[1] 施光从哲学基础、语言学基础、研究工具、研究现状与趋势对批评性话语分析进行评述，提出了很多建设性建议。[2] 刘立华指出，"批评性话语分析的跨学科性决定其分析框架具有多样性"，传统的CDA研究方法具有局限性，即片面主观且缺乏动态追踪。[3] 武建国、陈聪颖将国内外CDA研究分为四类，即评价与综述型、理论探讨型、应用型和跨界面型，并阐释了批评性话语分析的跨界型特点。[4] 赵芃回顾了2016年国内的批评话语分析多视角研究，对未来研究提出了诸多展望。[5]

近年来，CiteSpace科学知识图谱分析，逐渐被各学科的学者用于文献、数据资料的分析研究。本书亦采用可视化分析方法对国外的批评性话语分析研究的前沿与进展进行综述，以飨读者，并就教于同行。

一、数据来源

本研究的国外数据来自科学引文索引数据库Web of Science，该数据库包含9000多种科学核心期刊，数据多样性得到了全球认可。本研究以"Critical Discourse Analysis"为主题或者标题中含有"Critical Discourse Analysis"在Web of Science核心合集（包含SSCI、A&HCI、ESCI）中检索，语种为英语，文献类型为"Artical"，时间跨度为1994—2018年，检索结果1747条，经由CiteSpace软件除重处理后共计1735条，共同组成本研究国外数据库。研究工具和具体操作流程如下。

二、数据总体分析

通过对1994—2018年国外发表的与批评性话语分析相关的1735条论文的年份分布进行统计，得出图2-16所示结果。根据这一统计结果可以看出，从

---

[1] 支永碧. 批评性话语分析研究新动态 [J]. 外语与外语教学，2007，(03)：27-32.
[2] 施光. 批评性话语分析研究综述 [J]. 学术论坛，2007，(04)：202-205.
[3] 刘立华.《纽约时报》对华舆论研究 [M]. 北京：九州出版社，2013.
[4] 武建国，陈聪颖. 2015年批评性话语分析研究综述 [J]. 天津外国语大学学报，2016，23 (03)：66-73.
[5] 赵芃. 2016年国内批评话语分析研究综述 [J]. 天津外国语大学学报，2017，(04)：72-80.

1994年至2018年，国外批评性话语分析相关论文的发文量总体处于不断上升趋势（注：截至书稿完成，2018年论文量不全），最高数据与最低数据相较有质的飞跃。由此可见，这24年来围绕批评话语及相关话题展开的话语研究以及讨论正在逐步展开。

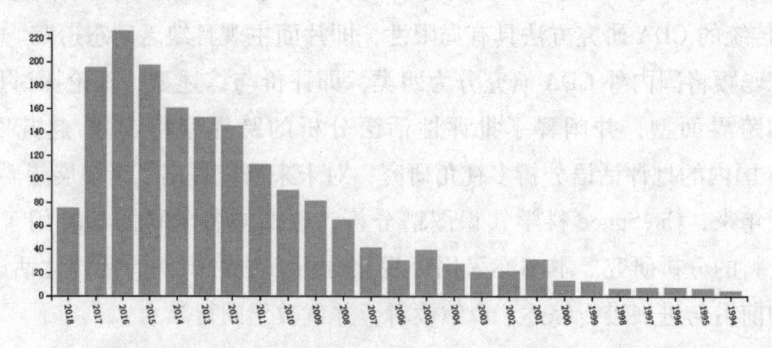

图2-16 1994—2018年国外批评性话语分析研究论文年发文量分布

具体来看，可以将国外批评性话语分析的研究状况分为两个时间段：第一阶段为1994—2007年，第二阶段为2008—2018年。第一阶段是国外批评性话语分析研究的初步阶段。在此阶段，批评性话语分析从话语分析领域中分离出来并进入发展阶段，前期增长较缓，只有2001年、2004年和2007年发文量较多，分别为30篇、38篇和40篇。一直到2008年批评性话语分析相关的论文开始呈现稳步增长的趋势，并在2016年达到了24年来发文量的高峰，为225篇论文。这说明自2008年开始，批评性话语分析研究越来越被学者们接受与关注。

本书将从国外作者合作网络图、国外机构合作网络图、国家合作网络图、关键词突现、学科共现和文献共被引及文献突现等几个方面具体分析20多年来国外批评性话语分析研究的发展情况。

三、科研合作网络分析

科学计量学科学家卡茨（J. S. Katz）和马丁（B. R. Martin）（1997）将科学合作定义为：研究人员共同致力于产生新科学知识而共同工作。[①] 本研究以作者、机构、国家作为科学合作的主体进行研究，利用CiteSpace软件绘制国

---

① 李杰，陈超美. CiteSpace科技文本挖掘及可视化（第二版）[M]. 北京：首都经济贸易大学出版社，2016：180.

外批评性话语分析研究作者、机构、国家合作网络的可视化图谱。

（一）作者合作网络

将数据导入 CiteSpace 可视化软件，Node Type（节点类型）选择 Author（作者），其他参数不变，得到作者合作网络图谱，如图 2-17 所示。这张图谱的特点在于 84 个节点多为独立节点，且节点之间只有 29 条连线，合作最多的节点只有 4 个，只占整张合作网络的 5%。由此可见，在批评性话语分析研究合作方面，国外作者之间的整体合作程度非常低。在作者合作网络中，节点的大小代表了该作者的发文量，节点越大说明发文量越多；节点之间的连线代表节点之间有合作关系，连线的粗细代表了节点之间合作次数的多少，连线越粗，说明合作次数越多。作者合作网络图和数据显示，T. Hujala、J. Tikkanen、M. Tanskane 和 T. Takala 之间有相互合作的关系，这四人在 2017 年合作发表了一篇名为《林主话语秩序：关于森林和森林所有权的霸权和边缘化真理》（The order of forest owners' discourse: Hegemonic and marginalised truths about the forest and forest ownership）的论文。图 2-17 中的大部分作者发文量为 2 篇，据此可初步得出结论：研究批评性话语分析的国外学者较多，但这些学者之间联系很少，且每位学者的发文较少。其中，权威学者像沃达克（R. Wodak）等多是独立研究批评性话语分析，在图 2-17 中显示的节点很小或是没有显示出来。

同时笔者依据软件计算的数据绘制国外批评性话语分析研究发文量前 13 的作者排名（含并列），见表 2-15。

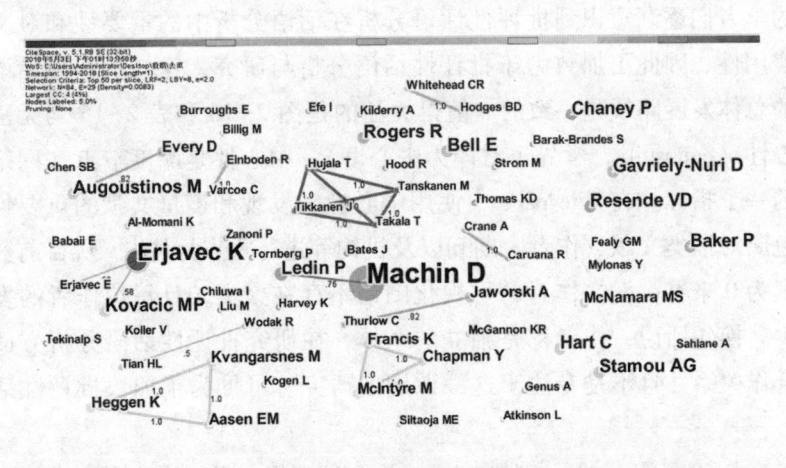

图 2-17　1994—2018 年国外批评性话语分析研究作者合作网络图谱

表 2-15　国外批评性话语分析研究发文量前 13 的作者排名

排名	数量	年份	作者
1	11	2008	D. Machin
2	8	2009	K. Erjavec
3	4	2002	R. Rogers
4	4	2008	M. Augoustinos
5	4	2009	A. G. Stamou
6	4	2009	M. P. Kovacic
7	4	2010	D. Gavriely-Nuri
8	4	2011	C. Hart
9	4	2012	P. Baker
10	4	2013	V. D. Resende
11	4	2013	E. Bell
12	4	2014	P. Chaney
13	4	2016	P. Ledin

表 2-15 清晰地展现了发文量前 13 的作者、对应的发文数量及最早发文年份。发表论文最多的作者马辛（D. Machin），最早在 2008 年发表了有关批评性话语分析研究的论文。他是英国布鲁内尔大学的新闻学教授，是社会新闻话语研究领域的专家。纵向来看，在批评性话语分析研究理论成熟后，各领域的学者们逐渐意识到批评性话语分析在话语分析中的重要性和对文本分析的实用性，因此更加致力于批评性话语分析与研究，这与批评性话语分析领域的总体发展路线是一致的。值得关注的是图 2-16 和表 2-15 均无法显示出中心性（centrality，学界也常译为中心度）。中心性是测度节点在网络中重要性的一个指标。在 Citespace 中使用中心性来发现和衡量文献的重要性，并用紫色圈对该类文献、作者、期刊以及机构等进行重点标注[①]。从目前数据的中心度为 0 来看，发文作者的可视化图谱不存在聚类，且每位作者的发文数量较少。换句话说，作者都是独立的个体，在研究批评性话语分析方面他们没有合作关系并且不是专注于这一课题的研究。可见为了加快批评性话语分

[①] 李杰，陈超美. CiteSpace 科技文本挖掘及可视化（第二版）[M]. 北京：首都经济贸易大学出版社，2017：93.

析的研究进程,提高研究的质量,学者们需要加强学术交流与合作。

(二) 机构合作网络

将数据导入 GiteSpace 可视化软件,Node Type(节点类型)选择 Institution(机构),其他参数不变,绘制出国外批评性话语分析研究机构合作网络图谱(详见图 2-18)。图谱显示有 172 个节点,67 条连线,节点间最大连线数为 20,占总体网络的 11%,说明机构间的合作要比作者间的合作多。引文年环总体偏暖色,说明近年发文量较多。根据图谱重要节点分析出研究批评性话语分析的机构中大学居多,其中发文量最多的机构是英国的兰卡斯特大学。该节点的年环显示,该机构也是最早研究批评性话语分析的大学之一,2002 年首次在 WoS 上发表批评性话语分析研究的相关文献。从年环颜色的渐变显示,该机构对批评性话语分析的研究是持续稳定的,至今已发表相关论文 54 篇。初步判断近年来国外的高等学府对这一研究领域比较关注。从节点之间的连线来看,有将近一半且多为发文量较少的机构是独立进行研究的,与其他机构并没有合作关系。而发文量多的机构多数与其他机构之间有合作关系,且合作成果较多,起到了引领作用。

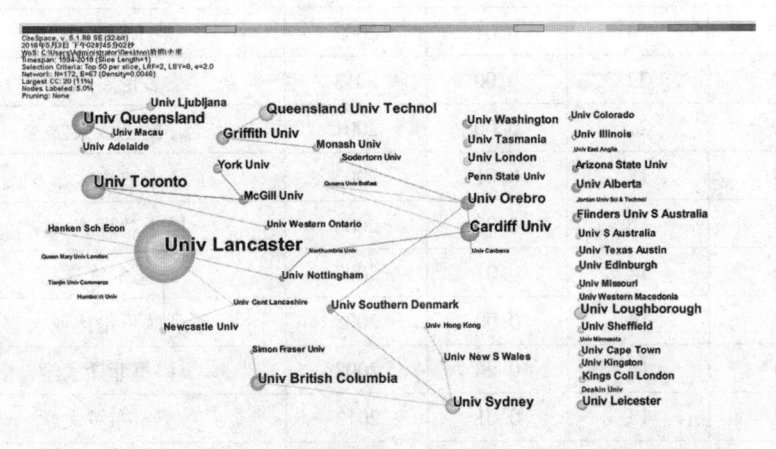

图 2-18 1994—2018 年国外批评性话语分析研究机构合作网络图谱

为进一步梳理对批评性话语分析研究较多的机构并发现它们之间的合作关系,笔者又绘制了表 2-16、表 2-17。表 2-16 展现的是国外批评性话语分析研究发文时间排名前 10 的机构:

表 2-16 1994—2018 年国外批评性话语分析研究发文时间排名前 10 的机构

排名	数量	中心性	年份	机构
1	21	0.01	2001	昆士兰大学
2	2	0.00	2001	根特州立大学
3	2	0.00	2001	多库兹埃鲁尔大学
4	54	0.01	2002	兰卡斯特大学
5	2	0.00	2002	华盛顿大学
6	18	0.01	2003	卡迪夫大学
7	8	0.00	2003	伦敦大学
8	2	0.00	2003	威尔士大学科尔卡迪夫分校
9	2	0.00	2005	开放大学
10	2	0.00	2005	威尔弗里德劳里尔大学

表 2-17 1994—2018 年国外批评性话语分析发文量前 10 的机构

排名	数量	中心性	年份	研究机构
1	54	0.01	2002	兰卡斯特大学
2	22	0.00	2013	多伦多大学
3	21	0.00	2001	昆士兰大学
4	18	0.01	2003	卡迪夫大学
5	15	0.00	2008	昆士兰理工大学
6	14	0.01	2007	悉尼大学
7	14	0.00	2008	不列颠哥伦比亚大学
8	13	0.00	2008	格里菲斯大学
9	13	0.01	2013	奥雷布罗大学
10	12	0.00	2008	拉夫堡大学

最早从事批评性话语分析研究的 10 家机构都是大学，其中有 7 所大学来自英联邦国家（英国 5 所、澳大利亚 1 所、加拿大 1 所）。地处澳大利亚的昆士兰大学、比利时的根特大学和土耳其的多库兹埃路尔大学均在 2001 年就发表了批评性话语分析研究的文章。但除了昆士兰大学发表 21 篇文章外，其他两所大学均只发表了 2 篇与批评性话语分析研究相关的文章。根据表 2-16 的

数据，不难发现这 10 所大学中有 3 所机构的中心性均为 0.01，且均属于英联邦大学，它们分别是昆士兰大学、兰卡斯特大学和卡迪夫大学，但这三所大学之间并不存在合作关系，而是与其他的研究机构有合作关系；三所大学发文量较多，分别为 21、54、18 篇，说明这三所大学大力投身到批评性话语分析的研究中。

再看表 2-17，列出的是国外批评性话语分析研究发文量前 10 的机构，同样都是世界顶级的高等学府，发文最多的兰卡斯特大学发表了 54 篇相关文章，紧接其后的是多伦多大学（22 篇）和昆士兰大学（21 篇）。纵观表 2-17 的每一栏，可以发现发文量排名前 10 的大学中有 9 所来自英联邦国家。除昆士兰大学、兰卡斯特大学和卡迪夫大学发文年份较早外，其他机构的最早发文年份都较晚。从中心性看，在发文量前 10 的机构中，兰卡斯特大学、卡迪夫大学、悉尼大学和厄勒布鲁大学的中心性最高。这些机构与其他机构的合作次数也远高于中心性低的机构。这些数据说明在 1994—2018 年间，英联邦国家的大学作为研究批评性话语分析的中心，与欧洲多所院校在该领域形成了合作网络。中心性较高的几所机构发挥了学科带头作用，共同推动了批评性话语分析研究领域的发展。

结合表 2-16 和表 2-17 不难得出结论，国外批评性话语分析研究机构的早期研究活动与主要的研究阵营集中在英联邦国家的大学里，这些机构与其他大学形成合作关系，逐渐推动了批评性话语分析研究的发展。

（三）国家合作网络

将数据导入 GiteSpeace 可视化软件，将 Node Type（节点类型）选定 Country（国家），其他参数不变，笔者绘制出国外批评性话语分析研究国家合作网络图谱（详见图 2-19），图中有 46 个网络节点，重要节点较少，节点之间的连线共有 80 条，最多节点间的连线数达到 37 条，占整张网络图的 80%，说明国家间的合作比较多。由图 2-19 可以明显看出，美国、英国、澳大利亚和加拿大是主要的发文国家。欧美国家是研究批评性话语分析的主要阵地，而亚洲国家中中国的发文量是最多的。从图谱可以初步判断在批评性话语分析领域中，国家间多是合作研究。欧美国家是国外批评性话语分析研究的中心，多国围绕他们展开了合作研究。

表 2-18、表 2-19 分别是国外批评性话语分析研究发文时间排名前 10 的国家（或地区）以及发文量前 10 的国家（或地区），参考这两个表并结合国家（或地区）合作网络图谱，就会对国外批评性话语分析研究国家（或地

区)间的合作有清晰的了解。

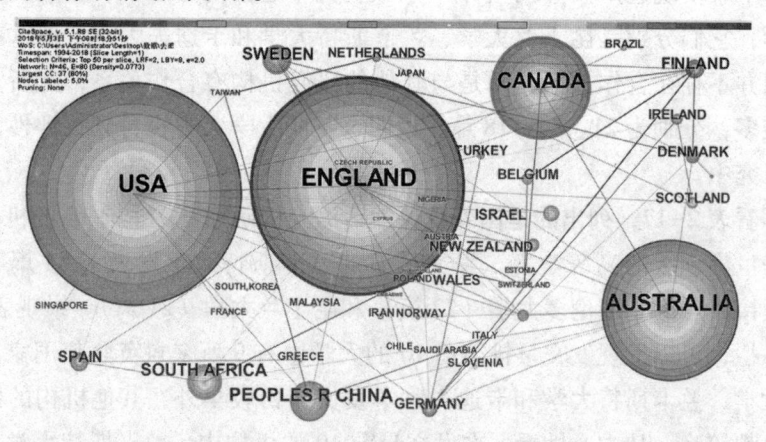

图 2-19　1982—2017 年国外批评性话语分析研究国家合作网络图谱

表 2-18　1994—2018 年间国外批评性话语分析发文时间排名前 10 的国家（或地区）

排名	数量	中心性	年份	国家（或地区）
1	340	0.32	1996	美国
2	212	0.21	1999	澳大利亚
3	23	0.00	1999	苏格兰
4	326	0.62	2000	英格兰
5	6	0.00	2000	新加坡
6	21	0.00	2001	比利时
7	17	0.00	2001	土耳其
8	7	0.00	2001	日本
9	21	0.04	2003	威尔士
10	37	0.07	2004	芬兰

表 2-19　1994—2018 年国外批评性话语分析发文量前 10 的国家（或地区）

排名	数量	中心性	年份	国家（或地区）
1	340	0.32	1996	美国
2	326	0.62	2000	英格兰
3	212	0.21	1999	澳大利亚

续表

排名	数量	中心性	年份	国家（或地区）
4	159	0.09	2005	加拿大
5	66	0.01	2009	中国
6	59	0.08	2007	南非
7	48	0.05	2009	瑞典
8	37	0.07	2004	芬兰
9	34	0.08	2006	西班牙
10	28	0.06	2011	德国

表 2-20　1994—2018 年国外批评性话语分析中心度前 10 的国家（或地区）

排名	数量	中心性	年份	国家（或地区）
1	326	0.62	2000	英格兰
2	340	0.32	1996	美国
3	212	0.21	1999	澳大利亚
4	159	0.09	2005	加拿大
5	59	0.08	2007	南非
6	34	0.08	2006	西班牙
7	25	0.08	2009	丹麦
8	37	0.07	2004	芬兰
9	28	0.06	2011	德国
10	48	0.05	2009	瑞典

如表 2-18、表 2-19、表 2-20 所示，美国是最早研究批评性话语分析的国家，也是发表文章最多的国家，发文数量达到 340 篇。英国虽然开展批评性话语研究的时间晚于美国，发表的论文数量也不如美国多，但是在中心度上却比美国高了 0.34，在所有研究批评性话语分析的国家中中心性是最高的，这说明英国在批评性话语分析领域的地位十分重要。从这三张表中不难发现，批评性话语分析研究以欧美国家为主，但值得一提的是，中国在这一领域虽然起步较晚，但是发文量却不低，达到了 66 篇，不过中心性不如发文量前 10 的其他国家，在论文质量上还需要进一步提升。

基于语料库的中美媒体话语语用修辞对比研究 >>>

四、共现分析

共现分析是指一组文献同时引证另外同一篇或同一组文献,则后者与前一组文献形成耦合关系,从而建立文献耦合分析方法。它引申出作者、期刊、学科的共现分析。其实质在于引用文献的知识共鸣和知识吸收。知识单位的共现与重组直接反映了以引用文献为基础的研究前沿。关键词和论文共现是指哪些论文中使用了关键词,可以反映某研究领域的论文和研究主题[1]。

(一)关键词共现网络

将数据导入 CiteSpace,Node Type(节点类型)选定 Keyword(关键词),运行程序绘制出国外批评性话语分析研究关键词共现图谱,如图 2-20 所示,共有 272 个节点,1483 条连线,重要节点较多,节点半径越大关键词出现频率越高,可以看出批评性话语分析研究关键词重复性强,重点比较集中。

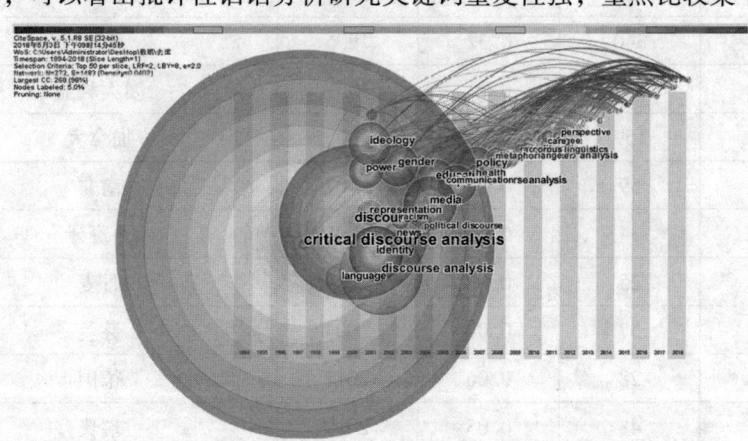

图 2-20　1994—2018 年国外批评性话语分析研究关键词共现图谱

表 2-21 展现了排名前 20 的关键词,可以帮助我们梳理批评性话语分析研究的热点。

---

[1] 李杰,陈超美.CiteSpace 科技文本挖掘及可视化(第二版)[M].北京:首都经济贸易大学出版社,2016:180.

表 2-21 1982—2017 年国外政治话语研究排名前 20 的关键词

排名	数量	中心性	年份	关键词
1	711	0.09	1997	批评话语分析（critical discourse analysis）
2	293	0.07	2000	话语（discourse）
3	158	0.10	2001	话语分析（discourse analysis）
4	106	0.10	2001	身份（identity）
5	106	0.05	2004	媒体（media）
6	89	0.05	2001	意识形态（ideology）
7	87	0.09	2002	性别（gender）
8	80	0.05	2007	政策（policy）
9	80	0.07	2005	政治（politics）
10	78	0.10	2004	教育（education）
11	73	0.08	2001	权力（power）
12	67	0.04	1999	语言（language）
13	65	0.06	2005	隐喻语言分析（metaphor language analysis）
14	56	0.07	2002	新闻（news）
15	55	0.07	2001	表征（representation）
16	52	0.06	2010	女人（women）
17	45	0.03	2008	语料库语言学（corpus linguistics）
18	44	0.03	2006	健康（health）
19	43	0.03	2008	建构（construction）
20	40	0.07	2005	风险（risk）

表 2-21 显示国外学者在批评性话语分析研究过程中对"批评性话语分析"（711）、"话语"（293）、"话语分析"（158）、"身份"（106）、"媒体"（106）、"意识形态"（89）、"性别"（87）、"政策"（80）、"政治"（80）、"教育"（78）等关键词所作的比较。

根据关键词共现数据，本研究进一步通过 Citespace 得到突现较强的前 20 个关键词，如图 2-21 所示：

关键词共现网络可反映当前的研究热点和过去在特定领域的研究热点。而关键词的突现可以具体地反映某一关键词成为研究热点的起止时间和持续

Top 20 Keywords with the Strongest Citation Bursts

Keywords	Year	Strength	Begin	End	1994 - 2018
critical discourse analysis	1994	17.0568	1994	2004	
conversation analysis	1994	8.9009	2001	2005	
masculinity	1994	3.8142	2003	2007	
context	1994	3.2955	2004	2008	
classroom	1994	3.362	2005	2011	
power	1994	4.3135	2006	2009	
globalization	1994	3.4841	2006	2010	
metaphor	1994	3.5013	2008	2010	
consumption	1994	3.2621	2008	2011	
strategy	1994	4.1997	2009	2014	
news discourse	1994	3.3259	2010	2011	
language policy	1994	3.8259	2010	2013	
critique	1994	3.4275	2011	2012	
perspective	1994	5.2543	2011	2015	
terrorism	1994	5.7552	2012	2013	
organization	1994	3.6347	2012	2014	
school	1994	3.2729	2013	2015	
responsibility	1994	4.491	2014	2016	
perception	1994	4.3071	2015	2018	
coverage	1994	3.8499	2015	2018	

图 2-21　关键词突现排名前 20 的关键词

时间，为预测未来提供潜在方向。

根据图 2-21 中的突现强度，我们不难发现"批评性话语分析"关键词的强度是最高的，达到 17.1，并且突现强度持续的时间也是最长的，从 1994 年开始成为研究热点，一直到 2004 年学者们才逐渐减少对它的研究。这个数据非常符合批评性话语分析的研究背景。批评性话语分析是福勒（Fowler）等人在 20 世纪 80 年代末在《语言与控制》一书中提出（刘文宇、李珂，2016）。在批评性话语分析研究的早期阶段，有众多学者将其作为研究方向，并将这一新的研究方法运用在学科领域，使得批评性话语分析的研究热度持续了 10 年之久。随着批评性话语分析理论研究的发展与完善，越来越多的学者将其作为研究话语的主要方法，将其运用在各个学科领域，因此出现了与批评性话语研究相关的关键词，如"会话分析""文本""隐喻"和"新闻话语"等。同期也出现了一些其他的关键词，如"全球化""男性""权力"和"恐怖主义"等关键词。这些关键词是当时时代背景下人们格外关注的话题。学者们运用了批评性话语分析的方法去研究当时的时代热点，让这些词也成了批评性话语分析研究中突现强度较高的关键词。

(二) 学科共现网络

学科共现分析指的是对 WoS 文本数据中的 SC 字段进行的分析。SC 字段是期刊文献在被 Web of Science 收录时，WoS 根据其涉及的内容来标引的学科领域名称[①]。将节点类型（Node Type）选定为学科领域（Category），笔者绘制出国外批评话语研究学科领域共现图谱（见图 2-22）。图谱中节点共有 67 个，为使图片清晰，本书只选取了一小部分重要节点的标签。节点之间共有 327 条线，可见国外批评性话语分析研究所涉及的学科领域众多，且各学科之间的交流与联系十分广泛。

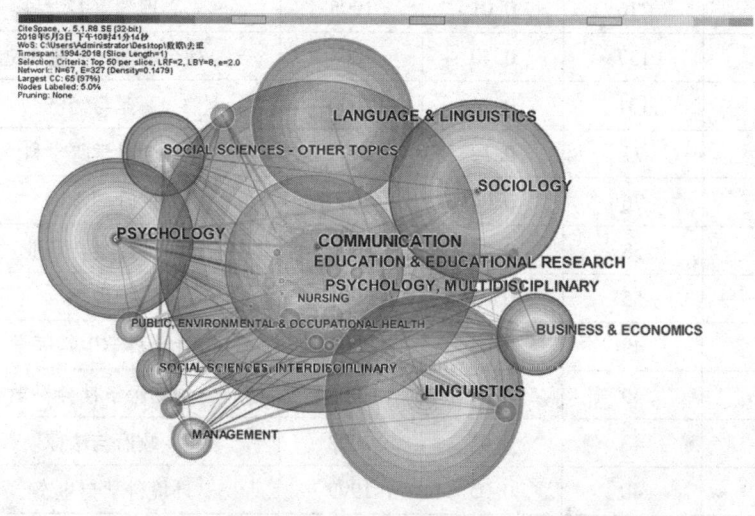

图 2-22　国外批评性话语分析研究学科领域共现图谱

依据 CiteSpace 软件分析得出的数据，本书对国外批评性话语分析所涉及学科领域的发文数进行观察，同时为了清晰呈现图 2-22 的数据，整理了发文量排名前 20 的学科领域、相对应的论文数量以及最早发文年份，如表 2-22 所示：

[①] 李杰，陈超美. CiteSpace 科技文本挖掘及可视化（第二版）[M]. 北京：首都经济贸易大学出版社，2016：204.

表 2-22 1994—2018 年国外批评性话语分析研究发文量排名前 20 的学科领域

排名	数量	中心性	年份	学科领域
1	533	0.18	1995	传播学
2	330	0.02	1994	语言学
3	295	0.17	2001	教育与教育研究
4	294	0.23	1995	社会学
5	269	0.00	1999	语言与语言学
6	262	0.17	1995	心理学
7	216	0.01	1995	心理学，多学科
8	137	0.40	2004	社会科学·其他专题
9	131	0.24	2000	商业与经济
10	77	0.12	2004	社会科学跨学科
11	76	0.04	2000	管理学
12	58	0.04	2006	公共环境与职业
13	55	0.01	2001	护理学
14	49	0.04	2005	社会科学生物医学
15	49	0.04	2005	生物医学社会科学
16	43	0.05	2008	政府与法律
17	40	0.05	1999	环境科学与生态学
18	40	0.01	2005	商务
19	39	0.04	2005	妇女研究
20	39	0.04	2005	妇女学

表 2-23 1994—2018 年国外批评性话语分析研究中心性排名前 10 的学科领域

排名	数量	中心性	年份	学科领域
1	137	0.40	2004	社会科学·其他专题
2	131	0.24	2000	商业与经济
3	294	0.23	1995	社会学
4	533	0.18	1995	传播学
5	295	0.17	2001	教育与教育研究

续表

排名	数量	中心性	年份	学科领域
6	262	0.17	1995	心理学
7	77	0.12	2004	社会科学跨学科
8	26	0.12	2005	信息科学与图书馆学
9	22	0.08	2008	民族研究
10	43	0.05	2008	政府与法律

根据表2-22，批评性话语分析研究主要涉及传播学、语言学、教育学及教育研究学、社会学、心理学、社会科学、商务经济、管理学、公共环境学等领域。其中排名第一、第二的是传播学（533）和语言学（330），发文数量是批评性话语分析研究中最多的，反映了传播学和语言学是使用批评性话语分析研究最主要的两个学科。根据表2-23，我们发现，在中心性方面，传播学和语言学的中心性要远低于社会科学和商务经济，特别是语言学的中心性排在前10名以外。由此可见，批评性话语分析的研究与运用主要还是在实用性更强的学科领域，并且在这些领域发挥重要的作用。

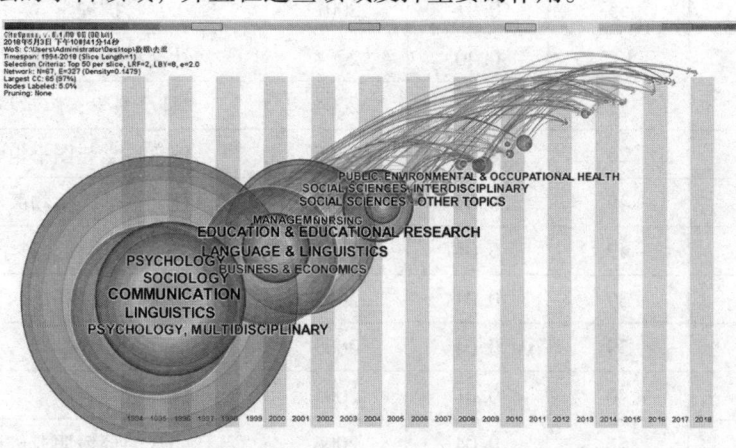

图2-23 国外批评性话语分析研究学科领域共现时区图

表 2-24　1994—2018 年国外批评性话语分析研究按发文时间排名前 35 的学科领域

排名	数量	中心性	年份	学科领域
1	330	0.02	1994	语言学
2	294	0.23	1995	社会学
3	533	0.18	1995	传播学
4	262	0.17	1995	心理学
5	216	0.01	1995	心理学，多学科
6	40	0.05	1999	环境科学与生态学
7	34	0.04	1999	环境研究
8	269	0.00	1999	语言与语言学
9	13	0.00	1999	城市研究
10	131	0.24	2000	商业与经济
11	76	0.04	2000	管理学
12	295	0.17	2001	教育与教育研究
13	11	0.02	2001	人类学
14	55	0.01	2001	护理学
15	137	0.40	2004	社会科学·其他专题
16	77	0.12	2004	社会科学，跨学科
17	26	0.12	2005	信息科学与图书馆学
18	49	0.04	2005	社会科学，生物医学
19	49	0.04	2005	生物医学社会科学
20	39	0.04	2005	妇女研究
21	39	0.04	2005	妇女学
22	40	0.01	2005	商务
23	58	0.04	2006	公众的环境职业健康
24	9	0.00	2007	伦理学
25	22	0.08	2008	民族研究
26	43	0.05	2008	政府与法律
27	29	0.04	2008	公共管理
28	37	0.03	2008	政治学

续表

排名	数量	中心性	年份	学科领域
29	7	0.02	2008	历史学
30	22	0.01	2008	地理学
31	18	0.01	2008	规划发展
32	13	0.04	2009	社会问题
33	9	0.02	2009	环境科学
34	23	0.01	2009	康复
35	4	0.00	2009	心理学，临床

结合图 2-22、图 2-23 和表 2-24，我们可以看到随着时间的推移，批评性话语分析研究中各学科的发展情况。我们可以将国外批评性话语分析研究的发展分为以下几个阶段：初期阶段（1994—1999 年）、发展阶段（2000—2006 年）、升华阶段（2007—2018 年）。

从图 2-22、图 2-23，我们可以清晰地看出批评性话语分析诞生于语言学。在初期阶段，批评性话语分析逐渐渗透到社会学、传播学和心理学等其他学科。这些学科不仅最早使用批评性话语分析，同时也是至今发文量最多的几个学科。在这些学科中，批评性话语分析的理论与应用日臻成熟，并且随着发文数量的不断增多，这一研究方法也逐渐为其他学科的学者所熟知。在发展阶段，有更多的学科运用批评性话语分析解决其学科的研究问题。这些学科的实用性较强，所发文章的重要程度也高于其他学科。特别是社会科学和商务经济学，都是在该阶段出现的新学科，为批评性话语分析的发展添上了重要一笔。在升华阶段，随着批评性话语分析被越来越多的学者所熟知，该研究方法被运用到更多新的学科中，如伦理学、政府法律、公共管理、历史学、地理学与康复学等。这些学科的加入，丰富了批评性话语分析研究的内容。但该阶段的学科中心性普遍不高，这说明该阶段新出现的学科对于批评性话语分析的发展并没有十分重大的意义。

综合分析批评性话语分析中学科的发展情况，我们认识到，该领域的学科发展是从简单到复杂、从单一到综合的一个过程。随着时间的推移，学科中心性普遍变得越来越低，发文数量普遍变得越来越少。

五、文献共被引情况分析

共被引分析是指一组文献共同被同一篇或同一组文献引证，则后者与被引证的文献形成共被引关系。它引申出作者、机构和学科等的共被引分析。其实质在于一组被引文献的知识联系与知识扩散，以及对共引文献中知识单元的分析和游离，并为一组施引文献为知识单元的重组所反映的研究前沿提供知识基础。文献的共被引分析是 CiteSpace 软件最具亮点的功能，也是 CiteSpace 最早使用和进行理论论述的功能[1]。在 CiteSpace 中通过一条完整的引文数据（作者、年代、期刊、卷期）实现文献的共被引分析[2]。

本书对国外批评话语研究中的共引文献进行分析，旨在了解批评性话语分析研究的知识基础，便于之后研究这一领域的学者掌握经典文献、基础理论，依据该领域的发展潮流制订研究计划。

研究共被引文献主要为了发现早期经典文献、共被引频次较高的文献和关键文献的构成（赵建保，2014）。将节点类型（Node Type）选定共引文献（Cited Reference），生成图谱中具有高度中心性的关键节点和被引频次（赵建保，2014）。图 2-24 是国外批评性话语分析研究文献共引图谱，图中节点共有 1916 个，连线 5181 条，重要节点与其他节点都有频繁的联系。由图 2-24 可知，批评性话语分析研究中的共被引文献数量较多、关键文献较多且在该领域研究中起到重要作用。

---

[1] 李杰，陈超美. CiteSpace 科技文本挖掘及可视化（第二版）[M]. 北京：首都经济贸易大学出版社，2016：146.

[2] 李杰，陈超美. CiteSpace 科技文本挖掘及可视化（第二版）[M]. 北京：首都经济贸易大学出版社，2016：161.

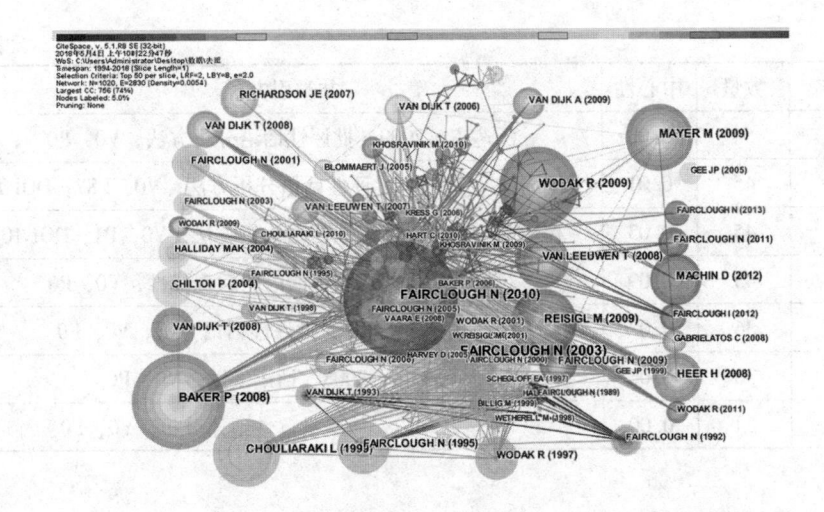

图 2-24 1994—2018 年国外批评性话语分析研究文献共引图谱

表 2-25 1994—2018 年国外批评性话语分析研究共被引时间排名前 10 的文献

排名	数量	中心性	年份	共被引文献
1	2	0.00	1987	范迪克，1987，传播种族主义，V0，P0
2	3	0.00	1988	范迪克，1988，新闻话语，V0，P0
3	13	0.00	1989	费尔克劳夫，1989，语言能力，V0，P0
4	2	0.00	1989	麦考尔，1989，语用学，V13，P323，DO1 10
5	2	0.00	1990	霍兰德，1990，浪漫女性，V0，P0
6	2	0.00	1991	范迪克，1991，种族主义媒体，V0，P0
7	2	0.00	1991	布迪厄，1991，语言与符号政治，V0，P0
8	2	0.00	1991	福勒，1991，新闻中的语言，V0，P0
9	21	0.00	1992	费尔克劳夫，1992，话语与社会变迁，V0，P0
10	4	0.00	1992	费尔克劳夫，1992，批评性语言，V0，P0

表 2-26 1994—2018 年国外批评性话语分析研究共被引数量排名前 10 的文献

排名	数量	中心性	共被引文献
1	96	0.01	费尔克劳夫，2003，话语分析，V0，P0
2	77	0.00	费尔克劳夫，2010，批评性话语分析，V0，P0
3	63	0.30	贝克，2008，话语社会学，V19，P273，DOI 10

续表

排名	数量	中心性	共被引文献
4	54	0.00	沃达克，2009，批评性话语分析方法，V0, P0
5	45	0.01	赖西格尔，2009，批评性话语分析方法，V0, P87, DOI 10
6	45	0.03	梅耶尔，2009，批评性话语分析方法，V0, P1, DOI 10
7	45	0.09	乔里亚基尔，1999，话语的后现代性，V0, P0
8	36	0.02	费尔克劳夫，1995 批评性话语分析，V0, P0
9	36	0.06	瓦列文，2008，话语实践，V0, P0
10	34	0.00	马辛，2012，从事批评性话语分析，V0, P0

Top 10 References with the Strongest Citation Bursts

References	Year	Strength	Begin	End	1994 - 2018
FAIRCLOUGH N, 1989, LANGUAGE POWER, V0, P0	1989	8.8551	1994	1997	
FAIRCLOUGH N, 1992, DISCOURSE SOCIAL CHA, V0, P0	1992	14.0459	1995	2000	
VAN DIJK T, 1993, DISCOURSE SOC, V4, P249, DOI	1993	10.1634	1995	2001	
FAIRCLOUGH N, 1995, CRITICAL DISCOURSE A, V0, P0	1995	21.8977	1996	2003	
HALLIDAY M, 1994, INTRO FUNCTIONAL GRA, V0, P0	1994	8.3779	1997	2001	
WODAK R, 1997, DISCOURSE SOCIAL INT, V0, P258, DOI	1997	16.7241	1999	2005	
CHOULIARAKI L, 1999, DISCOURSE LATE MODER, V0, P0	1999	25.2101	2001	2007	
FAIRCLOUGH N, 2001, LANGUAGE POWER, V0, P0	2001	13.8051	2005	2009	
FAIRCLOUGH N, 2003, ANAL DISCOURSE TEXTU, V0, P0	2003	38.9893	2005	2011	
HALLIDAY MAK, 2004, INTRO FUNCTIONAL GRA, V0, P0	2004	8.4905	2007	2012	

图 2-25　1994—2018 年国外批评性话语分析研究共被引突现排名前 10 的文献

表 2-25 和表 2-26 是通过软件分析出的国外批评性话语分析研究经典文献以及共被引频率最高的文献。图 2-25 是批评性话语分析研究共被引突现排名前 10 的文献。从这些图表中我们不难看出，费尔克劳夫（Fairclough）、范迪克（Van Dijk）、韩礼德（Halliday）、沃达克（Wodak）的文献共被引的次数较多。

国外批评性话语分析研究最早的共被引文献是范迪克（Van Dijk）的《传播种族主义：思想和谈话中的种族偏见》。他是荷兰著名的语篇语言学、语篇分析和批评性话语分析领域的学者。在 20 世纪八九十年代，他认为话语分析应该有一个批评维度；在倾向、话题、矛盾、问题、方法的选择方面，话语分析家以其自身的学术方式，应该积极参与社会讨论、做研究，以便为那些最需要他们的人服务。他强调批评性话语分析不是一个理论或一种方法，任何适宜的方法都可以在批评性话语研究中使用。他说："我们通常研究如性别主义和种族主义等与性别、种族地位、阶级有关的各种（滥用）权力形式。

62

我们想知道话语如何执行、表达、抵制、再现不平等，或如何对不平等的再现做贡献。与此同时，我们也倾听统治群体的经验和观点，并研究最有效的抵抗和表示异议的途径。"①

被引用最多的文献是来自诺曼·费尔克劳夫（Norman Fairclough）的《语篇分析：社会研究的语篇分析》（2003）。诺曼·费尔克劳夫是英国兰卡斯特大学的语言学名誉教授，也是应用于社会语言学的批评性话语分析的创始人之一。他认为：在社会科学的各个领域工作的人们经常面临着关于语言的问题，然而人们对于如何分析这些语言材料存在广泛的不确定性。《语篇分析：社会研究的语篇分析》提供了一种可用的语言分析框架，这表明语言分析可以加强对社会学家所关注的一系列问题的研究。

在表2-26中，被引用次数排名第四的文献是沃达克（R. Wodak）的《批评性话语分析方法》。沃达克是奥地利著名的语言学家，并且是兰卡斯特大学的名誉教授兼语篇研究主席。她参与编写的《批评性话语分析方法》一书为批评性话语分析提供了简明易懂的介绍，适合各层次的研究者。该书汇集了批评性话语分析领域的顶尖专家们研究CDA的方法，并用详细的例子展现研究过程，向读者展示了批评性话语分析的价值。因此这本书中的内容常常被引用到批评性话语分析相关的论文中。

被引用热度距今较近的是韩礼德的《功能语法导论》。韩礼德是英国当代语言学家，并且是世界两大主要语言学派之一的系统功能语言学的创始人。他在著名的《功能语法导论》一书中阐述了功能语法思想：语言的本质决定人们对语言的要求，即语言所必须执行的功能；尽管这种功能千变万化，但我们可以把它们归纳为若干个有限的抽象的功能。这一思想成为当今批评性话语分析研究中主要的分析方法，在批评性话语分析领域有着举足轻重的地位。

六、批评性话语分析研究：新视角与新动向

批评性话语分析是一种话语研究方法，兴起于20世纪70年代末，是语言学研究重要方法之一。"CDA的哲学基础是法兰克福学派与新马克思主义的社会批评理论。社会批评理论批判的对象是意识形态，认为意识形态具有阶

---

① Van Dijk, T. A. Communicating racism: Ethnic prejudice in thought and talk. [J]. Contemporary Sociology, 1987, 17 (2): 437.

级性与整体性，能够对社会全体成员实行控制与潜移默化的压制，即便是对其持不同政见者也包括在内。"（单胜江 2011）。批评语言学认为，在人们说话的语言中，或者在文本中，句子或语言的构成、模式，都可以体现其意识形态。

传统的批评性话语分析主要从四个方面着手，即从"分类系统""及物系统""情态系统"和"转换系统"研究语篇背后所隐藏的意识形态①。

语料库语言学和批评性话语分析相结合的研究方法在国外一直受到极大的重视（如 Alan Partington，2003；Paul Baker et al.，2008；Qian Yufang，2011）。近年来国内从事基于语料库的批评性话语分析的学者也逐渐涌现（如邵斌、回志明、支永碧、王永祥、汪少华、梁婧玉、唐伟等）。批评性话语分析的角度越来越多，如语义韵、概念隐喻、评价系统、模糊限制语、及物性、互文性、语用预设等也成为批评性话语分析领域的重要视角。本书正是从这些方面对美国媒体的中国形象建构进行批评性话语分析，以拓展中国形象研究的理论视野，并进一步丰富批评性话语分析研究的现有成果。

第三节 本章小结

本书利用可视化软件 Citespace 对国外 1994—2018 年间的批评性话语分析领域的文献进行了计量分析，获得作者、机构和国家的合作情况、关键词共现与突现、共被引文献的引用与经典文献的突现等数据，并绘制出相应的可视化图表。研究结果显示：在批评性话语分析合作方面，国家（或地区）与机构之间有比较多的合作联系，特别是欧美国家高校之间的联系十分频繁。在批评性话语分析领域研究成果较为杰出的大学有：英国兰卡斯特大学、澳大利亚昆士兰大学和加拿大多伦多大学。在关键词共现方面，出现频率高的词有"批评性话语分析""话语分析""身份和媒体"等，这些热词会随着社会关注点变化而不断更新。在学科共现方面，语言学、教育研究、社会学是批评性话语分析研究主要的应用学科。在共被引文献方面，研究统计出国外批评性话语分析领域的顶级专家，他们分别是：范迪克、费尔克劳夫、沃达克和韩礼德。他们发表的论文在批评性话语分析领域有着十分重要的地位，被其他学者大量地引用在文章中。

---

① 辛斌.语篇互文性的批评性分析 [M]. 苏州：苏州大学出版社，2005.

当然，本书的相关研究还有一定的局限性：首先，WoS 数据库中并没有收入批评性话语分析领域早期的经典文献，导致数据完整性上存在不足；其次，笔者对可视化软件 Citespace 的认知与使用有限，导致不能利用现有的数据深刻地分析批评性话语分析的研究进展，但不会影响对该领域基本现状的掌握。在这些方面笔者还需要不断改进。

总体来说，国外的批评性话语分析研究视角相对丰富，成果较多，值得国内研究者参考。

第三章

研究框架

第一节 语料库语言学

语料库是指以计算机为载体,经过取样和处理承载语言知识的基本资源,它存储了实际使用中出现的真实语言材料。

语料库工具方法不规避任何实际存在的语言现象,客观性较好。它的优势在于快速储存、识别和统计大量复杂的各类语言数据,扩大研究对象的规模,提高研究结果的信度和效度。语料库工具兴起初期主要用于研究词汇或浅层句法。语料库工具和批评性话语分析的有机结合,将语料库研究上升到话语层面,在语言研究中发挥着极为重要的作用。

如今,将语料库语言学和批评性话语分析相结合用于语言学领域的研究已成为一种趋势。在大数据时代背景下,语料库语言学使用计算机处理大量的语料,在一定程度上弥补了批评性话语分析"文本少、缺乏代表性和客观性"[1]的缺点。语料库软件通过对词频、主题词、搭配词的统计和检索,可以验证研究者的假设是否成立,并给研究者提供新的"切入点"(钱毓芳,2010)。

当然,基于语料库的研究缺少对具体话语环境的考量,而批评性话语分析则需要基于整篇文本结构和话语所在的语境对具体话语进行具体分析,这正是语料库研究所缺少的(Vijaya &Bhatia et al.,2008)。

---

[1] 唐丽萍. 美国大报之中中国形象的语料库语言学方法辅助下的批评性话语分析 [M]. 北京:高等教育出版社,2011:43.

第二节 批评性话语分析框架的理论建构

一、概念隐喻理论

1980年，莱考夫与约翰逊（Lakoff&Johnson）首次提出了概念隐喻理论。两位语言学家通过大量的英语实例来证明语言与隐喻认知结构存在密切关系，指出隐喻不仅仅是语言现象，更是一种思维方式和一种认知机制。通过这种机制，人们可以理解具有具体意义的抽象概念[①]。该理论通过对源域事务进行评估的方式，传递所选择的映射[②]。因此有些批评者认为，概念隐喻理论研究者大多是主观判断的，是脱离语境的语用实例。虽然概念隐喻理论存在一些弊端，但它能够为美国媒体涉华话语中的隐喻建构研究提供更好的理论解释。

另一位著名语言学家乔纳森·夏特里斯·布莱克（Jonathan Charteris-Black）（2004）在其《批评隐喻分析之语料库研究方法》（Corpus Approaches to Critical Metaphor Analysis）一书中提出了一种批评性话语分析的新方法——批评隐喻分析。参照费尔克劳夫的批评性话语分析"三维分析模式"[③]。布莱克（2004）讨论了批评性话语分析过程中的三个基本步骤，即话语层面隐喻识别、话语层面隐喻描述以及社会层面隐喻阐述。批评隐喻分析通过利用隐喻的劝谏作用，即利用个人的情感反应，来揭示语篇作者的潜在意图和自身的意识形态，以此来分析现实状况。福塞维尔认为隐喻的产生和解释离不开语用、语义和认知的考虑，隐喻的选择可能受到认知、语义和语用考虑或意识形态、文化原因的影响[④]。因此，布莱克提出隐喻理论的完善需要整合语用理论。

本书以夏特里斯·布莱克的批判隐喻理论为指导，分析了美国媒体涉华

[①] Lakoff, G. The Contemporary Theory of Metaphor [A]. In A. Ortony (ed.) *Metaphor and Thought* [M], Cambridge: Cambridge University Press, 1993: 244-245.

[②] Lakoff, G. & M. Turner. *More Than Cool Reason: A Field Guide to Poetic Metaphor* [M]. Chicago: University of Chicago Press, 1989: 65.

[③] Fairclouph, N. *Critical Discourse Analysis. The Critical Study of Language* [M]. London, Longman, 1995.

[④] Forceville, C. *Pictorial Metaphor in Advertising* [M]. London: Routledge, 1996: 35.

政治话语、涉华环境话语中的概念隐喻，即隐喻识别、隐喻解释和隐喻说明。这一过程类似于费尔克劳夫的三层次话语分析：识别、解释和说明[①]，而这一理论又基于韩礼德的功能语言学理论[②]。

综上所述，批评隐喻分析的理论框架可以归纳为表3-1：

表3-1　批评隐喻分析的理论框架

批评隐喻分析	隐喻识别	识别候选的隐喻
		隐喻关键词的识别
	隐喻解释	认知隐喻与修辞隐喻
		概念键和概念隐喻
		隐喻的突显与隐蔽
	隐喻说明	影响隐喻选择的因素
		隐喻的意识形态功能

二、及物性系统

英国著名语言学家韩礼德（1994）在《功能语法导论》中阐释了语言的三个元功能，即概念功能、语篇功能和人际功能。其中，概念功能中的及物性系统（transitivity system）包含六大过程，即关系过程（relational process）、心理过程（mental process）、物质过程（material process）、存在过程（existential process）、行为过程（behavioral process）和言语过程（verbal process）。这些过程是由小句中的三个部分组成：过程（process）中的动词部分、过程参与者（participant）的名词部分和过程中所涉及的环境成分（circumstantial element），环境成分一般为副词或介词短语。

目前，及物性系统业已成为批评性话语分析最常见的分析工具。批评性话语分析研究者通过分析语篇中的及物性揭示其隐含的意识形态。"及物性在系统功能语言学中是用来发现小句中所表现的概念功能。"[③] 及物性表达了小句的意义，并且表达了人们如何用心理画面来展现现实世界、如何划分经验

[①] Fairclough, N. *Media Discourse* [M]. London: Edward Arnold, 1995.

[②] Halliday M. A. K. *An Introduction to Functional Grammar* [M]. London: Edward Arnold, 1985.

[③] Fairclough, N. *Discourse and Social Change* [M]. Cambridge: Polity Press, 1992: 177.

世界的。在批评性话语分析研究者看来,"文本的所有层次和结构以及每一个小句都可以被视为具有意识形态意义。新闻话语背后的意识形态将体现在及物性系统的选择中,这种选择往往受到说话者的立场、观点、交际目的和社会背景的影响和约束"[①]。"对于批评性话语分析研究者来说,选择哪种类型的过程来表示真实的过程均可能具有文化、政治或意识形态的重要性。"[②] 同样,人们会根据不同的语篇目的去改变句子的结构,这也会产生不同的归属过程。例如:

[1] 海军射杀了两个渔民。
[2] 两个渔民死于海上。

这两句话陈述了相同事件,但及物性过程不同,所表达的意识形态也不尽相同,句[1] 表明了事件的动作者,而句[2] 则包庇了海军的行为,这两句话貌似在传递相同的信息,实质暗含不同的意图。

(一)物质过程

在韩礼德(1994)看来,物质过程就是"doing"的过程。物质过程中的一个必要的参与者被称为动作者(actor),在新闻语篇中倾向于有意忽略有生命或没有生命的动作者,以模糊责任者(agent)。第二个参与者是被这个动作影响或是正在进行的目标(goal)。动作者可以是无生命的或是抽象的实体,而目标可以是人也可以是抽象的事物(见表3-2)。

表3-2 物质过程

动作者	物质过程	目标	受益者
狮子(The lion)	抓了(caught)	游客 the tourist	
约翰(John)	给了(gave)	我(me)	礼物(a gift)

(二)心理过程

心理过程是表示感觉(perception)(包括视觉、听觉等),情感(affection)(包括喜欢、恨等)和认知(cognition)(包括思想、认知等)等的心理活动过程(Simpson, 1993)。心理过程一般有两个参与者:感觉者

---

① Fairclough, N. *Media Discourse* [M]. London: Edward Arnold, 1995: 75.
② Fairclough. N. *Critical Language Awareness* [M]. New York: Longman Publishing, 1992: 75-180.

(senser)、现象（phenomenon）。心理过程的表达以及现象与感觉之间的关系往往反映感觉者对事物的看法和态度（见表3-3）。

表3-3 心理过程

感觉者	心理过程	现象
我（I）	喜欢（like）	这些礼物（the gifts）
她（She）	考虑了（considered）	这个问题（the problem）

（三）关系过程

关系过程就是两个独立事物在两者都没有互相影响的情况下，这两种事物之间的关系是怎样的一个过程。关系过程可以分为两类：归属（attributive）和识别（identifying）。也可以进一步细分为内包式（intensive）、环境式（circumstantial）、所有式（possessive）三种。和归属关系构成不同的是，被识别者（identified）和识别者（identifier）的关系是可逆的（见表3-4），所指为同一事物。

表3-4 关系过程

方式 分类	内包式	环境式	所有式
归属 attribute (carrier & attribute)	水是热的 (The water is hot)	会议周二召开 (The meeting is on Tuesday).	玛丽有一本新书 (Mary has a new book)
识别 identifying (identified&identifier)	吉姆是班长 (Jim is the monitor)	昨天是妇女节 (Yesterday was Women's Day)	这本新书是玛丽的 (The new book is Mary's.)

（四）行为过程

行为过程介于物质过程和心理过程之间，通常是人的生理和心理的一些行为，如呼吸（breathe）、咳嗽（cough）、叹气（sigh）、做梦（dream）、笑（laugh）、哭（cry）、看（watch）、听（listen）等。行为过程是通过文字隐含的意义来表达意识活动和心理状态的过程。行为过程通常只有一个参加者，即"行为者"（behaver）。行为者通常是人，这一点与心理过程类似，而与物质过程不同。然而这样的行为过程容易与只有一个参加者的物质过程混淆。

区分两者的关键在于"某人的活动是否属于与生理有关的行为"①。当然，行为过程也可以有两个参与者。这时，我们可以把它看作物质过程（见表3-5）。

表3-5 行为过程

行为者	行为过程	范围	环境
Mary	waved	her hands	when she saw us
John	cried		painfully
Tom	signed		for the day of his youth
Mary	Kissed	Tom	

胡壮麟等同时指出，行为过程可以是进行时，也可以是一般时，如 why are you crying? Why do you cry?②

（五）言语过程

言语过程是通过讲话交流信息的过程，包括任何象征信息交流的动作，如说（say）、告诉（tell）、谈（talk）、承诺（promise）、吹嘘（boast）、表扬（praise）、描写（describe）等。言语过程包括三个参与者：一个是发出言语的"讲话者"（sayer），一个是接收言语的"受话者"（receiver），另一个就是语言信息表达的本身，即"讲话内容"（verbiage）（见表3-6）。③

表3-6 言语过程

讲话者	言语过程	受话者	讲话内容
约翰（John）	告诉（told）	我们（us）	一个故事（a story）
老师（The teacher）	问了（asked）	约翰（John）	许多问题（a lot of questions）

（六）存在过程

存在过程一般是对于存在事物的肯定性陈述。最典型的结构就是存在（"there be"）形式。其他的动词有存在（exist）、发生（happen）、产生

---

① 胡壮麟. 认知隐喻学 [M]. 北京：北京大学出版社，1989：79.
② 胡壮麟. 认知隐喻学 [M]. 北京：北京大学出版社，1989：79.
③ Halliday M. A. K. *An Introduction to Functional Grammar* [M]. London：Edward Arnold，1994：115.

（arise）、出现（occur）、悬挂（hang）等。存在过程只有一个参与者，可以是事件、事物或是人的"存在物"（existent）（见表3-7）。

表3-7 存在过程

存在过程	存在物	环境
那儿悬挂着（There hangs）	一个篮子（a basket）	在房间（in the room）
有（There is）	一个玩具（a toy）	在床上（on the bed）

总的来说，由于及物性有六大不同的过程以及相关的参与者，因此能研究新闻语篇表明的观点以及意识形态意义。新闻记者将特定的话语意义放在表面，而其他的则隐含在背后。及物性可以给所有想深入解读新闻语篇的读者一个特殊的视角了解隐藏在背后的深层含义。

同样的过程在现实中可以用不同的及物系统类别来叙述语言。即使是同一类过程也可能由于参与者位置的改变而产生不同的结果。因此，通过分析小句中的及物性是揭示语篇意识形态的有效手段之一。

三、评价理论之态度系统

评价理论是一种表达人际意义的语言分析系统，是"关于报道中所表达的各种态度、所涉及的情感的强度以及所表明价值的方式"[①]。该理论包括介入、态度和级差三个子系统，其中态度系统（appraisal system）包括情感、判断和鉴赏三个维度（Martin，2000）。情感是语言使用者对文本、现象、过程或行为产生的反应，属于个人感情，如安全/不安全、满意/不满意、快乐/不快乐、害怕、欲望等。表达情感的词语有很多：聪明（intelligent）、残忍（cruel）、失望（disappointment）、愿意（willing）、冷漠（callous）、渴望（eager）、恐惧（fear）、生气（angry）、欣赏（enjoy）、难过（sorrowful）、惊讶（astonished）、高兴（glad）、自我牺牲（self-sacrifice）等。判断是语言使用者根据道德或法律对人类行为的肯定或否定评价，属伦理性的，可细分为社会判断和社会约束。表达判断的词语有：冒失（rash）、古怪（eccentric）、精神错乱（insane）、腐败的（corrupt）、坚毅（resolute）、下定决心（determined）、善良的（virtuous）、懒惰（lazy）、时髦（fashionable）、胆怯

---

① Martin, J. R. Beyond Exchange: Appraisal System in English [C]//Wang Z H. *The Collected Works of Martin, J. R.* Shanghai: Shanghai Jiao Tong University Press, 2000: 203-245.

（cowardly）、可信的（credible）、胜任（competent）、不可信的（unreliable）、可靠的（dependable）、笨拙（clumsy）、愚蠢（stupid）、有能力（capable）、逼真（authentic）、残忍（brutal）、真实（genuine）、敏感（sensitive）、坦白（frank）、不幸（unfortunate）、道德的（moral）、直接的（direct）、真实的（truthful）、伦理（ethical）、守法（law-abiding）、非同寻常（unusual）、欺骗（deceitful）、幸运的（lucky）、体贴（considerate）、不诚实（dishonest）、假的（fake）、怀疑（doubt）、承诺（promote）、威胁（threat）、纳闷（wonder）、抢夺（rob）等。鉴赏是对现象、事物或过程的评价，属于审美层次，可细分为反应、构成和价值三个亚类。表达鉴赏的词语有：重要（important）、失衡（unbalanced）、重要的（crucial）、简单（simple）、精确（precise）、重要（significant）、破坏性的（damaging）、灾难性的（disastrous）、引人注意的（arresting）、错综复杂（intricate）、和谐的（harmonious）、震惊的（stunning）、对称的（symmetrical）、戏剧性的（dramatic）、沉闷乏味（dull）、无吸引力的（uninviting）、单调的（monotonous）、可爱的（lovely）、辉煌的（splendid）、吸引人的（attractive）、丑陋的（ugly）、朴素的（plain）、老练的（sophisticated）、有潜力的（potential）、有价值的（valuable）、成功的（successful）、灾难（disaster）、挑剔的（critical）等（见表3-8[①]）。

[①] Martin, J. R. Beyond Exchange: Appraisal System in English [C] //Wang Z H. *The Collected Works of Martin, J. R.* Shanghai: Shanghai Jiao Tong University Press, 2000: 203-245.

表 3-8 态度系统

态度 (attitude)	判断 (judgement)	社会评判 (social esteem)	规范 (normality)	有多正常? (How normal?)
			才能 (capability)	何中能力 (How capable?)
			坚韧 (tenacity)	如何可信? (How dependable?)
		社会约束 (social sanction)	诚实 (veracity)	有多诚实? (How honest?)
			正当 (propriety)	何种程度? (How far beyond reproach?)
	情感 (affect)	现实型 (realis)	快乐/非快乐 (happiness/unhappiness)	
			安全/非安全 (security/insecurity)	
			满意/非满意 (satisfaction/dissatisfaction)	
		非现实型 (irrealis)	害怕 (fear)	
			欲望 (desire)	
	鉴赏 (appreciation)	反应 (reaction)	影响 (impact)	它抓住我了吗? (Did it grab me?)
			质量 (quality)	我喜欢它吗? (Did I like it?)
		构成 (composition)	平衡 (balance)	它粘在一起了吗? (Did it hang together?)
			细节 (complexity)	很难理解吗? (Was it hard to follow?)
		价值 (valuation)	值得花时间吗? (Was it worthwhile?)	

王振华（2001）将评价理论介绍到中国，并在其杂文、硬新闻以及司法领域的研究中展示了该理论的具体价值（王振华，2002，2004，2006）；唐青叶在分析政治和新闻语篇时运用了评价理论[①]；李战子（2004）通过分析历史、商业和自传话语中的评价资源来反映评价的人际意义；施光研究分析了法庭审判话语的态度系统，进一步验证了评价理论的应用前景[②]。上述研究给我们提供了很多理论启迪与实践参考，但将评价理论与语料库方法相结合来

---

① 唐青叶，史晓云. 基于语料库的南非大报对习近平主席访非报道的话语分析 [J]. 北京第二外国语学院学报，2016，38（01）：14-24，131.
② 施光. 批评性话语分析研究综述 [J]. 学术论坛，2007，(04)：202-205.

研究中国科技形象的专题成果较为少见，这给本研究留下了一定的空间。

四、模糊限制语

模糊词的使用"在文章中起着方式状语或者程度状语的作用，遵循'合作原则'与'礼貌原则'，提醒或暗示对方把握所听到的信息，并且可以在敏感时期削弱针锋相对的气氛，缓和氛围"（陈志安、冉永平，1995）。在新闻、学术、小说等各类文本中均存在大量的模糊限制语，帮助作者实现特定的交际目的。"模糊限制语"（hedges）是基于美国伯克利加利福尼亚大学教授查德（Zadeh）所发表的《模糊集》（*Fuzzy Sets*），后来由语言学家莱考夫（G. Lakoff）首次提出。莱考夫指出，"模糊限制语"（hedging）就是"将事物变得模糊化的词语"（Lakoff，1972）。模糊限制语可以使人的表达更为巧妙，一些模糊限定词的使用可以修正我们的措辞，使表达不易出错。国外关于模糊限制语的研究较为广泛。国内关于模糊限制语的学习研究是以伍铁平所著的《模糊语言初探》为开端，逐步展开探究。但根据目前文献，关于模糊语的探究依旧留存许多空白与问题，如基于语料库的模糊限制语的研究仍需进一步深化和拓展，学界对于模糊限制语的界定原则仍存有差异等。普林斯（E. F. Prince）等（1982）从语用角度将其分为"变动型模糊限制语与缓和型模糊限制语。其中，变动型模糊限制语又可以分为程度变动语和范围限制语。缓和型模糊限制语可以分为：直接缓和语和间接缓和语"（E. F. Prince, J. Frader, C. Bosk, 1982）。

本研究参考普林斯（Prince）（1982）、何自然（1985）、瓦特塔拉（Varttala）（2001）以及许静（2017）的分类标准，对模糊限制语进行粗略归类，并提供部分特征词语以供参考。

表3-9 模糊限制语的分类（语用分类）

变动型模糊限制语（approximators）对话语进行修正，给予其范围，因此并没有准确的形容	范围变动型模糊限制语（rounders）	模糊化数量以及频率
	程度变动型模糊限制语（adaptors）	对程度进行修正

续表

缓和型模糊限制语（shields）不影响话语的准确性，表达个人或者他人的看法	间接缓和型模糊限制语（attribution shields）	说话人不直接表达自己的观点而是借用他人的观点
	直接缓和型模糊限制语（plausibility shields）	说话人直接表述自己的观点与态度

表3-10 模糊限制语的分类（词汇角度）

	在数值前加上此类模糊词，表达不确定的数量，让读者自己去揣摩	关于（about），大约（around），将近（nearly），或者（or），大约（approximately）
范围变动型模糊限制语	句末加上此类模糊词表示不完全列举	其他的东西（something else），等等（so on），或者别的什么（or whatever），诸如此类（like that），等等（and the rest）
	此类模糊词用来形容数量，给予读者大致的数量印象，并没有准确的定量	许多（many），一些（some），许多（lots of），一些（a little），很少（few），几个（several），许多（a number of），多数（most），超过（over），超过（more than），成千上万（thousands of）
	此类模糊词模糊动作频率，使读者摸不清到底是发生了多少次	很少（rarely），总是（always），偶尔（occasionally）通常（usually），经常（often），常常（frequently），有时（sometimes），很少（seldom），从不（never）
程度变动型模糊限制语	此类模糊词可以用来强调语言程度	非常（very），很多（much），有点儿（kind of），更（far more），相当（pretty），几乎（almost），高度（highly），广泛（widely），稍微（slightly），相当（rather），有点儿（a little bit），仅仅（only），或多或少（more or less），有点（somewhat）
	此类模糊词可以从一定的程度上提高语言的精确性	广义上（broadly）/简单（simply）/技术上（technically speaking），基本上（basically），某种程度上（to some extent），某种意义上（in a sense），本质上（essentially），实际上（virtually），精确地（precisely）

续表

直接缓和型模糊限制语	直接表现陈述者对于事件的直观态度和看法	我认为（I think），我相信（I believe），我们认为（we insist），我们谴责（we condemn），在我看来（in my opinion），从我的视角看（from my perspective），在我看（in our view）
	在陈述者的语言中利用情态动词表现主观态度	能（can），可能（could），可以（may），也许（might），应该（should），必须（must），将（would），应该（ought to）
	陈述者利用表达"可能性"的词语，表达自己的推测	可能（possibly），可能（likely），似乎（seem to），往往（tend to），可能的（possible），也许（perhaps），很可能（probably）；
间接缓和型模糊限制语	陈述者不直接展现自己的观点而是转述其他方的话语，间接地表示自己的态度	怀特先生说（Mr. White says），根据（according to），根据（based on），王坚持认为（wang insisted），根据某人的观点（from XX's point of view），据报道（it is reported that），总统宣称（the president announced），在某人看来（in someone's eyes），有人认为（it is assumed that），他们认为（they believe），据说（it said that），正如报道所说（as is reported）

五、语义韵

语义韵指的是某个词汇频繁与某些词语搭配使用，进而反映话语特征，由于这些具有同等语义特征的词项和关键项在文本中频繁共现，后者就被"感染"上了与之相关的语义特点，整个句子的语境就弥漫了某种特定的语义气氛（Sinclair，1991；Louw，1993；卫乃兴，2002）。多米尼克·斯图尔特（Dominic Stewart，2010）认为，"语义韵应该是一个词语去获得某种意义的方式或过程，而并非这个词的本身意义。"在莫利·帕丁顿（Morley Partington，2009）看来，语义韵是某个术语的属性或特征。这个术语本身具有语义韵，语义韵分为正面，负面和中性。一般认为，积极和消极的态度意义是语义韵的重中之重（Hoey，2005）。积极语义韵指的是节点词所吸引的搭配词项大都具有积极的语义特征，为整个语境营造出一种积极的语义气氛。而消极语义韵恰恰相反，使整个句子的语境带有一种消极的语义气氛。在中性语义韵里面，节点词不仅可以吸引带有积极语义的搭配词，还可以吸引带有消极或中性语义的搭配词，从而营造一种错综复杂的中性语义气氛。因此，中性语义韵又称错综复杂语义韵。语义韵可以反映一个术语的搭配形式特征。这种形式的搭配只能基于使用语料库中大量实际使用的词汇才能反映出来，而对于源语言使用者来说，这些是他们远远无法感受到的（王海华，王同顺，2005）。

语义韵并非一成不变。由于语言在不断变化和发展，而语义韵作为这一发展过程中的产物，也将继续发展。一些旧的语义韵正在发生变化，新的语义韵正在形成，而语料库利用其数量上的优势，将承担起跟踪语义韵的责任（潘璠，2003）。

"语义韵是语料库语言学迄今发现的重要语言运作机制之一，它不仅揭示词项结伴行为的语义特征，而且揭示人们凭借搭配范式表达态度、评价事件等语用功能特征"（卫乃兴，2006）。其根本目的在于，使节点词或关键词能够反映强烈的语义选择趋势。"要确认语义韵必须在以现代信息技术为支持的语料库语言学研究中，使用定位检索软件找出其搭配伙伴，然后对其'表达联想意义'进行定性、定量分析，从而得出语义韵轮廓"（纪玉华，吴建平2000）

语料库研究者为语义韵的研究建立了完整的概念体系和研究方法。首先，将基于数据的方法用于建立和引用类联接（colligation）；其次，计算节点词的搭配（使用数据驱动的方法）；第三，使用基于数据和数据驱动方法的折中方法（卫乃兴，2002）。

第三节　本章小结

本章主要介绍了批评性话语分析研究的几个理论视角，简单分析了语料库语言学对批评性话语分析的互补性意义。本书将从上述五个视角分别对美国媒体的中国形象建构进行基于语料库的批评性话语分析，以揭示话语背后的意识形态，并丰富中国形象研究的已有成果。

第二部分
概念隐喻视角的中国形象研究

第四章

美国媒体关于中国环境形象的隐喻建构研究

第一节 引言

概念隐喻理论自诞生以来就引起了国内外学者的广泛关注,他们从不同视角出发将隐喻理论应用到文学、哲学、诗词、翻译、新闻话语等多个题材的研究之中,成果丰硕(Lakoff & Johnson, 1980; Turnerr, 1987; Gibbs, 1999; Zoltán Kövecses, 1990、2010; Ortony, 1993; 王寅, 2007; 束定芳, 2000; 蓝纯, 2005; 郭贵春, 2007; 苏立昌, 2009; 胡壮麟, 2004)。

20世纪80年代,著名的语言学家莱考夫和约翰逊(Lakoff & Johnson)共同出版了《我们赖以生存的隐喻》(*Metaphor We Live By*, 1980),这是一部经典的语言学著作,标志着认知语言隐喻系统研究的开始。这本书彻底颠覆了长久以来对隐喻的狭隘观点,它被认为是关于隐喻和认知专著的经典之作(何文忠,2015)。概念隐喻理论认为,隐喻的本质是通过一种事物来理解和体验另一种事物。莱考夫将隐喻称为"概念隐喻",因为隐喻本质上是概念性的,而不是语言性的。概念隐喻是对普通隐喻表达(语言层面的个体表达)的一般概括和总结,具有普遍性、概括性和系统性。隐喻映射是普遍存在的,据统计,通用语言中约有70种表达形式来源于隐喻映射(赵艳芳,2001)。

在一定程度上,概念隐喻的语言数据缺乏可信度。这是因为概念隐喻理论缺乏对真实文本的明确筛选程序,特别是对于概念隐喻的识别和提取(Gibbs, 2006)。然而Wmatrix语料库对比分析工具(Rayson, 2008)恰恰能弥补这一缺陷。Wmatrix是一款在线语料库工具。该软件具有语义域编码功能,避免了仅使用隐喻理论的局限性,使研究者能够从大量真实语料库中更快更准确地提取隐喻词目。本研究搜集美国媒体有关中国环境的新闻报道,创建小型语料库545,510万字符,并借助Wmatrix语料库工具,进行隐喻甄别分类与统计。本章旨在通过对美国媒体涉华环境报道进行批评隐喻分析，丰富批评性话语分析和中国形象研究的现有成果。

第二节 研究设计

一、研究对象

本章重点关注《纽约时报》（The New York Times）、《华盛顿邮报》（The Washington Post）、《华尔街日报》（The Wall Street Journal）、《洛杉矶时报》（Los Angeles Times）等美国十大主流媒体，分别在《纽约时报》等网站以 China（中国）和 China environment（中国环境）或以 China（中国）和 pollution（污染）等为关键词进行搜索，建成小型专用语料库（字符总量为 545,510）供研究使用。为了开展对比分析，本章同时搜集中国媒体有关中国环境的报道以创建对比语料库（字符总量为 95,912）。

二、研究问题

本章旨在回答以下几个问题：
（一）《纽约时报》涉华环境报道中概念隐喻的使用特征如何？其动因何在？
（二）各类概念隐喻建构了怎样的中国环境形象？
（三）美国媒体为何如此建构中国的环境形象？

三、研究工具

本章使用的分析工具是保罗·雷森（Paul Rayson）等人开发的在线语料库工具 Wmatrix。它和其他语料库工具一样具备索引生成、词表生成、主题词表生成的功能。

Wmatrix 的优势体现在其内置工具 USAS（UCREL Semantic Annotation System）。这个工具可自动为文本进行语义域赋码（Rayson 2008）。USAS 还附带一个语义域赋码集，包括 21 个坐标语义域和 232 个主题语义域。

21个坐标语义域包括：A 一般术语和抽象术语（general and abstract terms），B 身体和个体（the body and the individual），C 工艺与美术（arts and crafts），E 情感（emotion），F 食品与农业（food and farming），G 政府与公众（government and public），H 建筑与房屋（architecture, housing and the home），I 金融与商业（money and commerce in industry），K 娱乐、运动和游戏（entertainment, sports and games），L 生命与生物（life and living things），P（education）教育；T 时间（time），W 世界和环境（world and environment）；Y 科技（science and technology）。

232个主题语义域，见表4-1：

表4-1 UCREL语义标记集（部分范例）

W1	The universe
W2	Light
W2-	Darkness
W3	Geographical terms
W4	Weather
W5	Green issues
G1	Government and Politics
G1.1	Government
G1.1	Non-governmental
G1.2	Politics

四、隐喻识别过程

本章借鉴普拉格尔贾兹小组（Pragglejaz Group）（2007）倡导的MIP隐喻识别过程。普拉格尔贾兹隐喻研究小组是由10位对隐喻有着丰富研究经验的资深专家组成。"Pragglejaz"这个名字的来源也是由这10位专家名字的首字母组成。MIPVU隐喻识别过程是在MIP隐喻识别过程的基础上，由杰拉德·斯汀（Gerard Steen）（2010）和其他5位研究助理在阿姆斯特丹自由大学（VU University Amsterdam）共同开发的。

MIPVU隐喻识别过程包括MIP & VIP。MIP就是我们说的Metaphor Identification Procedure，而VIP是Vehicle Identification Procedure。这两个隐喻识别过程唯一不同的就是研究的对象不同，MIP针对的是对词的隐喻识别，VIP针对的是对短语的隐喻识别。两者结合使得这个隐喻识别过程具有非常高的实用性，能够为本研究的隐喻识别过程提供正确的路径。

MIP隐喻识别过程包括：①通读文本理解大体意思；②在文本中确定词汇单元；③确定这些词汇单元在文中的意思；④再次确定这些词汇单元的基本含义；⑤结合这些词汇单元的基本含义和文中的含义，看是否存在明显的意思差异；⑥若无则不是隐喻，反之则是隐喻（Pragglejaz Group，2007）。

五、基于Wmatrix的隐喻研究过程

本研究过程包括以下几个主要步骤：

（1）设定检索词，直接作为构建目标域概念的隐喻，本文选择了以下几个词语：

China（.＊）environment；China（.＊）pollution，China（.＊）emission；China（.＊）waste；China（.＊）desertification，并以此来创建美国媒体对中国环境新闻报道专用语料库。

（2）登录Wmatrix网站并将自建的专用语料库上传到Wmatrix语料工具，以此来获得词频列表和语义域频列表，具体操作如图4-1所示：

步骤一：登录Wmatrix网站（http：//ucrel.lancs.ac.uk/wmatrix3.html）

```
Welcome to Wmatrix3
[ My folders | Tag wizard... | Help contents ]

Messages of the day:
1. Welcome to Wmatrix3 which is running in Lancaster University's cloud infrastructure. Please report any bugs and feedback to Paul.
2. Currently the n-gram feature is not enabled. You might like to try the downloadable version of what will soon be incorporated into Wmatrix: L-gram
3. Both word level and semantic level collocations are now working. You will need to click on 'Calculate: word and semantic collocations' to refresh the lists in any given folder.
4. Loading new lexicons and MWE lists into the 'My Tag Wizard' feature is currently broken. Please contact Paul if you wish to use this feature.
5. Two new reference corpora are available for keyness analysis: BE06 and AmE06. For further info see "Help > Contents".
6. The CrossTab feature is now live (as of 18th October 2013).
7. Effect sizes are now implemented alongside the keyness comparisons (as of 10th July 2015).
8. As of 15th September 2015, the keyness comparison ignores case when making its comparisons. Thanks to Sebastian Hoffmann for first reporting this bug!
9. As of 6th March 2017, you can sort the keyness comparison table on a column of your choosing e.g. to sort on effect size or significance value.
```

图4-1 Wmatrix登录界面（部分截图）

步骤二：上传语料库（部分截图）

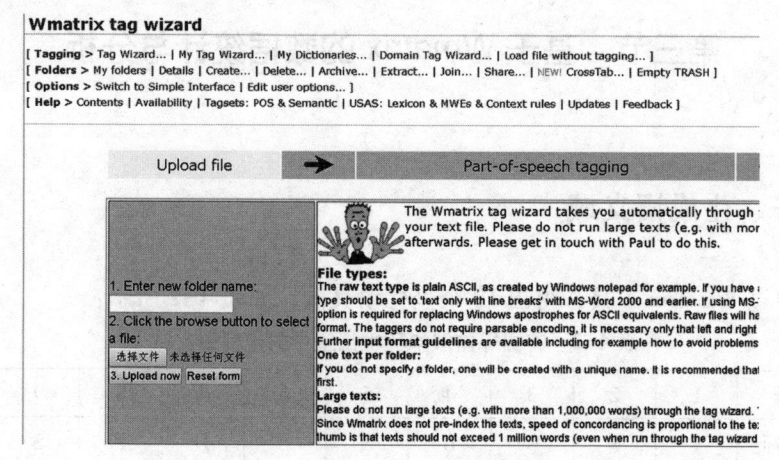

图 4-2 上传语料库界面（部分截图）

步骤三：网站自动生成词频列表和语义域频列表（部分截图）

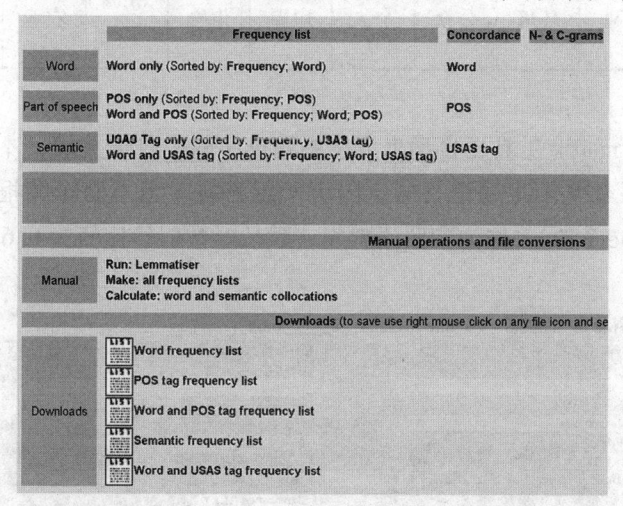

图 4-3 Wmatrix 词频列表和语义域列表图（部分截图）

（3）通过 Wmatrix 的语义域搭配功能，设置对数似然比值为 6.63，获得自建语料库主题域排序。

（4）根据语义域名称和研究对象"美国媒体中国环境报道语料库"（Text 文本），构建坐标隐喻，并根据 MIP 隐喻识别过程判定在美国十大主流媒体关于中国环境的新闻报道中使用了哪些坐标隐喻。

85

第三节 基于 Wmatrix 的数据统计与分析

一、生成语义域

通过 Wmatrix 工具，得出 10 个坐标语义域，如表 4-2 所示：

表 4-2 美国媒体涉华环境报道中的坐标语义域

序号	1	2	3	4	5	6	7	8	9	10
语义域码	I	W	G	B	H	L	E	F	S	P
频数	15470	11952	8963	5430	3621	3560	3415	3283	2890	2200
语义域名称	金融与商业	世界和环境	政府和公众	身体和个人	建筑和房屋	生命与生物	情感	食品与农业	科技	教育

此外，Wmatrix 工具还自动生成按主题排序的主题语义域，本章环境报道语料中共涉及 229 个主题语义域，因为所用语料库为书面新闻报道，所以选择 BNC Sample Written 作为参照语料库，默认对数似然比值为 6.63，见图 4-4 和图 4-5。

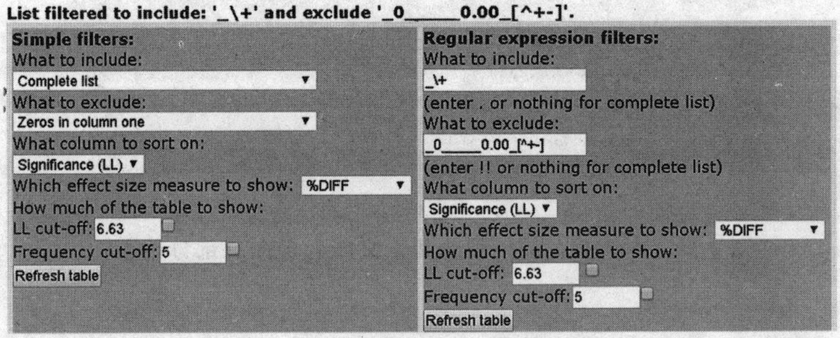

图 4-4 对数似然比值设置界面

前 25 个主题域分别是：
Z99 不相配的（Unmatched）；
W5 环保问题（Green issues）；

	Item	O1	%1	O2	%2		LL LogRatio	
1 List1	Broad-list	Concordance	Z99	42604	7.81	22165	2.29 + 23548.50	1.77	Unmatched
2 List1	Broad-list	Concordance	W5	3320	0.61	225	0.02 + 5302.00	4.71	Green issues
3 List1	Broad-list	Concordance	O1.3	2354	0.43	300	0.03 + 3200.54	3.80	Substances and materials: Gas
4 List1	Broad-list	Concordance	W4	2243	0.41	770	0.08 + 1841.82	2.37	Weather
5 List1	Broad-list	Concordance	Y1	2137	0.39	778	0.08 + 1675.28	2.29	Science and technology in general
6 List1	Broad-list	Concordance	W3	4652	0.85	3466	0.36 + 1513.61	1.25	Geographical terms
7 List1	Broad-list	Concordance	O1.2	2175	0.40	983	0.10 + 1401.66	1.97	Substances and materials: Liquid
8 List1	Broad-list	Concordance	G1.1	4563	0.84	3542	0.37 + 1372.95	1.19	Government
9 List1	Broad-list	Concordance	O1.1	3149	0.58	1991	0.21 + 1344.97	1.49	Substances and materials: Solid
10 List1	Broad-list	Concordance	Z2	11965	2.19	14502	1.50 + 937.06	0.55	Geographical names
11 List1	Broad-list	Concordance	O1	1460	0.27	689	0.07 + 899.77	1.91	Substances and materials generally
12 List1	Broad-list	Concordance	I4	1390	0.25	674	0.07 + 819.57	1.86	Industry
13 List1	Broad-list	Concordance	I1	3842	0.70	3515	0.36 + 799.58	0.96	Money generally
14 List1	Broad-list	Concordance	W1	1526	0.28	912	0.09 + 706.59	1.57	The universe
15 List1	Broad-list	Concordance	A13	338	0.06	0	0.00 + 689.95	10.23	Degree
16 List1	Broad-list	Concordance	F4	1339	0.25	912	0.09 + 509.29	1.45	Farming & Horticulture
17 List1	Broad-list	Concordance	A2.1+	3655	0.67	3939	0.41 + 464.32	0.72	Change
18 List1	Broad-list	Concordance	A15-	761	0.14	370	0.04 + 454.19	1.87	Danger
19 List1	Broad-list	Concordance	N3.2+++	613	0.11	247	0.03 + 440.68	2.14	Size: Big
20 List1	Broad-list	Concordance	M7	4952	0.91	5888	0.61 + 424.10	0.58	Places
21 List1	Broad-list	Concordance	Q2.1	5716	1.05	7024	0.73 + 418.54	0.53	Speech: Communicative
22 List1	Broad-list	Concordance	O3	980	0.18	651	0.07 + 388.04	1.42	Electricity and electrical equipment
23 List1	Broad-list	Concordance	M4	1135	0.21	843	0.09 + 371.43	1.26	Sailing, swimming, etc.
24 List1	Broad-list	Concordance	X6	264	0.05	37	0.00 + 347.59	3.66	Deciding
25 List1	Broad-list	Concordance	W2	165	0.03	0	0.00 + 336.81	9.19	Light

图4-5 美媒主题域（前25个）

O1.3 物质和材料：气体（Substances and materials：Gas）；

W4 气候（Weather）；

Y1 科学技术（Science and technology in general）；

W3 地理名词（Geographical terms）；

O1.2 物质和材料：液体（Substances and materials：Liquid）；

G1.1 政府（Government）；

O1.1 物质和材料：固体（Substances and materials：Solid）；

Z2 地理名称（Geographical names）；

O1 物质和材料（Substances and materials in generally）；

I4 工业（Industry）；

I1 金钱（Money in generally）；

W1 宇宙（The universe）；

A13 度数（Degree）；

F4 农艺园艺（Farming & Horticulture）；

A2.1+变化（Change）；

A15-危险（Danger）；

N3.2+++尺寸：大（Size：Big）；

M7 地点（Places）；

Q2.1 演讲：交流的（Speech：Communicative）；

O3 电与电气设备（Electricity and electrical equipment）；

M4 航行，游泳（Sailing, swimming, etc）；

X6 决定性的（Deciding）；

W2 光（Light）。

图 4-5 中 O1 是语义域在研究语料库中的频率，%1 是它的相对频率。同理，O2 和 %2 也是语义域在参照语料库中的频率和相对频率，"+"说明该语义域在 O1 中比在 O2 中有超常的使用频率。与参照语料库相比，本研究使用的语料中该隐喻被超常使用，研究者可据此进行意识形态分析。LL 为主题语义域的对数似然比值，表明该语义域超常使用的显著性程度。

Wmatrix 工具不仅为我们呈现了按主题性排序的主题语义域，还为我们呈现了关键词和关键词域：频率列表的比较图在文件夹视图中，使用者可以单击比较频率列表，将其语料库的频率列表与另一个较大的参照语料库（如 BNC 采样器）或研究者的其他文本进行比较（一旦该文本被上传至 Wmatrix）。这种比较可以在单词级别、高级界面或语义级别中进行，以便查看关键词。Wmatrix 可通过对数似然值来进行隐喻词频统计，界面呈现关键词域和标签云，如图 4-6 简单界面显示，词频越高，字体越大。在高级界面中，更详细的频率信息也以表格形式显示（见表 4-3）。

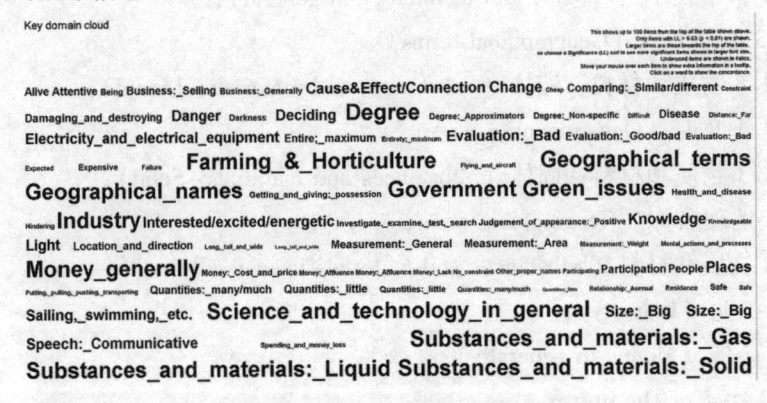

图 4-6 关键词域和标签云

二、Wmatrix 的全方位扫描功能（Broad Sweep）

为进一步了解美国媒体涉华环境报道的主观性态度，本研究同时搜集《中国日报》涉华环境报道（字符总量为 95,912），并尝试将两种语料库的各类隐喻进行对比（坐标语义域与主题语义域分别对比），以了解差异并开展批评性话语分析。

本研究以 B2 为例，结果如下图所示。

	Item	O1	%1	O2	%2	LL	LogRatio	
1 List1	Broad-list	Concordance W5	1622	1.69	225	0.02 +	6480.53	6.19	Green issues
2 List1	Broad-list	Concordance W7	2075	2.16	5888	0.61 +	1963.19	1.83	Places
3 List1	Broad-list	Concordance G1.1	1302	1.36	3542	0.37 +	1296.81	1.89	Government
4 List1	Broad-list	Concordance O1.3	311	0.32	300	0.03 +	706.70	3.39	Substances and materials: Gas
5 List1	Broad-list	Concordance W3	970	1.01	3466	0.36 +	663.70	1.50	Geographical terms
6 List1	Broad-list	Concordance F4	444	0.46	912	0.09 +	594.35	2.30	Farming & Horticulture
7 List1	Broad-list	Concordance S8+	1044	1.09	4225	0.44 +	576.99	1.32	Helping
8 List1	Broad-list	Concordance O1.2	420	0.44	983	0.10 +	494.62	2.11	Substances and materials: Liquid
9 List1	Broad-list	Concordance N3.1	268	0.28	413	0.04 +	454.96	2.71	Measurement: General
10 List1	Broad-list	Concordance O1.1	597	0.62	1991	0.21 +	453.96	1.60	Substances and materials: Solid
11 List1	Broad-list	Concordance A5.1	280	0.29	478	0.05 +	439.46	2.56	Evaluation: Good/bad
12 List1	Broad-list	Concordance Y1	343	0.36	778	0.08 +	417.12	2.15	Science and technology in general
13 List1	Broad-list	Concordance A2.1+	884	0.92	3939	0.41 +	404.02	1.18	Change
14 List1	Broad-list	Concordance I4	308	0.32	674	0.07 +	388.16	2.21	Industry
15 List1	Broad-list	Concordance G2.1	583	0.61	2418	0.25 +	307.67	1.28	Law and order
16 List1	Broad-list	Concordance N1	2305	2.40	15606	1.61 +	290.30	0.58	Numbers
17 List1	Broad-list	Concordance X2.4	527	0.55	2176	0.22 +	280.49	1.29	Investigate, examine, test, search
18 List1	Broad-list	Concordance N5.2+	343	0.36	1121	0.12 +	268.61	1.63	Exceed; waste
19 List1	Broad-list	Concordance A1.5.1	458	0.48	1965	0.20 +	226.22	1.23	Using
20 List1	Broad-list	Concordance Q2.1	1150	1.20	7024	0.73 +	221.07	0.72	Speech: Communicative
21 List1	Broad-list	Concordance O1	230	0.24	689	0.07 +	203.04	1.75	Substances and materials generally
22 List1	Broad-list	Concordance N5++	672	0.70	3576	0.37 +	200.03	0.92	Quantities: many/much
23 List1	Broad-list	Concordance X5.1+	155	0.16	344	0.04 +	192.65	2.19	Attentive
24 List1	Broad-list	Concordance A13	40	0.04	0	0.00 +	192.52	9.66	Degree
25 List1	Broad-list	Concordance X2.2	86	0.09	87	0.01 +	190.53	3.32	Knowledge

图 4-7 《中国日报》中的主题主语义域（部分范例）

| List1 | Broad-list | Concordance B2 | 224 | 0.04 | 129 | 0.01 + | 109.06 | 1.62 | Health and disease |

图 4-8 美媒 B2 语义域概况

| List1 | Broad-list | Concordance B2 | 50 | 0.05 | 129 | 0.01 + | 52.97 | 1.97 | Health and disease |

图 4-9 中媒 B2 语义域概况

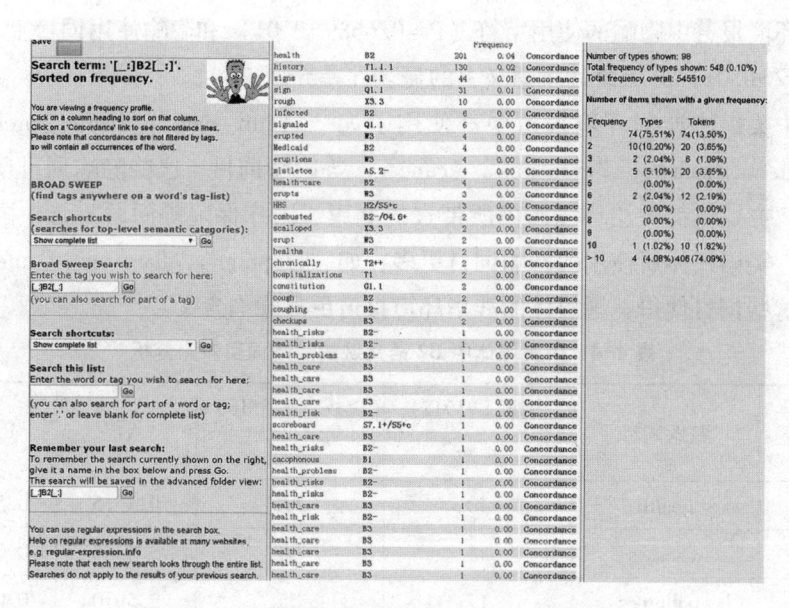

图 4-10 美媒 B2 语义域操作界面（全面扫描后）

图4-9中,本研究在联系Wmatrix创始人保罗·雷森之后,获得了全面扫描(Broad Sweep)使用权。一般使用者超过软件试用期(1个月)或未购买Wmatrix使用权则无法使用Wmatrix内嵌的全面扫描功能。本研究在使用该功能后,获得了B2的美媒字符数548,类符数98,词目数26;中媒字符数76,类符数26,词目数16。如表4-3所示:

表4-3 B2统计分析表

美媒 545,510	全面扫描前		全面扫描后					
^	字符	类符	手动排除前		手动排除后			隐喻使用	
^	^	^	字符	类符	字符	类符	词目	字符	词目
^	224	10	548	98	326	83	25	252	19
中媒 95,912	201	71	76	26	61	20	15	48	10
X^2	2.0884	7.2464	3.5630	3.0710	0.1408	1.2825	14.2671	0.1829	7.2301
P值	0.1484	0.0071	0.0590	0.0797	0.7075	0.2574	0.0002	0.6689	0.0072

根据表4-3卡方检验结果,关于B2(健康与疾病)语义域,中美媒体在涉华环境报道中隐喻的使用字符(P=0.6689>0.01)和隐喻使用词目上(P=0.0072>0.01)并无统计学意义上的显著性差异。

中美媒体涉华环境报道中都使用了如"health_care""health_problem""health""diseases""epidemic""cancer"等隐喻词目。这些隐喻词目反映了中美双方媒体都关注环境污染所带来的健康、医疗保险等问题。与中国媒体相比,美国媒体所使用的隐喻词目更多,如"eruption""flare up""infected"等,这些词目使得美国媒体的涉华环境报道更显隐喻含义。

表4-4 中美媒体中B2语义域的隐喻词目对比分析

序号	隐喻词目	中媒(95912) 频数	美媒(545510) 频数	X^2	P值
1	health	40	201	0.3915	0.5315
2	diseases	18	60	3.4348	0.0638
3	polluter	17	55	3.5910	0.0581
4	epidemic	7	7	10.9068	0.0010
5	health_care	5	28	0.0450	0.8320

续表

序号	隐喻词目	中媒（95912）频数	美媒（545510）频数	X^2	P 值
6	contamination	4	15	0.1797	0.6716
7	cancer	2	77	8.6340	0.0033
8	lung-disease	1	2	0.0069	0.9337

从表4-4的卡方检验数据可以发现，具有统计学意义上显著性差异的隐喻词目为"epidemic"（流行病、传染病）（P=0.0010<0.01）和"cancer"（癌症）（P=0.0033<0.01），其他词目P值都大于0.01，显示中美媒体中这些隐喻词目并无统计学意义上的显著性差异。

原因可大致归纳如下：

（1）关于"epidemic"，中国媒体比美国媒体更关注环境流行病的报道；但是对于"cancer"，中美两国的数据存在统计学上的显著性差异，美国对"cancer"更加关注，多达77次，说明美国在有意渲染中国环境问题的严重性，负面建构中国环境形象的目的显而易见。美国媒体使用隐喻话语的目的旨在警示中国环境问题已然危害到了人类的生存，对身体健康造成了极大程度的伤害。但试问美国自身有没有妥善处理好自己的环境治理问题、承担起一个发达国家应该承担的国家责任和国际责任？美国特朗普政府出于自己的利益考量，不顾世界人民的反对公然退出《巴黎气候协定》，却无理要求中国及其他国家加大减排治污的力度，道理何在？美国媒体和美国政府有何理由对他国的环境治理问题指手画脚呢？

（2）事实上，美国媒体表面上是在为中国的环境问题感到担忧，但是其本质上是在利用疾病隐喻批评中国的环境治理现状。需要指出的是，中国历届政府一直关注生态环境问题，尤其是习近平在中共十八大上提出的五大发展理念之一，即"绿色"发展理念，将生态文明纳入"五位一体"总体布局，把环境治理放在了重要位置。习近平明确指出，"我们既要绿水青山，也要金山银山。宁要绿水青山，不要金山银山，而且绿水青山就是金山银山。"这一以人为本的发展理念生动形象地表达了中国大力推进生态文明建设的态度和决心，同时也将这一理念传向世界（常红，王欲然等，2017），有助于引导国际舆论，提升中国的国际形象，帮助中国争夺并掌握国际话语权。

（3）当然，从其他几个疾病隐喻词目可看出中美媒体对环境的报道存在很多共性，如"lung-disease"（肺部疾病）"health-care"（卫生保健）"health"（健康）"contamination"（污染）"polluter"（污染物）等。笔者认为，除了意识形态差异和形象建构目的，中美媒体均善于通过大量的隐喻语言来关注与报道环境治理的重要性，并强调环境恶化可能引发的严重后果。这是任何一个有良心的主流媒体都应该重视的。毕竟环境治理人人有责，关系你我，不分国籍，不分贫富。这也是中美媒体涉华环境报道中很多隐喻词目并无统计学意义上的显著性差异的原因之一。

第四节 概念隐喻的语篇语用功能批评性分析

本研究语料中筛选出的前10个高频坐标语义域是"金融与商业""世界和环境""政府和公众""身体和个体""建筑与房屋""生命和生物""情感""食品与农业""科学技术""教育"，但由于篇幅有限，只选取前5个高频坐标语义域进行分析。

一、金融与商业（Money and commerce in industry）

从表4-2和图4-13中我们可以看出，"金融与商业"这个语义域的频率最高，频数共有15470次。根据此语义域所搭配的词语，我们发现其中含有隐喻："经济""贸易""交易"等词汇将中国环境发展描述成经济发展，"企业""工人"等词汇将中国环境比作经济组成成分，"税款""财政"等词汇说明中国环境与经济政策相呼应。

例［1］：The so-called carbon tax, which is the tax on carbon dioxide emissions, aims to slow down global warming and protect the environment... For environmental economists, internalizing the external costs caused by corporate pollution is also the most effective way to use economic means to reduce pollution. As a kind of tax, many people are worried that the carbon tax will increase the operating cost of enterprises and reduce the quality of life of people with low incomes...（*The New York Times*，2013/08/13）

例［1］的大意是："所谓的碳税，即二氧化碳排放税，旨在减缓全球变暖和保护环境……对于环境经济学家来说，将企业污染造成的外部成本内部化也是利用经济手段减少污染的最有效方式。很多人担心作为一种税收碳税

Word	Semtag	Frequency	Relative Frequency	
#	I1	2598	0.48	Concordance
economic	I1.3-	415	0.08	Concordance
companies	I2.1	294	0.05	Concordance
agency	I2.2	289	0.05	Concordance
economy	I2.1	266	0.05	Concordance
company	I2.1	250	0.05	Concordance
work	I3.1	235	0.04	Concordance
trade	I2.2	209	0.04	Concordance
industry	I4	209	0.04	Concordance
cost	I1.3	208	0.04	Concordance
business	I2.1	198	0.04	Concordance
price	I1.3	185	0.03	Concordance
market	I2.2	175	0.03	Concordance
prices	I1.3	159	0.03	Concordance
costs	I1.3	158	0.03	Concordance
money	I1	147	0.03	Concordance
industrial	I4	143	0.03	Concordance
role	I3.1	137	0.03	Concordance
mining	I4	130	0.02	Concordance
working	I3.1	124	0.02	Concordance
insurance	I1	123	0.02	Concordance
office	I2.1	115	0.02	Concordance
jobs	I3.1	114	0.02	Concordance
poor	I1.1-	105	0.02	Concordance
factories	I4	104	0.02	Concordance
buy	I2.2	103	0.02	Concordance
tax	I1.1	101	0.02	Concordance
financial	I1	95	0.02	Concordance
pay	I1.2	95	0.02	Concordance
workers	I3.1	94	0.02	Concordance
businesses	I2.1	94	0.02	Concordance
fund	I1.1	93	0.02	Concordance
spent	I1.2	91	0.02	Concordance
mine	I4	91	0.02	Concordance
industries	I4	87	0.02	Concordance
capital	I1.1	84	0.02	Concordance

图 4-11 金融与商业主题词（部分）

266 occurrences.			Extend context
've reached the point in the U.S.	economy	where we can not achieve high level	1 More | Full
Arab oil embargo enabled the U.S.	economy	to grow 35 percent from 1973 to 198	2 More | Full
merican consumers and the American	economy	are in trouble because we prefer th	3 More | Full
forts to control it would hurt the	economy	? <p> Hurt the economy ? <p> A rece	4 More | Full
ld hurt the economy ? <p> Hurt the	economy	? <p> A recent University of Califo	5 More | Full
scitate the downtrodden local farm	economy	. During a town hall meeting , IBP	6 More | Full
effective solution to improve the	economy	of the nation 's cars , including S	7 More | Full
on 's cars , including SUVs . Fuel	economy	standards have not been raised sinc	8 More | Full
and virtually an entire region 's	economy	redirected from fading fishing indu	9 More | Full
pete in an increasingly capitalist	economy	, and until recently official Chine	10 More | Full
strong growth in emissions as its	economy	prospers . General Motors predicts	11 More | Full
in the late 1990 's , even as the	economy	was growing 8 percent a year . But	12 More | Full
s nervous that some sectors of the	economy	, especially luxury housing constru	13 More | Full
nmental experts say , the world 's	economy	needs a technological transformatio	14 More | Full
s , 1 percent of the United States	economy	is more than $120 billion a year ,	15 More | Full
de is a pervasive byproduct of the	economy	, and the polluters are many and va	16 More | Full
up the price of fuel will hurt the	economy	. <p> " I think if you look at most	17 More | Full
called Sustainable Environment and	Economy	for California , or SEECalifornia ,	18 More | Full
could eliminate jobs and hurt the	economy	. <p> In written testimony for the	19 More | Full
and , if so , will it threaten our	economy	? What about the batteries that hyb	20 More | Full

图 4-12 "economy"结果显示图

会增加企业的经营成本，降低低收入人群的生活质量……"《纽约时报》运用了商业和货币隐喻，如"carbon tax"作为一种经济手段、"enterprises"

```
Summary information:

Number of types shown: 1196
Total frequency of types shown: 15470 (2.84%)
Total frequency overall: 545510

Number of items shown with a given frequency:

Frequency    Types         Tokens
1            472 (39.46%)  472  (3.05%)
2            211 (17.64%)  422  (2.73%)
3             90  (7.53%)  270  (1.75%)
4             61  (5.10%)  244  (1.58%)
5             34  (2.84%)  170  (1.10%)
6             30  (2.51%)  180  (1.16%)
7             33  (2.76%)  231  (1.49%)
8             30  (2.51%)  240  (1.55%)
9             18  (1.51%)  162  (1.05%)
10            15  (1.25%)  150  (0.97%)
> 10         202 (16.89%) 12929 (83.57%)
```

图4-13 金融与商业语义域词频数图

"consumption"等作为一种商业呈现方式，碳税可以用来减少环境危机。但碳税的出现，恰恰说明了我国的碳排放量很大。《纽约时报》使用大量的经济隐喻来描述中国的环境形象，一方面含蓄地表达中国环境污染的严重性，政府不得不通过强制罚款来督促企业增加成本控制污染；另一方面则暗指中国政府治标不治本，即不是鼓励企业采取措施消除污染，而是通过罚款和增值税来控制污染，属方法性错误。言外之意，中国政府应该采取措施，帮助企业通过投入资金进行实质性的污染治理，否则源头不抓，出现了问题，罚款已晚。《纽约时报》这篇报道旨在说明，罚款不是目的，治污却是根本，不能本末倒置。该媒体通过隐喻实现了话语控制、批评劝谏等交际意图，话语方式委婉含蓄，值得国内报纸借鉴。

例［2］：The relentless pollution in Chinese cities has had other <u>economic</u> effects. China Daily, an official English-language newspaper, reported on Monday that there was a severe drop in <u>tourism</u> in Beijing last year, in part because of pollution…The report said the commission blamed the pollution, the weak global <u>economy</u> and a strong <u>Renminbi</u>. (*The New York Times*, 2014/01/17)

例［2］的大致意思是中国城市持续不断的空气污染也给经济带来一些负面影响。官方英文报纸《中国日报》周一报道称，去年北京市游客数量大幅下降，部分原因是污染。报道称，该委员会将原因归结于污染、全球经济低迷以及人民币升值。《纽约时报》运用大量的商业和货币隐喻，含蓄地表达自己对中国空气污染问题的担忧，尤其强调北京的雾霾问题极其严重。雾霾问题不仅损害了北京当地居民的身体健康，更导致来京游客数量减少，对当地旅游业的发展造成了影响。《纽约时报》通过此报道来警示并且劝谏中国政府应当着重处理空气污染问题。因为从结果可以看出，环境会直接影响旅游经济的发展，而北京作为中国的首都，其经济发展的重要性不言而喻。

例［3］：Through the past four decades, China has achieved breathtaking economic growth at the cost of smoggy skies, fetid streams and lakes of dying fish. Now China is undertaking one of its most extensive efforts yet to crack down on corporate polluters, an effort that could be felt economically and in world markets. (*The New York Times*, 2017/10/24)

例［3］的大致意思是：中国在过去的40年里实现了惊人的经济增长，这种增长的代价是雾霾、散发恶臭的小溪，以及满湖的死鱼。如今，中国对制造污染的企业进行的严厉打击是迄今为止范围最广的行动，人们已经可以感受到这种努力对经济和世界市场的影响。《纽约时报》指出，中国的经济发展导致了各种环境问题的出现。该报道运用了金融与商业方面的隐喻，通过这些隐喻词目可以看出，美国在暗讽中国盲目追求经济的迅速发展，其后果是环境质量的急速下降。但这段报道话语的最后也显示出中国已经意识到环境治理存在问题并采取了一系列措施来应对环境危机，也表达了美国媒体对中国的环境治理进程怀有希望。这则新闻报道也起到了实质性作用，实现了隐喻的劝谏性功能。

二、世界和环境（World and environment）

世界和环境语义域在自建语料库中出现的频率为11952次，仅次于工业中的商业和货币语义域。世界和环境隐喻可以引申为生态隐喻，语言生态学（The ecology of language）是由艾纳·豪根（Einar Haugen）在1970年提出的，他一般被认为是"语言生态学"或"生态语言学"的创始人。豪根在1971年的经典论文中提出，"语言生态学可以被定义为对任何特定语言及其环境之间相互作用的研究。"他主要将语言生态学视为一种隐喻，但偶尔会将语言生态学视为科学领域。生态语言学的任务是通过分析研究语言的生态因素，解释语言与环境的相互作用。生态语言学研究对解决生态危机、提升人类生态意

Word	Semtag	Frequency	Relative Frequency	
climate	W4	1116	0.20	Concordance
environmental	W5	1049	0.19	Concordance
world	W1	861	0.16	Concordance
pollution	W5	643	0.12	Concordance
global	W3	642	0.12	Concordance
environment	W5	307	0.06	Concordance
air_pollution	W5	293	0.05	Concordance
earth	W3	240	0.04	Concordance
land	W3	216	0.04	Concordance
River	W3	214	0.04	Concordance
wind	W4	185	0.03	Concordance
EPA	W5	181	0.03	Concordance
sea	W3	171	0.03	Concordance
solar	W1	168	0.03	Concordance
fossil	W3	148	0.03	Concordance
nature	W5	136	0.02	Concordance
worlds	W1	116	0.02	Concordance
coast	W3	115	0.02	Concordance
environmentalists	W5	113	0.02	Concordance
weather	W4	111	0.02	Concordance
planet	W1	110	0.02	Concordance
DEFORESTATION	W5	90	0.02	Concordance
atmosphere	W3	89	0.02	Concordance
forest	W3	79	0.01	Concordance
rivers	W3	75	0.01	Concordance
worldwide	W3	73	0.01	Concordance
forests	W3	72	0.01	Concordance

图 4-14　世界和环境主题词（部分）

643 occurrences.			Extend context	
could worsen China 's horrendous	pollution	levels and contribute to @ @ @ @ @	1 More	Full
@ @ @ @ @ @ @ @ @ that if stiffer	pollution	controls are adopted under the WTO	2 More	Full
-at-all-costs strategy , allowing	pollution	levels in major cities to rise to	3 More	Full
dle on industrial and residential	pollution	, the number of vehicles has start	4 More	Full
@ @ @ @ stimulate the transfer of	pollution	control expertise , technology to	5 More	Full
sly concerned about the levels of	pollution	, which are grim almost beyond fat	6 More	Full
even days before the Games open ,	pollution	levels exceeding China 's official	7 More	Full
ultant who has studied Beijing 's	pollution	statistics over @ @ @ @ @ @ @ @ @	8 More	Full
ly since the city declared war on	pollution	in 1998 belies the facts and has c	9 More	Full
have presented a bleak picture of	pollution	here . # Through September , the g	10 More	Full
ed 221 days in which the 0-to-500	pollution	index -- the lower the number , th	11 More	Full
ars , we see a clear reduction in	pollution	, ' Zhu Tong , a professor and air	12 More	Full
utos emit as much as 30 times the	pollution	of new ones , officials @ @ @ @ @	13 More	Full
diesel fuel quality have lowered	pollution	from all vehicles , including the	14 More	Full
- have installed state-of-the-art	pollution	scrubbers. # Nearly 2,900 gas stat	15 More	Full
emissions and meet North Carolina	pollution	laws . Executives figured that eve	16 More	Full
ld save money and help it achieve	pollution	goals at the same time : scrapping	17 More	Full
sed in breaking up shale rock . #	Pollution	laws generally make gas more appea	18 More	Full
ado and Michigan enacted stricter	pollution	laws , the Environmental Protectio	19 More	Full
smog) and fine-particle (soot)	pollution	in other states . The other is the	20 More	Full

图 4-15　"pollution" 结果显示图（部分）

识等重大问题具有重要的借鉴意义（黄知常、舒解生，2004）。美国媒体涉华环境报道中存在大量的世界和环境隐喻，其背后蕴含的语用目的和政治动机

```
Summary information:

Number of types shown: 492
Total frequency of types shown: 11952 (2.19%)
Total frequency overall: 545510

Number of items shown with a given frequency:
Frequency    Types           Tokens
1            122(24.80%)     122 (1.02%)
2            68(13.82%)      136 (1.14%)
3            37 (7.52%)      111 (0.93%)
4            35 (7.11%)      140 (1.17%)
5            26 (5.28%)      130 (1.09%)
6            19 (3.86%)      114 (0.95%)
7            15 (3.05%)      105 (0.88%)
8            11 (2.24%)       88 (0.74%)
9             6 (1.22%)       54 (0.45%)
10            5 (1.02%)       50 (0.42%)
>10         148(30.08%)    10902(91.21%)
```

图 4-16 世界和环境语义域词频数图

值得我们开展深入的批评性话语分析。

例〔4〕：BEIJING—China is rethinking how it manages its economy, as mounting evidence reveals the heavy toll that unbridled growth has had on the environment and on health. The government said recently it would name and shame China's dirtiest cities as well as force factories to disclose environmental standards publicly, in an attempt to bring them into line. It also set a target of cutting emissions intensity in key industries by 30% by 2017's end. (*The Wall Street Journal*, 2013/07/23)

例〔4〕的大致意思是，众多的证据显示，在中国，无节制地追求经济发展给环境和健康带来了严重的损失。中国政府正在重新思考经济治理模式，如定期公开不清洁城市的名单并迫使工厂定期向社会公开环境指标，力争在2017年底将重点行业的排放强度降低30%。

表面上，《华尔街日报》在陈述事实并肯定了中国政府环境治理的新方案和新目标，但实际上，该报在含蓄地批评中国原有的经济治理模式及其对环境和健康所带来的危害。尽管世界上未必只有中国存在这样的问题，也许任何国家，尤其是那些发达国家在经济发展的历史上均或多或少地产生过一些环境问题，但我们不得不承认这样一个事实，即过去的若干年中，中国的部分工厂和企业为了追求发展，存在欺上瞒下、严重忽视环境保护的现象。

鉴于此，我们既要对美国媒体涉华报道背后的意识形态偏见认真地开展批评性话语分析，也要深刻反省中国经济发展过程中可能存在的一些环境治理问题，遵循习近平新时代中国特色社会主义思想，以人为本，倡导绿色发展，造福中国、造福世界。

例［5］：The targets announced by China will not be ambitious enough to satisfy all environmental scientists or ward off a potentially disastrous warming in the earth's climate. But they are a good start, and set China up to play a positive role at global climate change talks, rather than an obstructive one as some believed it had in Copenhagen. This Greenpeace graph shows China's projected emissions compared to those from the European Union. This assumes lower growth in China than the previous one -6.5 percent until 2020 and 5 percent from then until 2030. It assumes a 40 percent reduction in EU emissions based on the region's total greenhouse gas target. (*The Washington Post*, 2015/6/30)

例［5］的大致意思是，虽然中国宣布的减排治污目标不足以满足所有环境科学家的要求，也不足以阻止全球气候的日益变暖，但这是一个良好的开端。在全球气候变化谈判中，中国发挥了积极作用。这张绿色和平组织的图表显示了中国与欧盟排放量的对比。……依据中国的环境治理目标，到2030年，中国排放量将比欧盟减少40%。

《华盛顿邮报》虽然表面上肯定了中国的环境治理目标，但仍含蓄地通过世界和环境隐喻劝谏中国需要进一步加大减排治污的力度，满足环境科学家的要求，为阻止全球气候变暖做出更大的贡献。此外，该报只字不提美国自身的环境治理问题，却将欧盟与中国对比，含蓄地批评欧盟的减排力度不如中国，实现了其特定的语用目的和政治动机。

例［6］：Even as smog levels in Beijing often turn the sky a smoky gray, one thing was clear at the global climate change talks in Paris: China, once a laggard, emerged as a key player in the battle to help avert the worst effects of global warming. The shift, by the world's largest emitter of greenhouse gases, helped pave the way for the commitment by nearly 200 nations to reduce emissions. (*The Los Angeles Times*, 2015/12/13)

例［6］的大意是，虽然北京的雾霾经常使天空变成烟灰色，但在巴黎举行的全球气候变化会议上，有一件事是很清楚的：虽然一度比较落后，但中国在避免全球变暖的斗争中成了一个关键参与者。这个全球最大的温室气体排放国的转变，为近200个国家做出减少排放的承诺铺平了道路。

表面上，《洛杉矶时报》在通过世界和环境隐喻夸赞中国当前在全球气候变暖的斗争中所做的贡献，但字里行间却充满着对中国的偏见、歧视和批评。

该报用背景化预设表达来指责和夸大中国的环境问题,将中国说成是"世界上最大的温室气体排放国""一度比较落后""北京的雾霾经常使天空变成烟灰色"。这是西方媒体一贯的伎俩,它们从来不愿真心地表扬中国,总是有意无意恬不知耻地炫耀其西方国家固有的所谓优越感,值得我们高度警惕和批判。

三、政府和公众(Government and public)

Word	Semtag	Frequency	Relative Frequency	
government	G1.1	678	0.12	Concordance
officials	G1.1	504	0.09	Concordance
President	G1.1	418	0.08	Concordance
country	G1.1	362	0.07	Concordance
state	G1.1	328	0.06	Concordance
nations	G1.1	286	0.05	Concordance
political	G1.2	196	0.04	Concordance
official	G1.1	187	0.03	Concordance
nation	G1.1	180	0.03	Concordance
governments	G1.1	129	0.02	Concordance
regulations	G2.1	125	0.02	Concordance
states	G1.1	124	0.02	Concordance
law	G2.1	122	0.02	Concordance
rules	G2.1	93	0.02	Concordance
council	G1.1	93	0.02	Concordance
security	G2.1	82	0.02	Concordance
regulation	G2.1	75	0.01	Concordance
ministry	G1.1	75	0.01	Concordance
legal	G2.1	74	0.01	Concordance
war	G3	71	0.01	Concordance
laws	G2.1	71	0.01	Concordance
republican	G1.2	70	0.01	Concordance
police	G2.1	70	0.01	Concordance
protocol	G2.1	69	0.01	Concordance
treaty	G3	69	0.01	Concordance
authorities	G1.1	68	0.01	Concordance

图 4-17 政府和公众语义域主题词(部分)

图 4-18 显示,政府和公众语义域频数为 8963 次,所占比率为 1.64%。随着我国空气污染问题日益加重,例如,雾霾问题,政府出台的相关政策,会在一定程度上影响外国媒体(本章主要关注的是美国主流媒体)对中国环境产生不同的态度和看法,这些态度和看法势必会转达给其受众。美国主流媒体报道关于中国环境的新闻,其目的就是让公众了解环境污染的状况,并且希望能够引起公众对环境问题的重视。想要达到这个效果,批评性隐喻无疑是最好的选择。

例 [7]: Next week Beijing will enact a tighter emissions standard for new cars, matching the strictest European Union standards, but this pollution

```
Summary information:

Number of types shown: 801
Total frequency of types shown: 8963 (1.64%)
Total frequency overall: 545510

Number of items shown with a given frequency:

Frequency   Types           Tokens
1           280 (34.96%)    280 (3.12%)
2           154 (19.23%)    308 (3.44%)
3           67  (8.36%)     201 (2.24%)
4           48  (5.99%)     192 (2.14%)
5           28  (3.50%)     140 (1.56%)
6           20  (2.50%)     120 (1.34%)
7           26  (3.25%)     182 (2.03%)
8           17  (2.12%)     136 (1.52%)
9           16  (2.00%)     144 (1.61%)
10          11  (1.37%)     110 (1.23%)
> 10        134 (16.73%)   7150 (79.77%)
```

图 4-18　政府和公众语义域词频数图

catastrophe will take many years and a huge amount of political will to fix. Professor Minxin Pei is one of many who believe that if left unchecked, China's environmental crisis may ultimately threaten the Communist Party's rule: …

When faced with a true crisis, the Chinese Communist Party usually acts resolutely, but there is no quick fix for the environmental problems that have been building for decades. (*The New York Times*, 2013/01/31)

例 [7] 的大体意思是北京将制定更严格的新车排放标准, 以符合最严格的欧盟标准, 但目前的污染灾难将持续很多年, 并需要大量的政治意愿来解决。裴敏欣教授认为, 如果不加制止, 中国的环境危机可能最终威胁到中国共产党的执政形象……面对真正的危机, 执政党往往行动坚决, 但对于几十年来一直存在的环境问题, 中国似乎还没有一个行之有效的解决办法。

《纽约时报》大量使用"party""political""crisis"等政府和公众隐喻词目来劝谏中国政府应当对环境问题采取立即行动, 实现了隐喻的劝谏与批评功能。当然, 我们不禁要问, 何为"真正的危机", 该报究竟在影射什么, 大家应该心知肚明。中国政府面对任何危机都是一视同仁, 果断坚决, 措施得力, 对环境问题也一直高度重视, 决不懈怠。中国固然存在环境问题, 但尚未构成环境危机。《纽约时报》使用虚假的语用预设建构中国环境形象, 故意危言耸听, 欺骗世界人民。事实上, 中国政府倡导的绿色发展理念已经深入人心, 环境治理措施逐步完善, 中国的环境治理前景可期。《纽约时报》恶意夸大中国的环境问题, 却对中国政府多年来在环境治理方面所做的一切努力熟视无睹，真可谓居心叵测，其话语隐性控制与政治操纵的意识形态动机不言自明，值得我们高度警惕并开展深入持久的批评性话语分析。

例［8］：It's not necessarily pangs of guilt nor a new-found sense of global munificence. Instead, after years of downplaying its environmental crisis, Chinese leaders appear to have recognized that cleaning up China's toxic skies and pushing the country toward renewable energy are crucial to maintaining the Communist Party's grip on power amid rising public discontent. (*The Los Angeles Times*, 2015/12/13)

同例［7］类似，例［8］中《洛杉矶时报》通过政府和公众隐喻，故意设置预设陷阱，欺骗世界人民。"after years of downplaying its environmental crisis"就隐含两个虚假的语用预设：其一，中国政府多年来并没有忽视或淡化环境问题；其二，正如例［7］所阐述，中国的环境问题固然存在，但未必是一个环境危机，至少不是一个大家所公认的事实，这是该报故意设置的第二个预设陷阱，旨在混淆视听，丑化中国环境形象。众所周知，中国政府重视环境治理旨在顺应时代潮流，造福中国、造福世界，并非该报所宣称的那样是为了实现对权力的掌控。生态治理是中国特色全球治理的需要，也是中国可持续发展的需要，是习近平新时代中国特色社会主义思想的一部分。习近平总书记倡导的人类命运共同体理念受到世界人民的广泛好评，早已深入人心。然而，《洛杉矶时报》罔顾事实，其险恶用心值得我们开展深入持久的批评性话语分析。

例［9］：China has engaged in a "war against pollution," as Prime Minister Li Keqiang has said. And in the trenches on the enemy side are legions of roadside kebab vendors, if one takes Beijing officials at their word.

The fines against illegal street grillers are small next to those that the Beijing Municipal Environmental Protection Bureau levied against companies caught violating pollution standards. (*The New York Times*, 2014/05/13)

例［9］的大意是，正如中国总理李克强所言，中国已经"对污染宣战"。如果你相信北京官员的话，那么在敌方战壕里，是成群结队的路边烧烤摊贩。相比于北京市环保局对违反污染标准的企业开出的罚款，街头的非法烧烤摊贩面临的罚款较少。《纽约时报》提到中国将"环境治理"比作一场"战争"，已经向污染宣战。实际上，战争隐喻是一种常见的隐喻方式。科勒（Koller）（2004）经过语料库分析之后得到"商业是战争"的结论，加缪（Camus）（2009）也得出了"癌症是战争"的隐喻概念。在本例中，美国媒体通过战争隐喻、政府和公众隐喻含蓄地批评中国治理污染只抓大不抓小，对于违反环境标准的企业罚款金额远远大于非法烧烤摊贩。而非法烧烤摊贩所产生的空气污染并不比那些企业的少，这样只会让非法烧烤摊贩有空可钻，"对污染宣战"名存实亡，起不到实质性作用。

例［10］：During the Marrakech talks, the official Xinhua News Agency stated, "China is playing an active role in negotiation and global governance on climate change. Self-motivated and willing to work with others to save the planet, China has taken steps, including billions of dollars of investment, to tackle climate change and provide new-energy technology." No need to make the contrast with the U. S. more explicit. Advertisement Lost on much of the world is that even as a soupy smog blankets its skies, China has been going green and clean with a vengeance in recent years. As the environmental and health consequences of fossil fuel emissions have become more widely understood, Beijing has bolstered its efforts to curb coal consumption and vehicle exhaust.（*The Los Angeles Times*，2016/12/4）

例［10］大意是，在马拉喀什会谈期间，中国官方的新华社表示，"中国在气候变化谈判和全球治理方面发挥着积极作用。中国积极主动，愿意与他国合作拯救地球，并且已经采取措施，包括拿出数十亿美元的投资来应对气候变化，提供新的能源技术"。无须与美国进行更明确的对比。世界上大部分地区的宣传都是这样的：尽管浓雾笼罩着中国的天空，但近几年来，中国走向绿色和清洁。随着人们对化石燃料对环境和健康的危害越来越了解，北京加大了煤炭消费和汽车尾气排放的控制力度。

表面上看，《洛杉矶时报》并没有直接批评中国政府，但其通过政府和公众隐喻以及直接引语的使用含蓄地表达了自己的否定态度。该媒体不是在陈述中国环境治理的成果和努力，而是为了表明自己的立场和否定态度，认为新华社是在为中国政府做广告。此外，从小句"As the environmental and health consequences of fossil fuel emissions have become more widely understood"不难看出，《洛杉矶时报》将中国所谓的"环境后果"背景化、事实化，值得我们高度警惕。这是一个典型的虚假语用预设。

例［11］：The rapid degradation of the environment in China has become a central topic of discussion this year ... Meanwhile, environmental advocates are pressing the government to release data on soil pollution, which officials have categorized as a state secret. （*The New York Times*，2013/03/15）

例［11］的大致意思是，中国环境的迅速恶化在今年已经成为一个最重要的话题。与此同时，环保人士在向政府施压，要求公布土壤污染的数据，而官员们一直将这归为国家机密。《纽约时报》在此报道中使用了政府和公众隐喻，劝谏和批评中国不应该将土壤污染的数据归为国家机密，而应该将这些数据透明化。报道认为，在中国，很多国民还未意识到中国环境的糟糕程度，环保意识还很薄弱。公开这些环境数据，会让国民意识到他们所在的国家正经历严重的环境问题。《纽约时报》敦促中国政府应该真抓实干地解决环境问题，而不是遮遮掩掩，同时国民也有知情权。

表面上看，《纽约时报》是在善意地劝谏中国政府增加环境治理透明度，以提醒大众认识到环境保护的重要性，但实质上，《纽约时报》使用了两个欺骗性很强的语用策略：其一，所谓"环境的迅速恶化"（the rapid degradation of the environment in China）并非一个公认的事实，至少是有争议的，而该媒体将其当作事实预设来呈现，旨在欺骗国际社会，建构负面的中国环境形象，动机不纯。其二，中国官员是否的确将环保数据当作了国家机密，证据不足。我们所了解的是，中国各级政府一直在定期公布环境污染指数，并呼吁和要求全国人民、各类企业向污染宣战。正如例[10]中《纽约时报》自己所报道的，李克强总理将环境治理作为一场战争来对待，可见中国政府在治理环境方面的态度和决心。所谓的"国家机密"是站不住脚的。批评话语分析的目的就是去揭示一般人难以察觉的、隐藏在特定话语背后的话语隐性控制、霸权、偏见和政治操纵等意识形态（辛斌，1996、2005等）。

四、身体与个体（The body and the individual）

从图4-21可以看出，身体和个体语义域的词频数为5430次，占比为1.00%。王寅（2005）通过分析语言的成因来证明语言有一定的身体经验基础。身体隐喻包括身体特征、身体知觉和身体意象（Wierzbicka，1999）。1999年，莱考夫和约翰逊提出了"体验哲学"这一理念，隐喻是身体、感知、体验、大脑和心智的产物，并指出"体验哲学"遵循三个基本原则：①心智的体验性；②认知的无意识性；③思维的隐喻性。他们在《体验哲学》(Philosophy in the Flesh)一书中提出："概念是通过身体、大脑及其对世界的体验而形成的，并只有通过它们才能被理解。概念是通过体验，特别是通过感知和肌肉运动能力而得到的。"（Lakoff & Johnson，1999）

Word	Semtag	Frequency	Relative Frequency	
cells	B1	238	0.04	Concordance
health	B2	201	0.04	Concordance
feet	B1	128	0.02	Concordance
Dr.	B3	88	0.02	Concordance
diabetes	B2-	84	0.02	Concordance
cell	B1	73	0.01	Concordance
tumor	B2-	72	0.01	Concordance
head	B1	70	0.01	Concordance
back	B1	62	0.01	Concordance
cancer	B2-	55	0.01	Concordance
vascular	B1	52	0.01	Concordance
disease	B2-	50	0.01	Concordance
healthy	B2+	49	0.01	Concordance
artery	B1	48	0.01	Concordance
cap	B5	43	0.01	Concordance
lungs	B1	42	0.01	Concordance
treatment	B3	42	0.01	Concordance
hand	B1	40	0.01	Concordance
medical	B3	39	0.01	Concordance
physical	B1	35	0.01	Concordance
face	B1	35	0.01	Concordance
body	B1	33	0.01	Concordance
hands	B1	33	0.01	Concordance
contaminated	B2-	33	0.01	Concordance
asthma	B2-	33	0.01	Concordance
clean_up	B4	31	0.01	Concordance
health_care	B3	30	0.01	Concordance
prenatal	B3	30	0.01	Concordance
heart	B1	29	0.01	Concordance

图 4-19 身体与个体语义域主题词（部分）

50 occurrences. — Extend context

be a symptom of a growing American	disease	that could be far more devastating	1 More | Full
gle environmental threat . <p> The	disease	is a type of myopia that seems to h	2 More | Full
al Agency for Toxic Substances and	Disease	Registry also investigated . In Dec	3 More | Full
he Agency for Toxic Substances and	Disease	Registry has identified numerous ot	4 More | Full
adding to the risks of hunger and	disease	, it said . The world will face hei	5 More | Full
g to the Atlanta-based Centers for	Disease	Control and Prevention . Nearly 60	6 More | Full
who have been increasingly facing	disease	and decline in recent years . But w	7 More | Full
sed from the 2010 Global Burden of	Disease	Study , first published in The Lanc	8 More | Full
h Organization 's Global Burden of	Disease	Report released last month . Indoor	9 More | Full
cut down after succumbing to this	disease	. Fast forward to the 1990s when we	10 More | Full
age . The link between smoking and	disease	is more firmly established than the	11 More | Full
ment 's mishandling of " mad cow "	disease	remain fresh . The issue has gone a	12 More | Full
en of childbearing age Centers for	Disease	Control and Prevention (CDC) 2014	13 More | Full
r 23(1) :32-39 . # CDC (Centers for	Disease	Control and Prevention) . 2014 . N	14 More | Full
sed from the 2010 Global Burden of	Disease	Study , first published in The Lanc	15 More | Full
on people with type 2 diabetes , a	disease	resulting in reduced ability to eff	16 More | Full
ative risk assessment of burden of	disease	and injury attributable to 67 risk	17 More | Full
analysis for the Global Burden of	Disease	Study 2010 . Lancet 380:2224-2260.	18 More | Full
oleum cognoscenti now call " Dutch	disease	. " # Some scholars today doubt how	19 More | Full
nds was actually affected by Dutch	disease	. Still , the general point is wide	20 More | Full

图 4-20 "disease"（疾病）结果显示图

```
Summary information:

Number of types shown: 1023
Total frequency of types shown: 5430 (1.00%)
Total frequency overall: 545510

Number of items shown with a given frequency:

Frequency   Types           Tokens
1           395 (38.61%)    395 (7.27%)
2           223 (21.80%)    446 (8.21%)
3           79 (7.72%)      237 (4.36%)
4           77 (7.53%)      308 (5.67%)
5           34 (3.32%)      170 (3.13%)
6           43 (4.20%)      258 (4.75%)
7           21 (2.05%)      147 (2.71%)
8           21 (2.05%)      168 (3.09%)
9           13 (1.27%)      117 (2.15%)
10          16 (1.56%)      160 (2.95%)
> 10        101 (9.87%)     3024 (55.69%)
```

图 4-21 身体和个体语义域词频数图

例 [12]：BEIJING—Chinese herbal medicine, an ancient tradition that is supposed to heal, may be doing the opposite: is it also harming people's health and polluting the environment with pesticides, as a Greenpeace study released Monday suggests?

Health implications from long-term exposure to toxic pesticide levels may include learning difficulties, hormone disruption and reproductive abnormalities, Greenpeace said. (*The New York Times*, 2013/07/01)

例 [12] 的大致意思是作为古老传统的中药材本应治病救人，结果却可能适得其反。种植中药材所使用的农药正在污染环境，并危害人的健康。长期接触有毒农药的健康风险可能包括认知困难、内分泌失调及生殖异常。《纽约时报》在此报道中，使用了身体和个体隐喻的词目："medicine""health"，从侧面指出中国的传统中药材如今在治病救人的道路上背道而驰，中药材种植使用的农药有许多都是被禁止的，甚至其中有些是剧毒农药，会对身体造成严重伤害。《纽约时报》利用隐喻，实现了批评指责的作用，劝谏中国在中药材的种植方面应该遵守严格的国家和国际相关卫生规定，不可图一时之利，以损害国民身体健康为代价。

该报道本身似乎无可厚非，但需要注意的是，《纽约时报》有夸大事实、负面建构中国环境形象和中医药形象的嫌疑。应该指出，即使个别中药材种植户可能误用或非法使用了被禁止的农药，但他们的中药材是很难通过质检走向国际市场的。毕竟中国的大多数中药材种植户是有良知的，是注重健康和环保的。在这个意义上，我们需要正面宣传中国的环境形象、中国的中医药形象，并自觉提防和批判西方个别媒体的不良用心。中医药博大精深，一直致力于造福世界人民，中国的中药材走向社会、走向国外，需要经过层层质检和把关，各国人民可以放心使用。

例［13］：Pneumoconiosis patients are victims of pure pursuit of economic development and neglect of the ecological environment and workers' health throughout China. In the 1990s, China's occupational disease prevention and control was in a state of out of control, and patients with pneumoconiosis caused a large number of illnesses in that era.

According to professional medical explanations, pneumoconiosis is a systemic disease characterized by diffuse fibrosis of lung tissue caused by long-term inhalation of productive dust during occupational activities and retention in the lungs. The clinical manifestations of this occupational disease are cough, cough, chest pain, difficulty breathing, and even hemoptysis. In severe cases, respiratory failure will eventually die. (The New York Times, 2013/07/26)

例［13］的大体意思是，尘肺病患者是纯粹追求经济发展，忽视生态环境和工人健康的中国企业的受害者。在20世纪90年代，中国的职业病防治处于失控状态，工业粉尘在那个时代引发了大量疾病。根据专业医学解释，尘肺病是一种全身性疾病，其特征在于肺组织弥漫性纤维化，这是由职业活动期间长期吸入生产性粉尘并在肺部滞留引起的。这种职业病的临床表现是咳嗽不止、胸痛、呼吸困难，甚至是咳血。在严重的情况下，呼吸衰竭最终会导致死亡。

例［13］中，"die""victims""patients""illnesses"等都是隐喻词目，《纽约时报》把中国的空气污染比作"杀手"，那些尘肺病人都是因为在工作场所长期吸入生产性粉尘，导致肺受到伤害，再加上没钱治病，最终患病死亡。《纽约时报》通过大量的身体隐喻来表达自己的担忧，含蓄地提示中国政府须采取根本性措施，以此实现了劝谏性功能，并同时批评了中国的环境问题。当然，需要指出的是，20世纪90年代中国的职业病防控是否属于失控状态并无充分的证据，该报也有夸大事实、恶意建构负面的中国环境形象的嫌疑。

例［14］："After 'Cadmium Rice', now 'Lead' and 'Arsenic Rice' About a third of the cadmium absorbed by the human body will concentrate in the kidneys, another a quarter in the liver. Its damage to human health is formidable. Generally speaking, one can't take in more than two grams of cadmium in a lifetime," he said. (*The New York Times*, 2014/04/30)

例[14]所述是指中国稻米产区重金属污染严重。自从2013年广东省的一份政府报告称44%的稻米样品出现了镉含量超标，并引起人们的关注以来，"镉米"在中国已经成为广为人知的名词。被人体吸收的镉大约有三分之一会累积在肾脏，还有四分之一累积在肝脏。这对人体健康的危害非常巨大。一般来说，一个人一生不能摄入超过2克的镉。镉污染的主要来源是冶炼厂的排放。《纽约时报》通过使用身体和个体隐喻，含蓄地表述镉污染的严重性，劝谏中国应该对土壤多加保护。稻米作为中国最重要的主食，如果连"吃"的安全都保证不了，如何去解决其他的环境问题。同时《纽约时报》警示中国应该督促冶炼厂提高技术，减少污染排放。报道称，在中国，不少土壤遭到污染，这将直接影响稻米的产量和质量，中国人的粮食和健康也将得不到保障。《纽约时报》通过此报道表达了对中国农业生态的担忧，也希望能够引起中国政府足够的重视去解决稻米的镉污染问题。

需要指出的是，《纽约时报》经常通过大量的隐喻表达、设置虚假的语用预设来极力渲染中国的粮食安全，这不利于中国粮食的出口，同时也不利于中国农业形象、中国企业形象、中国环境形象的建构和传播。我们需要及时准确地开展批评性话语分析，以揭示美国媒体涉华环境报道背后隐藏的意识形态及其政治、经济诉求。

五、建筑与房屋（Architecture, housing and the home）

从图4-24中可以看出，在自建的语料库中，建筑与房屋语义域的词频数为3621次，所占比例为0.66%。建筑的隐喻是指人通过建筑本身所显示的人的精神或心理、情感态度或某种认知关系。建筑隐喻主要取决于人们生理和心理的互动。建筑的隐喻性质有点类似于文字。语言是人类的听觉，建筑的隐喻和文字是人类的视觉。但建筑隐喻与文本相同，思维过程必须通过语言完成，这是理解建筑隐喻的关键。产生不同图像并因此产生不同隐喻现象的建筑物，用隐喻系统来掌握它们是方便和合乎逻辑的。任何想法都必须在相应的物理形式和空间中得以实现才有意义。这种形式和空间反过来使观察者具有相应的视觉感知效果和认知过程，从而完成隐喻功能。

Word	Semtag	Frequency	Relative Frequency	
home	H4	217	0.04	Concordance
residents	H4	190	0.03	Concordance
building	H1	126	0.02	Concordance
build	H1	121	0.02	Concordance
living	H4	117	0.02	Concordance
live	H4	114	0.02	Concordance
construction	H1	106	0.02	Concordance
built	H1	105	0.02	Concordance
domestic	H4	102	0.02	Concordance
house	H1	99	0.02	Concordance
dam	H1	85	0.02	Concordance
table	H5	84	0.02	Concordance
department	H2	81	0.01	Concordance
homes	H4	76	0.01	Concordance
dams	H1	71	0.01	Concordance
buildings	H1	56	0.01	Concordance
room	H2	51	0.01	Concordance
facilities	H1	39	0.01	Concordance
hotel	H4	34	0.01	Concordance
lived	H4	30	0.01	Concordance
hydrate	H3	30	0.01	Concordance
floor	H2	29	0.01	Concordance
complex	H1	28	0.01	Concordance
wall	H2	28	0.01	Concordance
habitat	H4	27	0.00	Concordance
passage	H2	26	0.00	Concordance
lives	H4	25	0.00	Concordance
resident	H4	23	0.00	Concordance
houses	H1	22	0.00	Concordance
neighbors	H3	22	0.00	Concordance
walls	H2	21	0.00	Concordance
chair	H5	21	0.00	Concordance
facility	H1	21	0.00	Concordance

图 4-22　建筑与房屋语义域主题词（部分）

126 occurrences.			Extend context
ple , a coalition of investors is	building	a $4 billion coal-fired generation	1 More | Full
or Mr. Powell , whose policies of	building	a regional consensus against Iraq	2 More | Full
he energy @ @ @ @ @ @ @ @ @ @ and	building	designs to waste less energy show	3 More | Full
ants fired by @ @ @ @ @ @ @ @ @ @	building	coal-fired capacity as fast as the	4 More | Full
. " If the five or six countries	building	all these power plants were to com	5 More | Full
absorb heat and radiate into the	building	to reduce heating costs . At Berea	6 More | Full
, says Mr. Roberts . <p> Any new	building	erected at ASU - a school adding f	7 More | Full
distinguished chairs , and a new	building	that would meet exacting environme	8 More | Full
enators ' entrance at the Dirksen	Building	committee room , Mr. Gore combined	9 More | Full
s of the Beijing Olympics . <p> "	Building	the hardware , like stadiums , is	10 More | Full
for China , " Zhang says . " But	building	the software , like improving the	11 More | Full
the outside of an employee locker	building	. Some 22,000 square meters of ex-	12 More | Full
countries @ @ @ @ @ @ @ @ @ @ and	building	a financial-aid regime for develop	13 More | Full
ds . # If the rising air from the	building	storm cloud moves through this vor	14 More | Full
itable changes to the climate and	building	a multibillion-dollar fund to furt	15 More | Full
plants . . . . I mean , China is	building	a new nuclear power plant every th	16 More | Full
k in February ? # Ritter : We 're	building	the center from the ground up , wh	17 More | Full
re a part of retrofitting or even	building	out going forward and to focus on	18 More | Full
look where we were , and that 's	building	out of a pretty aggressive clean-e	19 More | Full
that 's dramatically cheap . # So	building	a nuclear facility in Colorado whe	20 More | Full

图 4-23　"building"（建筑）结果显示图（部分）

例［15］：Thousands of dead fish floating along a 30-kilometer stretch of a river in central China's Hubei province were killed by pollutants emitted by a local

```
Summary information:

Number of types shown: 378
Total frequency of types shown: 3621 (0.66%)
Total frequency overall: 545510

Number of items shown with a given frequency:

Frequency    Types           Tokens
1            117 (30.95%)    117 (3.23%)
2            77 (20.37%)     154 (4.25%)
3            35 (9.26%)      105 (2.90%)
4            26 (6.88%)      104 (2.87%)
5            15 (3.97%)      75 (2.07%)
6            13 (3.44%)      78 (2.15%)
7            7 (1.85%)       49 (1.35%)
8            4 (1.06%)       32 (0.88%)
9            12 (3.17%)      108 (2.98%)
10           3 (0.79%)       30 (0.83%)
> 10         69 (18.25%)     2769 (76.47%)
```

图 4-24　建筑与房屋语义域词频数图

chemical plant, provincial environmental officials said Wednesday.

China's Ministry of Environmental Protection said water pollution is a serious concern...the water was unfit for human contact, the ministry said in its annual State of Environmental Quality report released in June. (*The New York Times*, 2013/09/05)

例 [15] 的大致意思是中国湖北省一条 30 千米长的河流上漂浮着成千上万条死鱼，它们是被当地一家化工厂排放的污染物杀死的。中国官方表示，水污染是一个严重问题，工业泄漏、农田径流和未经处理的污水都是降低水质的因素。在其 6 月发布的年度环境质量状况报告中表示，其监测的主要河流中近三分之一已经退化，不适合人类接触。《纽约时报》在报道此篇新闻时，使用了建筑与房屋的隐喻，例如 "chemical plant"（化工厂）。本例中，《纽约时报》将中国某一化工厂比作毒药的生产者，而化工厂所排放的污染物就是破坏环境的 "毒药"，从而含蓄地表达出美国媒体对此行为的批评，指责中国化工厂不应该为企业的生产效益而排放有毒物体，污染了水源甚至毒死了鱼。中国的化工厂应该着重于创新升级技术，减少对环境的污染。该报通过这一过程实现了隐喻的劝谏作用。当然，我们需要清醒地认识到，部分美国媒体报道中国环境问题时惯常夸大其词或歪曲事实，旨在故意丑化中国环境形象，可谓用心险恶，值得我们高度警惕和重视。

例 [16]：Some experts say China has little choice but to move forward with dams on the Nu, given the nation's voracious power needs and an overreliance on coal that has contributed to record levels of smog in Beijing and other northern cities. Still, many environmentalists reject the government's assertion that hydropower is "green energy", noting that the reservoirs created by dams swallow vast amounts of forest and field. Also overlooked, they say, is the methane gas and carbon dioxide produced by decomposing vegetation, significant contributors to global warming. (*The New York Times*, 2013/05/06)

例[16]的大概意思是，鉴于中国电力需求巨大，而过于依赖煤炭已经使北京和北方其他城市的雾霾达到空前严重的程度，中国别无选择，只能在怒江上建造大坝。但是，很多环保人士不接受政府有关水电是"绿色能源"的主张，指出大坝形成的水库吞噬了大片森林和农田。他们称，被忽略的还有植被腐烂所产生的甲烷和二氧化碳，此类温室气体是加剧全球变暖的主要因素。《纽约时报》在此报道中使用了建筑与房屋隐喻指责中国建大坝破坏了生态环境，认为中国的雾霾治理应当从源头抓起，而不是通过建大坝这一方式减少空气污染。这不仅不会减轻雾霾污染程度，而且反而会破坏居住在怒江附近人们的生活环境，治标不治本，起不到实质性作用。

然而，这正是批评性话语分析研究者需要关注的重点，美国主流媒体惯常通过建筑与房屋等隐喻，通过对各种转述言语的交互使用来负面建构中国的环境治理形象，其醉翁之意不在酒。对于美国媒体的善意批评和劝谏我们可以考虑和采纳，而对于那些恶意的中伤、指责乃至捏造的事实我们需要开展及时准确的批评性话语分析，以维护中国的国际形象。

第五节 本章小结

美国媒体对中国环境的新闻报道分别使用了不同的概念隐喻，如"疾病（disease）"和"战争（war）"隐喻、身体和个体隐喻、世界和环境隐喻、政府和公众隐喻等。他们将中国的环境问题，例如空气问题，比作"空气末日"，因为空气污染使患病人数不断增加，死亡率也在上升。美国媒体甚至将中国治理环境比作一场"环境战"，美国媒体倾向于描述公众对环境问题的反应与态度。"控制"和"方式与战略"隐喻的使用也受到了美国媒体的青睐，而其目的就是让中国政府和人民意识到，中国环境问题已不仅仅对中国国内环境产生影响，这种影响已经蔓延到了全世界。面对中国的雾霾问题，美国媒体认为中国是一个问题制造者，雾霾不仅严重影响了中国国内的环境问题，更影响了周边国家的空气质量。这其实是美国媒体的片面之词。此外，美国媒体还恶意指责中国政府对这类环境问题所产生的全球影响缺乏关注。

不难发现，美国主流媒体在批评中国政府未能保护好中国人民方面显得较为直接。毫无疑问，这会引起读者甚至其他西方国家的强烈反应，从而隐藏了中国的真实本质，捏造出一个不顾人民生命和环境利益，只追求生产效益的中国形象。

可见，美国主流媒体在大多数情况下使用的隐喻表达不只是为了劝谏和批评中国，更多的是为了实现其丑化"中国环境形象"的目的，值得我们高度警惕并开展深入持久的批评性话语分析。在此基础上，我们需要及时准确地对外传播中国以人为本的生态发展理念以及中国全球治理思想、人类命运共同体思想，以维护和传播中国的良好形象，引导国际舆论，帮助提升中国的国际话语权。

第五章

基于语料库的美国媒体中国政治形象建构研究

第一节 引言

"国家形象是一国内部公众和外部公众对该国政治、经济、文化与地理等方面状况的认识和评价,可分为国内形象和国际形象,两者之间往往存在很大差异。国家形象在根本上取决于国家的综合实力,但不能简单地等同于国家实际状况,它在某种程度上是可以被塑造的"(孙有中,2002)。国内外学者在国家形象研究方面,都是通过分析新闻报道中所隐藏的真实话语意义,从而分析其所反映出来的国家形象(如 Cheng, 2013;沈影等,2013;刘佳等,2014;Kim, 2014;McEnery, 2016),但都没有从隐喻视角对国家形象进行分析。鉴于此,本章将从隐喻的视角并与语料库相结合,更加系统深入地分析美国媒体涉华话语中政治方面的隐喻建构。

在对隐喻的认识过程中,经历了两次"转变",即"认知转变"和"社会转变"(孙亚,2014)。在 20 世纪 80 年代之前,隐喻只是一种修辞,它被定义为语言现象。然而,20 世纪 80 年代以后,随着认知语言学的发展,学者们逐渐认识到隐喻不仅是一种语言现象,也是一种认知过程,是我们思考和行为的核心方式。特别是在 1980 年,莱考夫和约翰逊的《我们赖以生存的隐喻》(*Metaphors We Live By*)一书提出了概念隐喻理论,隐喻的发展为学术界开启了一个全新的阶段。但随着隐喻研究的不断发展和其他学科的介入,研究者们发现,概念隐喻观并没有提及使用隐喻所具有的意识性。因此对隐喻的认识又从"思维方式"转换为"语言使用、思维方式及交际功能"(Steen, 2010)。本章将利用语料库工具 Wmatrix (Rayson, 2008)进行隐喻统计,从而获取更加客观和具有说服力的数据,了解美国媒体如何使用隐喻对中国政治方面进行报道,揭示隐喻对中国政治形象的构建作用。

第二节　研究方法

一、语料来源

本章的语料来源于《纽约时报》《华盛顿邮报》《华尔街日报》《洛杉矶时报》等美国十大媒体报纸。笔者以"politics""human rights""democracy"等与中国政治相关的关键词为检索词在美国十大媒体网站上搜索 1990 年 1 月至 2018 年 7 月的所有新闻报道，建成一个微型语料库作为观察语料库。

二、研究问题

本章主要分析和研究美国媒体涉华政治报道如何隐喻地构建"中国政治"概念，根据分析结果了解在美国媒体的涉华报道中有哪些语义域与"China"和"politics"密切相关，以及哪些语义域中含有隐喻意义的词语。本章主要回答和分析以下三个问题：

（1）自建的美国媒体涉华报道语料库中哪些语义域和主题语义域与"中国政治"这一主题词紧密相关；

（2）美国媒体通过隐喻构建了怎样的中国政治形象。

（3）美国媒体出于何种目的构建这样的中国政治形象。

三、研究工具

Wmatrix 是由英国兰卡斯特大学语料库研究中心保罗·雷森等人研制的一种在线语料分析工具。Wmatrix 具有其他语料分析工具一样的检索、搭配、词表生成以及主题词表生成功能（孙亚，2013）。但其本身也具有独特的优势即其内嵌的工具 USAS（UCREL Semantic Annotation System）和 CLAWS（Constituent Likelihood Automatic Word-tagging System）。USAS 可以自动对文本进行语义域（semantic domain/field）和词性赋码。语义域赋码集（semantic tagset）是基于《朗文多功能分类词典》(*Longman Lexion of Contemporary English*) 的，有 21 个语义域，如 [生命与生物] [教育] [政府与大众] 等，

113

如表 5-1 所示。这些语义域还可以细分为 232 个主题语义域，如 G1［政府与政治］、G2［犯罪、法律和秩序］、G3［战争、防卫和军队、武器］等。

表 5-1　21 个语义域

A 普通及抽象术语	B 整体与个人	C 工艺美术	E 情感
F 食物与农业	G 政府与大众	H 建筑与房屋	I 工业中的货币与贸易
K 娱乐与运动	L 生命与生物	M 移动与交通	N 数字与度量
O 材料与物体	P 教育	Q 语言与交际	S 社会行为
T 时间	W 世界与环境	X 心理行为、状态与过程	Y 科学与技术
Z 名称与语法			

Wmatrix 可以自动将语料中的源域和目标域标注出来，这样研究者就可以确定某一词语是目标域还是源域，再据此找出属于同一语义域的所有词语或字符。与传统的根据词汇的索引分析方法相比，这一方法可以在大规模的语料库中最大限度地找出可能采用隐喻的词语和字符。

四、隐喻识别

在分析隐喻之前，我们有必要先识别隐喻。隐喻识别最初涉及概念意义，这是确定它们是否存在于文本中并确定字面源域和隐喻目标域之间是否存在张力的标准（Charteris-Black, 2004）。自从莱考夫和约翰逊（1980）的《我们赖以生存的隐喻》一书出版以来，隐喻已经成为语言学、心理学、语篇研究、哲学、诗学等众学科研究的热点。然而，直到近年来，研究人员对隐喻识别的方法学还没有表现出足够的兴趣。

普拉格雷贾兹小组开发的隐喻识别程序（MIP）侧重于对语篇中隐喻使用的词汇或词汇单位的语言分析。MIP 致力于提供一种工具来捕捉 20 世纪 80 年代以来的文献中所讨论的大部分隐喻的语言表达。在 MIP 的基础上，斯蒂恩和他的团队（Steen etal，2010）提出了一个改进和扩展的版本，他们称之为 MIPVU，VU 代表他们工作的阿姆斯特丹大学（Armstrdam University，2010），过程可以概括为：首先，确定词汇项的基本意义和上下文意义；其次，确定基本意义与语境意义之间是否存在差异；第三，确定基本意义和上下文意义分别所指的项目之间是否存在相似关系。"基本意义指更具体的意义（容易成像、五官能够感觉到的意义）、与身体动作相关的意义、已存在很久的意义，但不一定是频率最高的意义"（Pragglejaz Group，2007）。本章采用后者 MIPVU 来识别自建语料库中词语的基本意义与语境意义，MIPVU 判断词语基本意义和语境意义主要是基于《麦克米伦高阶英语词典》。

五、研究过程

本章的研究过程参见本书第四章第二节（四、隐喻识别过程；五、基于 Wmatrix 的隐喻研究过程）。此处不再赘述。本章主要研究美国媒体涉华话语中构建的中国政治形象，因此，只选取与政治相关的词语。然后以"China politics""China human right""China democracy""China political system"等为主要检索词进行检索，并自动生成相应的词频列表以及语义域频率列表。

第三节 基于 Wmatrix 的数据统计与分析

一、语义域与主题语义域的生成

上传自建政治话语语料库后，语料库在线工具 Wmatrix 自动生成词频列表、词性频率列表和语义域频率列表。因研究目的的需要，本章仅关注坐标语义域和主题语义域列表。表 5-2 为频率较高的 10 个坐标语义域。图 5-1 为频率较高的 20 个主题语义域。其中语义域 Z99 虽然是未识别，但在仔细确认后，发现这一类型语义域是标点符号（马杨娟，2017）。

表 5-2　频率较高的 10 个坐标语义域

序号	1	2	3	4	5	6	7	8	9	10
语义域码	A	S	G	T	E	B	P	L	Y	F
频数	48429	24370	17150	14795	4332	2884	1882	1341	1043	987
语义域名称	普通及抽象术语	社会行为	政府与大众	时间	情感	整体与个人	教育	生命与生物	科学与技术	食品与农业

	Item	O1	%1	O2	%2	LL	LogRatio	
1 List1	Concordance	Z99	30358	7.33	22165	2.29 +	17426.45	1.68	Unmatched
2 List1	Concordance	Z2	15848	3.82	14502	1.50 +	6512.00	1.35	Geographical names
3 List1	Concordance	G1.1	5386	1.30	3542	0.37 +	3510.77	1.83	Government
4 List1	Concordance	G1.2	5114	1.23	4064	0.42 +	2617.34	1.56	Politics
5 List1	Concordance	G2.1	3035	0.73	2418	0.25 +	1547.68	1.55	Law and order
6 List1	Concordance	Q2.1	5061	1.22	7024	0.73 +	768.39	0.75	Speech: Communicative
7 List1	Concordance	A13	242	0.06	0	0.00 +	583.23	10.14	Degree
8 List1	Concordance	M7	3974	0.96	5888	0.61 +	474.62	0.66	Places
9 List1	Concordance	E3-	1459	0.35	1647	0.17 +	395.22	1.05	Violent/Angry
10 List1	Concordance	Q2.1-	704	0.17	570	0.06 +	350.75	1.53	Crime
11 List1	Concordance	S2	2057	0.50	2896	0.30 +	297.21	0.73	People
12 List1	Concordance	S7.1+	4805	1.16	8413	0.87 +	247.52	0.42	In power
13 List1	Concordance	L1+	229	0.06	93	0.01 +	231.05	2.52	Alive
14 List1	Concordance	A1.7-	670	0.16	727	0.08 +	198.35	1.11	No constraint
15 List1	Concordance	W1	764	0.18	912	0.09 +	180.69	0.97	The universe
16 List1	Concordance	I3.2	151	0.04	48	0.00 +	178.23	2.88	Work and employment: Professionalism
17 List1	Concordance	S8-	741	0.18	885	0.09 +	175.02	0.97	Hindering
18 List1	Concordance	Q4.2	657	0.16	828	0.09 +	134.40	0.89	The Media: Newspapers etc.
19 List1	Concordance	G3	1896	0.46	3152	0.33 +	132.89	0.49	Warfare, defence and the army; weapons
20 List1	Concordance	I2.2	1651	0.40	2738	0.28 +	117.26	0.49	Business: Selling

图 5-1　频率较高的 20 个主题语义域

如图 5-1（在线使用 Wmatrix 所获得的语料处理结果部分截图）所示，前 20 个频率最高的主题语义域分别为：[Z99]（未识别）、[Z2] 地理名称、[G1.1] 政府、[G1.2] 政治、[G2.1] 演讲：交际、[A13] 程度、[M7] 位置、[E3-] 暴力/愤怒、[G2.1-] 犯罪、[S2] 人民、[S7.1+] 掌权、[L1+] 活着、[A1.7-] 没有约束、[W1] 宇宙、[I3.2] 工作和就业：专业、[S8-] 阻碍、[Q4.2] 媒体、报纸等、[G3] 战争，防御和军队，武器、[I2.2] 商业销售。图 5-1 中的"O1"表示对应语义域在所研究语料库（自建政治话语语料库）中的频率，"%1"则是其在研究语料库中的相对频率，另"O2"和"%2"分别表示该语义域在参照语料库（BNC Simpler Written）中的频率和相对频率。"+"是该语义域在所研究语料库中比在参照语料库中有超常的使用频率，"LL"是主题语义域的对数似然比值，表明该语义域使用的显著性程度。主题语义域 [G1.1] [G1.2] [E3-] [G2.1-] [S2] [S7.1+] [G3] [A1.7-] [S8-] 等与隐喻研究中的目标域大致对应。

二、Wmatrix 的大幅扫描功能

为了确定美国的涉华报道是否存在一定的主观性，笔者同时搜集美国媒体对本国政治的报道，自建含有 160186 个字符的微型语料库，并将两种语料库内的各类隐喻进行对比，从而了解其中存在的差异性以及形成差异性的原因。

在确定主题语义域之后，利用 Wmatrix 内嵌的全方位扫描功能（Koller et al., 2008），就可以获取该主题语义域中所有的词汇，以主题语义域 S8-[阻碍]为例。

List1 | Broad-list | Concordance S8-　　741　0.18　885　0.09 +　175.05　0.97　Hindering

图 5-2　涉华报道 S8-语义域概况

List1 | Broad-list | Concordance S8-　　208　0.13　885　0.09 +　19.28　0.51　Hindering

图 5-3　涉美报道 S8-语义域概况

表 5-3　S8-统计分析表

美媒对中	全面扫描前		全面扫描后						
			手动排除前		手动排除后			隐喻使用	
	字符	类符	字符	类符	字符	类符	词目	字符	词目
	741	128	1363	245	891	190	130	593	65
美媒对美	208	75	366	129	257	102	67	199	49
X^2	0.4892	7.8540	0.0408	7.8090	1.3637	6.8761	3.3833	8.1334	12.1920
P 值	0.4842	0.0050	0.8398	0.0051	0.2429	0.0087	0.0658	0.0043	0.0004

表 5-4　S8-主题语义域隐喻词目对比分析

序号	隐喻词目	涉华报道 频数	涉美报道 频数	X^2	P 值
1	repress	80	4	12.3243	0.0004
2	block	78	7	7.5403	0.0060
3	prevent	72	29	3.2299	0.0723

续表

		涉华报道	涉美报道		
4	bureaucracy	63	2	11.4752	0.0007
5	wall	54	15	0.0002	0.9881
6	resist	51	12	10.9068	0.0010
7	enemy	16	13	0.0450	0.8320
8	barrier	25	11	1.4709	0.2251
9	undermine	24	6	0.0095	0.9222
10	frustration	24	3	1.0382	0.3082

表5-2的卡方检验结果显示：P=0.0043<0.01（隐喻字符对比），P=0.0004<0.01（隐喻词目对比）。这两个数据说明，在S8-（阻碍）这一主题语义域下，美国媒体在报道中国政治和美国内政时所使用的隐喻字符和隐喻词目其频数均存在统计学意义上的显著性差异。

原因可大致归纳如下：

首先，这一数据说明美国媒体在对中国政治进行报道时，使用了大量的阻碍类隐喻，其目的不言自明，即负面建构中国的政治形象。其次，在表5-3中"repress""block""bureaucracy""resist"四个隐喻词目在涉华、涉美报道中具有统计学意义上的显著性差异，而且涉华报道中它们的出现频率明显高于涉美政治报道。这些均可以说明，美国媒体在极力渲染中国政治存在的弊端，即"专制阻碍了民主制度的发展，政治压制、官僚作风消弭了自由民主的生存空间，它们像一堵墙（wall）将人民与政府隔离了起来"。显然，这有违于中国的政治现实。事实上，中国政府一直提倡以人为本的发展理念，在各方面为人民着想。众所周知，近年来中国政府在医疗卫生、养老保险、选举提拔、福利保障、就业脱贫等方面付出了很多努力，给人民带来很多便利和福祉。中国政府从人民的切身利益出发，不搞空谈主义，实实在在为人民谋福利，这要比美国等西方国家所标榜的平等、自由、民主等更具有实质性意义。

当然，根据目前的语料和数据统计，表5-3中"阻碍""破坏""沮丧"等具有消极意义的隐喻词目在涉华、涉美报道中并不具有统计学意义上的显著性差异，本章不再展开对比研究和原因分析。未来的媒体话语研究者可以进一步丰富语料进行证实或证伪。

第四节 概念隐喻的语篇语用功能批评性分析

本章主要研究讨论与主题相关的前5个语义域类别，即普通及抽象术语隐喻、社会行为隐喻、政府隐喻、时间隐喻和情感隐喻。

一、普通及抽象术语隐喻

在自建政治话语语料库中，普通及抽象术语隐喻是与主题相关的所占比重较高的隐喻种类，一共48429处。大量的抽象词汇通过表达抽象的语义与政治领域的各种隐喻进行类比映射。本章仅选取普通及抽象术语隐喻中的"改变"语义域（A2.1+）为个案研究对象。下表为"改变"语义域。

表5-5 "改变"语义域

语义域码	O1	%1	O2	%2	L1	语义域名称
A2.1+	2137	0.52	3939	0.41+	76.04	Change

从表5-5中可以看出，与自建政治话语语料库相比A2.1+在研究语料库中是属于使用率中等的语义域。在"改变"这一语义域中，包含了"改革""调整""发展""转变"等下义词。这些词将中国政治制度的完善描述成抽象事物的发展和状态的转变，"成为""发生""替换"等动词隐喻将中国政治隐喻为各种自然动作发生的主体，"进化""修整"等名词隐喻表达与中国民主制度的实施相对应。以"改革"这一下义词为例，出现频率较高的搭配是"改革开放""政治制度改革"和"文化体制改革"等。图5-4、图5-5分别为普通及抽象术语隐喻以及"改革"这一下义词的网站部分截图。

例[1]: In contrast, partial institutionalization of the political rules of the game— adoption of collective leadership, efforts to rule China through more regularized bureaucratic channels, the party taboo against resorting to mass social movements— has been crucial to the relative stability that China enjoyed during the reform era. (The New York Times, 2016/05/25)

从例[1]可以发现，《纽约时报》记者卡尔使用了"partial institutionalization""adoption of collective leadership"等几个具有欺骗功能的名词化预设，将值得

Word	Semtag	Frequency	Relative Frequency	
become	A2.1+	202	0.05	Concordance
reform	A2.1+	189	0.05	Concordance
change	A2.1+	177	0.04	Concordance
development	A2.1+	113	0.03	Concordance
reforms	A2.1+	91	0.02	Concordance
became	A2.1+	89	0.02	Concordance
changes	A2.1+	81	0.02	Concordance
changed	A2.1+	66	0.02	Concordance
happen	A2.1+	52	0.01	Concordance
becoming	A2.1+	45	0.01	Concordance
developing	A2.1+	45	0.01	Concordance
get	A2.1+	39	0.01	Concordance
transition	A2.1+	33	0.01	Concordance
develop	A2.1+	31	0.01	Concordance
changing	A2.1+	29	0.01	Concordance
replace	A2.1+	26	0.01	Concordance
shift	A2.1+	25	0.01	Concordance
reformers	A2.1+	24	0.01	Concordance
happened	A2.1+	23	0.01	Concordance
replaced	A2.1+	22	0.01	Concordance
becomes	A2.1+	22	0.01	Concordance
developed	A2.1+	21	0.01	Concordance
in_two	A2.1+	21	0.01	Concordance
happening	A2.1+	20	0.00	Concordance

图 5-4 普通及抽象术语隐喻

189 occurrences.			Extend context		
y impressed with his commitment to	reform	@ @ @ @ @ @ @ @ @ @ and the report	1	More	Full
movement say the hope of peaceful	reform	is waning . <p> Dissidents say if p	2	More	Full
last spring the way of tumultuous	reform	pursued by Soviet leader Mikhail Go	3	More	Full
ho once led the communist world in	reform	have steadily retreated to antiquat	4	More	Full
d leaders have abandoned political	reform	in favor of stability . Calls withi	5	More	Full
iscuss politics or share essays on	reform	. " Big character posters " calling	6	More	Full
hao Ziyang over how best to hasten	reform	. New authoritarians sought to conc	7	More	Full
oved that this has never benefited	reform	, but has always favored power and	8	More	Full
of river trade that occurred under	reform	, he says . (See story , right .)	9	More	Full
fter the conference closed . <p> "	Reform	may have risks . We can bear these	10	More	Full
ne of the boldest recent calls for	reform	. <p> The principle of " taking eco	11	More	Full
struggle " against " capitalistic	reform	. " <p> Conservative critics could	12	More	Full
port for a faster pace of economic	reform	is strong among China 's provincial	13	More	Full
's government that if it does n't	reform	quickly , the colony could loose it	14	More	Full
off economically than China . <p>	Reform	, however , has given urban and eve	15	More	Full
and more than a decade of economic	reform	has brought little change in the pe	16	More	Full
p> Now , a new fervor for economic	reform	, launched by senior leader Deng Xi	17	More	Full
ed the call for bolder free-market	reform	, some analysts fear the gap betwee	18	More	Full
and a serious setback for economic	reform	. In fact , it is a victory for rea	19	More	Full
it is a victory for real economic	reform	and perhaps for Yeltsin himself . <	20	More	Full
ferent groups : a diverse moderate	reform	coalition led by Arkady Volsky , th	21	More	Full
uires the kind of drastic economic	reform	that can raise the Soviet computer	22	More	Full
want the Chinese model of economic	reform	of communism , not the Western " sh	23	More	Full
rprises through nearly 15 years of	reform	, concentrating on agriculture , se	24	More	Full
s talking about serious industrial	reform	. <p> A gradualist strategy , a cap	25	More	Full
accordance with the principles of	Reform	and Modernization . The satire is h	26	More	Full

图 5-5 “改革”下义词

怀疑的断言或命题表达成一种不容置疑的事实预设，以此来歪曲事实，混淆视听，有故意丑化中国政治形象的不良动机，值得我们警惕。中国政府事实上并非如此，我们党自 1978 年以来，一直坚持改革开放，从各个方面来改善和改革现有的政治体制弊端，加强民主，主张平等自由，让人民当家作主，向小康社会进军。四十多年来的改革成就也充分证明了这一点。中国的政治体制可能仍存在一些弊端,但没有像《纽约时报》记者所说的这样反对改革。根据批评隐喻理论,隐喻具有特定的意识形态功能,需要我们认真鉴别和分析阐释(Charteris-Black,2004)。显然,该报用"改革"和"社会运动"这两个抽象隐喻来表达所谓的中国政治现状,旨在通过抽象隐喻,影射中国现有的政治治理,旨在夸大中国的政治问题。话语控制和政治偏见等意识形态含而不露,帮助其隐秘地实现了交际意图。这正是抽象隐喻的语篇语用功能。

二、社会行为隐喻

社会行为隐喻在美国媒体涉华话语语料库中的使用有 24370 处,在所研究的隐喻中仅次于普通与抽象术语隐喻。社会行为隐喻指的是由社会刺激所引起的人们对于政治有关内容的心理反应、情感立场或者是认知程度。此类隐喻是建立在行为与心理相互作用的基础上的,任何认知或立场都必须在对应的行为表现上才能得以实现。通过这一过程中产生的动作与涉及范围激发目击者的认知过程和视觉感知效果,这一过程就完成了隐喻的功能。本章仅研究社会行为隐喻中的"掌权"(S7.1+)语义域。图 5-6 为网站"掌权"语义域的部分截图。

Word	Semtag	Frequency	Relative Frequency	
power	S7.1+	394	0.10	Concordance
leaders	S7.1+	337	0.08	Concordance
leader	S7.1+	225	0.05	Concordance
administration	S7.1+	219	0.05	Concordance
leadership	S7.1+	159	0.04	Concordance
control	S7.1+	159	0.04	Concordance
director	S7.1+	109	0.03	Concordance
influence	S7.1+	105	0.03	Concordance
led	S7.1+	102	0.02	Concordance
committee	S7.1+	99	0.02	Concordance
forced	S7.1+	93	0.02	Concordance
leading	S7.1+	86	0.02	Concordance
powerful	S7.1+	79	0.02	Concordance
powers	S7.1+	75	0.02	Concordance
chairman	S7.1+	72	0.02	Concordance
chief	S7.1+	72	0.02	Concordance
senate	S7.1+	66	0.02	Concordance
sovereignty	S7.1+	63	0.02	Concordance
order	S7.1+	62	0.01	Concordance
authoritarian	S7.1+	49	0.01	Concordance
won	S7.1+	48	0.01	Concordance
ruling	S7.1+	48	0.01	Concordance
lead	S7.1+	40	0.01	Concordance
vice_president	S7.1+	39	0.01	Concordance
ordered	S7.1+	39	0.01	Concordance
organized	S7.1+	38	0.01	Concordance

图 5-6 "掌权"语义域

例［2］：The road to power, controlled by the Communist Party, is more difficult for women on an even more fundamental level, statistics suggest. Only 25.1 percent of China's 88 million party members are female, according to the latest figures, from 2015. (*The New York Times*, 2017/07/18)

"预设是指人们说话或写作时预先设定但又不直接说出或写出的命题"（李蕊丽，2006）。可以发现，例［2］中，《纽约时报》的报道是以虚假的语用预设为基础的，即中国政府是由中国共产党一党专政的。这与中国事实严重不符，中国的基本政治制度一直是共产党领导的多党合作的政治协商制度，多党派共同参与政府的各项决策乃至法律法规的制定。此外，该媒体将"the road to power"与"more difficult"相搭配暗指中国共产党在党员选拔时存在歧视女性的问题。这根本就是罔顾事实的虚假语用预设。事实上，中国共产党一直赋予女性各种公平竞争的权利，提倡性别平等，在中国政府的各个重要岗位上均有女性参与。试问美国所谓的民主、自由和平等体现在哪里？共和党与民主党交替执政，但相互掣肘，乃至相互攻击。特别是，一旦其中一党执政，另外一党的政策往往被部分否决或完全推翻，这谈何真正的民主、自由？特朗普政府公然不顾美国和世界人民的抗议，冒天下之大不韪，肆意发动贸易制裁，贸易保护主义更为猖獗，伤及美国及其他国家百姓的利益。这样的独裁政府才是我们要警惕和批判的。

三、政府隐喻

在自建的政治话语语料库中，政府隐喻出现了 17150 次。政府隐喻就是通过大量的政治词汇和战争词汇将与政治相关领域的各种因素与战争领域的主要构成因素进行类比映射。这一语义域中所出现的"战斗""射击""战争"等动词把中国政治的改革或是发展隐喻为战争，"武器""军队""士兵"等名词将与中国政治相关的制度描述为各种军事构成要素，"民主""人权""政治制度"等名词侧面隐喻中国的政治氛围和政治现状。图 5-8 为政府隐喻的网站部分截图。

由于篇幅有限，本章仅将"政治"语义域（G1.2）作为主要研究对象。下图 5-9 为"政治"语义域网站部分截图。

例［3］："China's investment in Africa does not come with any political conditions attached and will neither interfere in internal politics nor make demands that people feel are difficult to fulfill," Xi said during a keynote address to the

Word	Semtag	Frequency	Relative Frequency	
government	G1.1	919	0.22	Concordance
political	G1.2	740	0.18	Concordance
human_rights	G1.2	484	0.12	Concordance
President	G1.1	459	0.11	Concordance
officials	G1.1	458	0.11	Concordance
country	G1.1	422	0.10	Concordance
military	G3	311	0.08	Concordance
democracy	G1.2	296	0.07	Concordance
official	G1.1	295	0.07	Concordance
law	G2.1	279	0.07	Concordance
security	G2.1	273	0.07	Concordance
state	G1.1	258	0.06	Concordance
politics	G1.2	252	0.06	Concordance
communist_party	G1.2	244	0.06	Concordance
police	G2.1	208	0.05	Concordance
democratic	G1.2	198	0.05	Concordance
communist	G1.2	176	0.04	Concordance
war	G3	157	0.04	Concordance
nation	G1.1	151	0.04	Concordance
authorities	G1.1	149	0.04	Concordance
court	G2.1	143	0.03	Concordance
rule	G2.1	136	0.03	Concordance
forces	G3	128	0.03	Concordance
legal	G2.1	125	0.03	Concordance
nations	G1.1	119	0.03	Concordance
citizens	G1.1	115	0.03	Concordance
prison	G2.1	109	0.03	Concordance
elections	G1.2	106	0.03	Concordance

图 5-8　政府隐喻的网站部分截图

5113 occurrences.			Extend context
f China to recognize the	human rights	of its citizens , to part	1 More | Full
to the leadership of the	Republican	Party in the Senate -Sena	2 More | Full
ican Party in the Senate	-Senator	Dole , Senator Simpson -w	3 More | Full
e Senate -Senator Dole ,	Senator	Simpson -who led this eff	4 More | Full
to all those members who	voted	for the values of justice	5 More | Full
his efforts to establish	democracy	in Panama . A part of thi	6 More | Full
le to build a prosperous	democratic	nation . I 've just met a	7 More | Full
weight with some of the	senators	. <p> Q. Is that the prom	8 More | Full
. Mine . My initiative .	Vote	on China <p> Q. Why was i	9 More | Full
so important to win this	vote	? <p> A. Well I said yest	10 More | Full
on : I think there was a	political	ingredient in it . And no	11 More | Full
r debate ended with both	Senator	Mitchell and Dole salutin	12 More | Full
's a good signal for the	political	fights that - that may li	13 More | Full
ose making calls on this	vote	. <p> A. I hope so . <p>	14 More | Full
. I think there was some	politics	in it . I think there was	15 More | Full
n it . I think there was	politics	in it . <p> Q. Did you ma	16 More | Full
And I say I think I was	elected	to do , in foreign policy	17 More | Full
re over and over again ,	bipartisan	. And I 'm going to conti	18 More | Full
nderstand how it works .	Election	in Panama <p> Q. The elec	19 More | Full
ion in Panama <p> Q. The	election	last May is the one that	20 More | Full
a , yet that 's the same	election	on which the Endara Gover	21 More | Full
time , sir , for another	election	in Panama ? <p> A. Well ,	22 More | Full
has been endorsed by the	Electoral	Commission - they kind of	23 More | Full
en they ought to have an	election	. Army of El Salvador <p>	24 More | Full
vador <p> Q. Several key	Democratic	Senators say they no long	25 More | Full
. Several key Democratic	Senators	say they no longer - they	26 More | Full

图 5-9　“政治”语义域的网站部分截图

Forum on China-Africa Cooperation on Monday. (*The Los Angeles Times*, 2017/08/13)

例［3］的大意是，习近平主席在中非合作论坛的主旨讲话中指出，“中国在非洲的投资并没有附带任何政治条件，不会干涉内部政治，也不会要求人们感到难以实现。”

《洛杉矶时报》引用习近平主席的原话进行报道，然而动机并不单纯。表面上该报在表扬中国的非洲投资政策，即“不带任何附加条件，也不会干涉非洲国家内部事务"，但《洛杉矶时报》似乎是在不怀好意地提醒大众：这仅仅是习近平先生在外交场合的表态和发言，中国在非洲投资实践中究竟有没有干涉非洲内政呢？有没有提出任何附加条件呢？辛斌（2006、2007）指出，新闻语篇引用方式的不同说明新闻报道者的介入程度不同，实际上，新闻语篇的转述言语可以实现多种语篇语用功能，如"引用的目的是为了避免直接表达新闻媒体自己的观点，以体现新闻话语的客观性和真实性，同时又是间接地借他人话语体现自己的观点。有的则是为了和被引用者保持距离，表示对引用内容的保留或反对态度……"（支永碧，2010）。结合当时语境，不难发现，《洛杉矶时报》并非只是为了表达对习近平主席的溢美之词，其言外之意不言自明。笔者在第四章曾经指出，美国媒体很少发自内心地真正赞美中国。该媒体在直接引语中有意识地使用这些隐喻词目总会让人浮想联翩，甚至引发人们对中国政治、经济、外交形象的错误判断。

例［4］：That is going to require political reform — significant and sustained political reform and liberalization…The key variable in China's future is political. The Communist Party must learn how to share power in order to maintain its power. Political hegemony is a certain recipe for relative economic stagnation, increasingly acute social stresses and accelerated political decline of the regime and system. (*The New York Times*, 2016/05/31)

《纽约时报》认为，中国需要政治改革——重要而持久的政治改革和自由化……该报记者认为中国未来的关键变量是政治。共产党必须学会如何分享权力，才能保持自己的权力。政治霸权是经济停滞、日益严重的社会压力、政权和体制加速衰落的必然原因。

该媒体多次使用名词化隐喻"increasingly acute social stresses""economic stagnation""political hegemony""liberalization"来欺骗大众，对中国的政治改革无端质疑。正如有学者所说，在花样繁多的修辞手段中，隐喻机制是一种极具代表性、十分高效的劝谏性策略（孙毅，2009）。美国媒体滥用这些与政治领域密切相关的名词化隐喻来错误地评价中国政治的现状，即中国现有的政治制度存在问题，急需改革，使其"自由化"。在该报记者看来，中国政府应该"分享"（share）自己的权力，避免其所谓的"政治霸权"的出现，只有这样才能够"维持"（maintain）中国共产党的执政地位。这些名词化隐喻帮助美国媒体实现了虚假语用预设的欺骗功能（支永碧，2011、2013）。事实上，美国媒体眼中的所谓"民主""自由"一直备受诟病。极具讽刺意味的是，一直以来，美国两党钩心斗角，为了各自的利益甚至互相谩骂，不顾人民的切身利益，2018年美国政府创纪录的再次停摆，导致政府雇员无法拿到薪水养家糊口，股市无人监管……美国国内危机四伏，深受美国民众的谴责。这就是美国式"民主""自由"的代价。中国共产党领导的多党合作和政治协商制度是中华人民共和国一项基本的政治制度，是中国特色的政党制度，不容他人指手画脚。美国政府和媒体动辄通过《年度国别人权报告》干涉他国内部事务，属于真正的政治霸权，值得批判和揭露（支永碧，2015）。

四、时间隐喻

在《我们赖以生存的隐喻》（1980）一书中，莱考夫和约翰逊将隐喻分为三类，即结构隐喻、方位隐喻以及实体隐喻。结构隐喻指的是用一种概念的结构去构建另一概念的结构，使这两种概念相互叠加，而生活中大部分的时间隐喻一般都属于结构隐喻。时间隐喻包含未来、现在、过去等下义范畴。时间本身具有一定的不可预知性，这一特点为隐喻这一概念的拓展和衍生提供了坚实的基础。政治领导者常常使用时间隐喻，领导者们作为旁观者，其所代表的政治方针和政策成为特定时间的产物，被领导者则是其政治方针和政策的践行者，这样领导者与被领导者之间就建立了亲密无间的伙伴关系，彼此间的距离也会被拉近。此外，时间在一定程度上具有模糊性这一特点，政治家们倾向于利用这一特点来迷惑被领导者，从而达到隐藏的政治目的。图 5-10 为时间隐喻的部分网站截图。

Word	Semtag	Frequency	Relative Frequency	
will	T1.1.3	1138	0.27	Concordance
new	T3-	622	0.15	Concordance
years	T1.3	501	0.12	Concordance
now	T1.1.2	471	0.11	Concordance
still	T2++	308	0.07	Concordance
year	T1.3	251	0.06	Concordance
yet	T1.1.2	226	0.05	Concordance
time	T1	216	0.05	Concordance
today	T1.1.2	212	0.05	Concordance
history	T1.1.1	206	0.05	Concordance
former	T2-	187	0.05	Concordance
recent	T3-	182	0.04	Concordance
last_year	T1.1.1	166	0.04	Concordance
future	T1.1.3	157	0.04	Concordance
began	T2+	144	0.03	Concordance
never	T1	138	0.03	Concordance
already	T1.1.1	136	0.03	Concordance
recently	T3---	125	0.03	Concordance
later	T4--	122	0.03	Concordance
week	T1.3	118	0.03	Concordance
past	T1.1.1	117	0.03	Concordance
old	T3+	110	0.03	Concordance
days	T1.3	110	0.03	Concordance
months	T1.3	109	0.03	Concordance
young	T3-	108	0.03	Concordance
early	T4+	105	0.03	Concordance

图 5-10　时间隐喻的部分网站截图

本章以美国媒体对中国未来的政治形象建构作为重点研究对象，仅选取"未来"（T1.1.3）这一主题语义域进行研究。图 5-11 为"未来"语义域的网站部分截图。

Word	Semtag	Frequency	Relative Frequency	
will	T1.1.3	1138	0.27	Concordance
future	T1.1.3	157	0.04	Concordance
going_to	T1.1.3	103	0.02	Concordance
'll	T1.1.3	65	0.02	Concordance
soon	T1.1.3	57	0.01	Concordance
wo	T1.1.3	43	0.01	Concordance
one_day	T1.1.3	20	0.00	Concordance
next_year	T1.1.3	15	0.00	Concordance
coming	T1.1.3	14	0.00	Concordance
pending	T1.1.3	11	0.00	Concordance
next_week	T1.1.3	10	0.00	Concordance
next_day	T1.1.3	9	0.00	Concordance
upcoming	T1.1.3	8	0.00	Concordance
tomorrow	T1.1.3	7	0.00	Concordance
is_about_to	T1.1.3	7	0.00	Concordance
imminent	T1.1.3	7	0.00	Concordance
next_month	T1.1.3	7	0.00	Concordance
someday	T1.1.3	7	0.00	Concordance
sooner	T1.1.3	5	0.00	Concordance
postponed	T1.1.3	4	0.00	Concordance
next_summer	T1.1.3	4	0.00	Concordance
in_the_long_run	T1.1.3	4	0.00	Concordance
next_time	T1.1.3	3	0.00	Concordance
next_few_years	T1.1.3	3	0.00	Concordance
next_century	T1.1.3	3	0.00	Concordance
futures	T1.1.3	3	0.00	Concordance

图 5-11 "未来"语义域的网站部分截图

例 [5]：Today, China is too important and too rich to risk antagonizing over human rights issues. "I believe he is trying very hard," Trump said of Xi, after the leaders met in April. "He certainly doesn't want to see turmoil and death. He doesn't want to see it. He is a good man. He is a very good man."（The New York Times, 2017/09/06）

例 [5] 中《纽约时报》看似在转述特朗普总统对习近平总书记的肯定和对中国现状的称赞，实则是对中国人权问题的无理干涉和批评。"不能冒因为人权问题而惹怒他人的风险"，这一小句中隐藏一个背景化信息，一般读者容易被前景化信息干扰，从而忽略其中的预设陷阱，一个彻头彻尾的虚假语用预设"中国人权存在问题"。此外，美国媒体用"today"这一具有时间隐喻概念的词与"human rights"连用，此时的"today"不再表示狭义上的"今天"而是指"中国一直长期存在人权问题"，但由于中国现在的地位太"重要"（暗指中国的崛起对美国霸权的威胁），让美媒不再敢冒险公然对中国人权问题说三道四。卡梅伦指出，隐喻可以避免直接表达命题，即从字面上看不出命题，因此不能要求讲话者对所传达的信息负责但是隐喻却昭示着这一不能公开谈论的信息（Cameron，1999）。《纽约时报》利用时间隐喻具有模糊性这一特点，含而不露地批评了中国所谓的"人权问题"，也从侧面渲染了所谓的"中国威胁"，从而达到打击中国在国际社会的影响力以及破坏中国政治形象的目的。

例［6］：For the next five years, Mr. Xi will look to his inner circle to shore up a sluggish economy, eradicate poverty and enhance China's global standing. (*The Los Angeles Times*，2018/07/13)

例［6］中，《洛杉矶时报》通过时间隐喻"未来五年中"和三个物质过程来评价习近平主席的治国理政方略，看起来是在正面评价中国，其实暗含对中国形象不利的评价和判断，即未来五年"中国经济将发展缓慢""中国仍有贫困需要消除""中国的全球地位还不够高"。显然，《洛杉矶时报》有"唱衰"中国的嫌疑，至少在消极地评价中国特色社会主义建设方略。显然，该媒体通过时间隐喻为自己关于中国国家领导人的报道披上了华丽的外衣，妄图凸显自己的清白和无辜，隐藏并弱化对中国的政治偏见，达到丑化中国政治形象的目的。

五、情感隐喻

人类具有丰富而复杂的情感。情感和情绪是人们对客观存在事物所持有的态度以及所作出的行为反应。情感隐喻以一种思维方式存在于人类的语言中，在日常交流中，人们总是借用生动形象的隐喻来表达他们内心的真实情感。隐喻是建立在人类生理体验之上的，是对复杂、抽象的情感进行概念化的重要手段，是情感表达的主要方式（黄孝喜，周昌乐，2006）。图5-12为情感隐喻主题词的部分截图。

例［7］：Because of the state's "unprecedented attack on human rights practice," being a lawyer in China is "a dangerous occupation," the London-based International Bar Association's Human Rights Institute said in one letter. Another, signed by 14 bar associations and professional groups and dozens of individual lawyers, called the grounds for the lawyers' detentions "absent, weak or arbitrary." (*The New York Times*，2016/07/11)

例［7］的大致意思是："总部位于伦敦的国际律师协会（International Bar Association）下属的人权研究所（human rights Institute）在一封信中说，由于中国'对人权践行的空前攻击'，在中国当律师是一种'危险的职业'。另一

Word	Semtag	Frequency	Relative Frequency	
force	E3-	82	0.02	Concordance
violence	E3-	76	0.02	Concordance
threat	E3-	75	0.02	Concordance
attack	E3-	72	0.02	Concordance
abuses	E3-	53	0.01	Concordance
unrest	E3-	41	0.01	Concordance
threats	E3-	37	0.01	Concordance
violent	E3-	34	0.01	Concordance
aggressive	E3-	32	0.01	Concordance
threatened	E3-	31	0.01	Concordance
abuse	E3-	29	0.01	Concordance
angry	E3-	28	0.01	Concordance
attacks	E3-	26	0.01	Concordance
attacked	E3-	25	0.01	Concordance
anger	E3-	22	0.01	Concordance
hit	E3-	22	0.01	Concordance
persecution	E3-	21	0.01	Concordance

图 5-12　情感隐喻主题词的部分截图

份由 14 家律师协会、专业团体和数十名律师签署的文件称，拘留律师的理由是'欠缺的、不充分的或武断的'。"许多新闻语篇看似客观公正实则含而不露地表达各种意识形态意义，对读者产生潜移默化的影响（辛斌，2005；支永碧，2013）。我们可以在例 [10] 中看到，《纽约时报》记者用了"unprecedented""dangerous""absent""weak""arbitrary"等大量具有强烈情感意义的形容词，这些词语表面上是个人情感的表达，实则暗含着对中国所谓人权问题的批评。但事实并非如此，自改革开放以来，中国一直致力于人权的改善和管理，所谓"律师是一种危险的职业"这一情况在中国并不存在，且中国政府并不会在没有确凿证据的情况下随意逮捕或拘留任何律师。美国媒体以情感隐喻的方式，含蓄地影射和夸大中国所谓人权问题的严重性，旨在抹黑中国的政治形象。本例中的互文性表达也令人怀疑，"dozens of individual lawyers"究竟是谁？显然，使用身份不明者的话语表达观点，可以帮助媒体推卸责任，其真实性令人怀疑。

例 [8]：The new rules call for more stringent accounting practices at religious institutions, threaten "those who provide the conditions for illegal religious activities" with fines and confiscation of property, and require the many privately run seminaries in China to submit to state control. (*The New York Times*, 2016/10/09)

例 [8] 的大意是："中国政府制定的新规定要求对宗教机构实行更严格的会计制度，对'为非法宗教活动提供条件的人'威胁将处以罚款和没收财产，并要求中国许多私营的神学院服从国家管控"。言语交际中，言者可以利用虚假语用预设，可以在非常隐蔽的情况下抢占先机，将自己的预设强加给听者，使听者不得不接受明知是虚假的语用预设，从而实现说话人对话语的控制（支永碧，2010）。例子中的"more stringent"是建立在一个虚假语用预设的基础上的，即"中国对宗教机构的管控本身就是严格的"。美国媒体利用这一虚假的语用预设，在美国及其他国家人民不了解中国的情况下，抢先将自己对中国政治的虚假语用预设强加给他们，从而实现对话语的控制。

此外，美国媒体通过使用"threaten"这一具有消极意义的动词，表达中国政府对宗教活动的"打压和粉碎"，暗指中国共产党不允许一切不利于其执政党地位的不稳定因素出现。中国共产党"表面上宣称中国人民信仰自由，实际上却对宗教机构和活动进行打压和粉碎"，通过情感隐喻的使用，美国媒体故意歪曲事实，污蔑中国共产党的所谓"一党专政"，对中国共产党领导的多党合作和政治协商制度却视而不见，以实现对中国政治形象抹黑这一目的。

例 [9]：The Trump administration is moving deliberately to counter what the White House views as years of unbridled Chinese aggression, taking aim at military, political and economic targets in Beijing and signaling a new and potentially much colder era in U.S.-China relations. (*The Wall Street Journal*, 2018/10/12)

例 [9] 的大意是："特朗普政府正仔细考虑采取措施反击白宫认为的中国多年来肆无忌惮的侵略行为，瞄准北京的军事、政治和经济目标，预示着美中关系将迎来一个新的、可能更冷的时代"（《华尔街日报》，2018/10/12）。

对情感隐喻进行识别时，我们主要从两个角度出发，第一个是显性情感隐喻，即将情感隐喻的识别看成一个分类问题，依赖如"像"等隐喻触发词获取部分样本，实现对情感隐喻的识别（Jackendoff，1983）。此外，对于没有显性情感隐喻的句子则直接分析其蕴含的情感，最后挖掘出陈述者的情感倾向性。例 [9] 中，《华尔街日报》通过情感隐喻评价中国的政治、经济、军事战略和美国的反制措施。其中针对中国的显性情感隐喻"unbridled""aggression""colder"等多表达消极的评价意义，负面地建构中国国家形象，而针对美国的显性情感隐喻"deliberately"（深思熟虑）"counter"（反击）多表达积极的评价意义。美国媒体的意识形态偏见由此可见一斑。美国媒体就是典型的"贼喊捉贼""混淆是非""歪曲事实"。所谓的"侵略"或"冷战"正是美国政府自己。美国特朗普政府的贸易保护主义思想和新冷战思维遭受世界各国的反对和谴责。

第五节 本章小结

本章通过在线语料库工具 Wmatrix 对自建"美国媒体涉华政治话语"语料库中隐喻的使用进行研究。通过对语料库进行分析发现，美国主流媒体在对"中国政治"进行报道时，根据它们不同的政治目的使用了多种不同的隐喻，但这些隐喻大多表达了同一个"歪曲事实的错误"主题，即中国的政治与民主无缘，中国政府一直在强烈"压榨"和"打压"中国人民。这些隐喻帮助美国媒体恶意构建一个强权政治下毫无民主可言的中国政治形象。美国媒体这样片面地报道中国政治，歪曲丑化中国在国际社会中的政治形象，其实是对中国政府表示畏怯，担忧中国崛起对美国霸权形成挑战。此外，中国的人权问题也一直是美国媒体关注的主要对象，他们的歪曲报道时常引起其他某些国家的强烈共鸣，导致中国在国际人权领域一直处于不利的地位。这一现象值得中国学界高度重视和警惕，并予以充分揭露和深刻批评。这也正是本研究的出发点。当然，美国媒体的报道也使中国政府高度重视国内的人权问题，并"对症下药"采取了很多有效的措施。因此，中国在国际人权领域的话语权也在逐渐增强。

Wmatrix 通过以源域为基础对自建小型语料库进行检索，将主题性分析功能与全方位扫描功能相结合，最大限度地提取语料库中存在的隐喻字符，但是对于隐喻的分析还是必须要通过人工进行。尽管如此，本章通过将 Wmatrix 与概念隐喻理论和批评性隐喻分析相结合，弥补了 Wmatrix 存在的缺口，保证了研究结果的可靠性和真实性。

第三部分
系统功能语言学视角的中国形象研究

第三部分

系统仿真与高等学校科学研究管理决策

第六章

基于语料库的美国媒体中国科技形象建构研究

第一节 引言

新闻报道通常要求公正、时效、真实,但其中也隐藏着一些撰稿人自己或他人的观点。科技新闻报道中也同样存在着态度的表达,因此研究科技新闻话语中的评价理论能够帮助我们更好地理解新闻话语中蕴含的真正态度和意图。

改革开放40多年,中国的国际贡献逐渐得到世界认可。航空、航天、交通、医学等诸方面的科技进步造福了中国,也便利了世界,中国也逐步从"中国制造"迈向"中国创造","中国速度"迈向"中国质量","中国产品"迈向"中国品牌","中国科技"日益成为提升中国形象的闪亮名片。国际媒体越来越关注中国科技的相关报道,但部分媒体的涉华科技报道似乎缺乏一定的客观性和公正性,有些报道甚至故意歪曲中国的科技形象,值得我们高度关注并开展深入的批评性话语分析。鉴此,本研究收集《纽约时报》涉华科技报道60篇,从评价理论的态度系统出发,创建小型标注语料库,探究美国媒体关于中国科技形象的话语建构,以便深入揭示美国媒体涉华科技报道背后蕴含的话语霸权、偏见、话语隐性控制等意识形态,以丰富中国形象研究的现有成果,并进一步拓展批评性话语分析研究的理论视野。

第二节 研究设计

一、研究对象

本研究选取的语料是 197 篇科技新闻报道:其中国内新闻来自《中国日报》,共 137 篇,68866 字符;美国新闻来自《纽约时报》,共 60 篇,64499 字符。这 197 篇新闻报道均为中美报纸网站中 "Technology" 栏目下关于中国科技的文章。

二、研究方法

研究方法采用定量研究和定性分析相结合的方法,定量研究用于解析态度资源的分布情况及其均衡性;定性研究旨在分析态度资源分布的深层动因及其意识形态意义。

三、研究过程

第一步:语料搜集:从中美新闻网站下载有关中国科技的新闻报道共 197 篇。

第二步:语料标注

进入北外在线语料库下载 BFSU Qualitative Coder 1.2 标注工具对相关语料进行标注,软件界面如图 6-3:

如图所示,第一栏是介入子系统,第二栏是态度子系统,第三栏是级差子系统,由于本文只讨论态度子系统,因此标注时只需标第二栏的内容,即情感、判断和鉴赏。具体步骤为打开需标注的某一 txt 文档,点击 Code List 并选择文件夹内第一个 codelist01_ appraisal,随后便对相应的表达进行标注。标注的具体操作为选定需标注的单词,点击标题栏中的情感/判断/鉴赏,或右击该词选择下拉菜单里的情感/判断/鉴赏。

第三步:数据统计

标注完语料之后,借助 AntConc 软件分别统计中美科技报道中情感、判

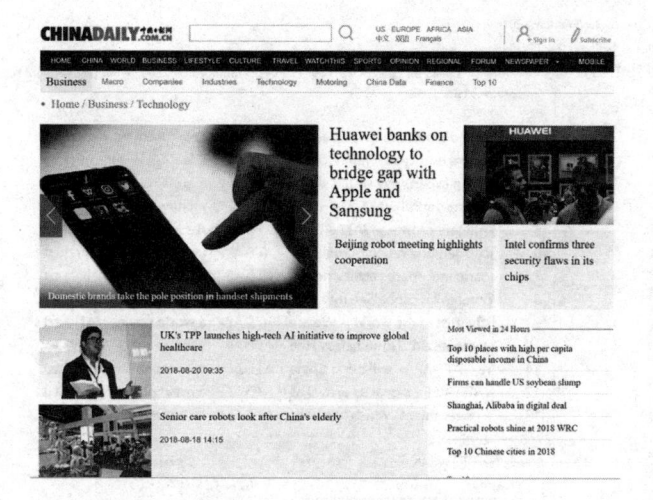

图 6-1　中国日报网页示例

图 6-2　纽约时报网页示例

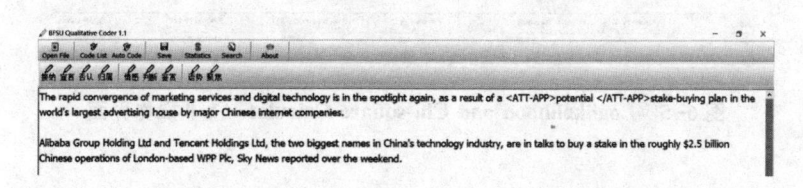

图 6-3　BFSU Qualitative Coder 1.2 操作界面

断、鉴赏的频次，软件界面见图 6-4：

如图 6-4 所示，首先导入所有 txt 文件，输入〈ATT-APP〉（鉴赏）或

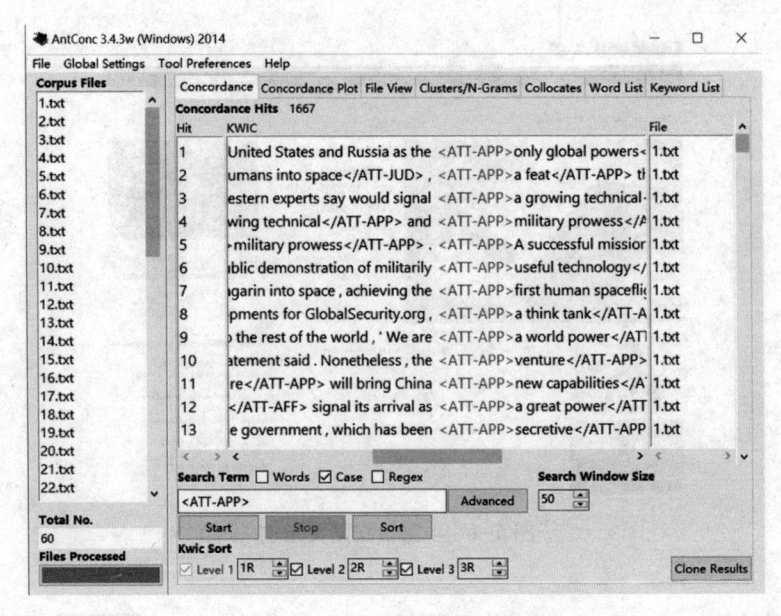

图 6-4　AntConc 软件操作界面

〈ATT-AFF〉（情感），〈ATT-JUD〉（判断）并点击 Case 和 Start 来检索各个组建元素出现的频次，重复该步骤，得出所有相应数据。

第四步：数据处理

进入北外语料库，下载 Loglikelihood and Chi-square Calculator 1.0，对数据进行统计。软件工作界面见图 6-5：

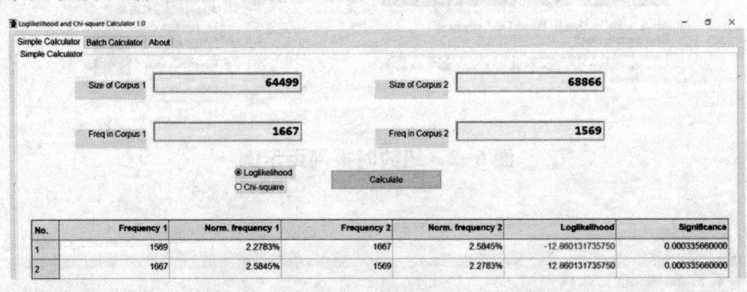

图 6-5　Loglikelihood and Chi-square Calculator 1.0 操作界面

如图 6-5 所示，第一行为语料库的总字符，第二行为各个组建元素出现的频次，分别输入相应数据并点击 Calculate 开始统计，重复该步骤，得出所有相应数据。检验结果中的卡方值即 log likelihood 值，如果为负值，说明第一个数据小于第二个数据，需将两个数据置换；P 值即图中的 Significance 值，

136

当 P>0.05 时表示经济学意义上差异性不显著,当 0.01<P<0.05 时表示经济学意义上差异性显著,当 P<0.01 时表示经济学意义上差异性极为显著。

四、研究问题

通过对选取语料的汇总分析,本研究旨在解决以下 3 个问题:
(1)《纽约时报》涉华科技报道中态度资源的使用特点如何?
(2)这些态度资源帮助建构了怎样的中国科技形象?
(3)美国媒体为何如此建构中国的科技形象?

第三节 分析与讨论

一、研究结果

(1)借助 AntConc 软件统计得出《纽约时报》和《中国日报》中三个态度子系统的各自频率,并对这些标注的内容进行正面/负面的划分,得出以下数据,见表 6-1:

表 6-1 中美媒体的态度子系统分布情况

次数	媒体	《纽约时报》			《中国日报》		
		正面	负面	合计	正面	负面	合计
情感		136	169	305	128	48	176
判断		421	642	1063	633	355	988
鉴赏		952	715	1667	1204	365	1569
合计		1509	1526	3035	1965	768	2733

(备注:本组数据仅局限于本研究的科技新闻报道,正面与负面的划分也只局限于个人的认知与判断,有待进一步证实或证伪。)

(2)借助 Loglikelihood and Chi-square Calculator 软件对统计数据进行卡方检验得出以下结果,见图 6-6 和图 6-7:

为了判断中美媒体中态度系统的分布情况,对 AntConc 软件统计得出的

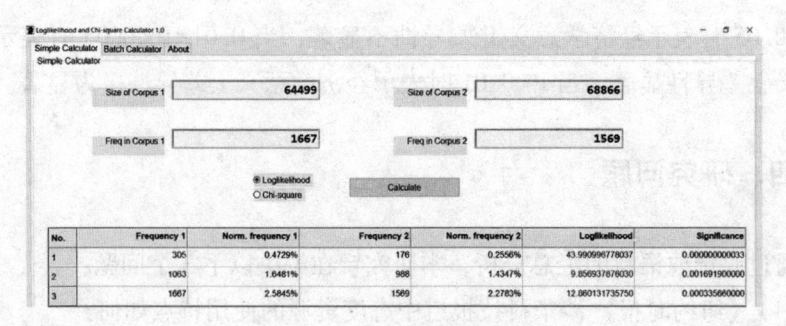

图 6-6　横向卡方检验结果

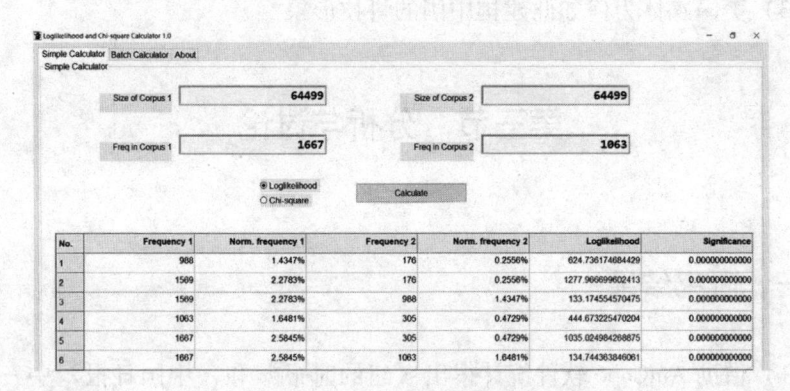

图 6-7　纵向卡方检验结果

数据进行卡方对比，其中涉及横向对比和纵向对比，即《中国日报》和《纽约时报》中态度子系统的横向对比，以及《纽约时报》中态度子系统的纵向对比。

二、《纽约时报》中态度子系统的纵向对比研究及归因

如表 6-2 所示，情感元素的使用次数为 305，占态度子系统总量的 10%；判断元素的使用次数为 1063，占比 35%；鉴赏元素的使用次数为 1667，占比 55%。另外，在情感元素中，正面的评价次数为 136，占比 44.6%，负面的评价次数为 169，占比 55.4%；在判断元素中，正面的评价次数为 421，占比 39.6%，负面的评价次数为 642，占比 60.4%；在鉴赏元素中，正面的评价次数为 952，占比 57.1%，负面的评价次数为 715，占比 42.9%。我们可以从下图清晰地看出各个元素分布的差异：

表 6-2 《纽约时报》中态度子系统的纵向对比研究

正面/负面 态度子系统	正面	负面	合计
情感	136 44.6%	169 55.4%	305 10%
判断	421 39.6%	642 60.4%	1063 35%
鉴赏	952 57.1%	715 42.9%	1667 55%
合计	1509 49.7%	1526 50.3%	3035 100%

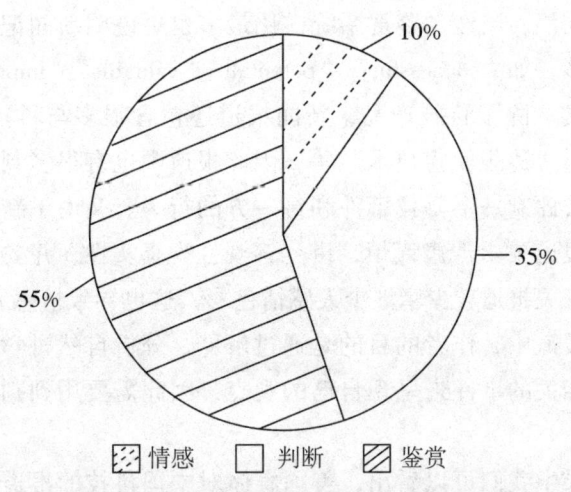

图 6-8 《纽约时报》的态度子系统分布情况

根据图 6-8 显示，鉴赏子系统占比最大（55%），情感子系统占比最小（10%），而判断子系统居中（35%）。为了清楚地了解这三个态度子系统在语料库中如何分布，我们必须使用 Loglikelihood and Chi-square Calculator 软件进行卡方检验，看看在同一语料库中每一个子系统是否存在显著差异。将美国新闻语料库中的三个态度子系统的频率导入软件后，我们得到卡方检验的结果如下：

表6-3 《纽约时报》态度子系统的纵向对比（卡方检验）

态度系统	Chi-square	Significance
情感和判断	444.673225470204	0.000000000
情感和鉴赏	1035.024984268875	0.000000000
判断和鉴赏	134.744363846061	0.000000000

根据表6-3，我们可以清楚地看到每一个卡方检验的P值（P=0<0.01），这表明在美国新闻语料库中，三个态度子系统都存在统计学意义上的显著性差异。

根据马丁（Martin，2000）的理论，鉴赏系统涉及事物和现象的评价，成为中美科技报道的主要评价维度，因为科技报道涉及新科技、新产品以及科技公司的文章比较多，而对于这些事物的介绍需要大量的形容词，其中也不乏表达态度的词汇。当然，鉴赏系统占比最多也更说明新闻记者对中国科技的审美评价更多，如"successful""potential""valuable""important"等表达肯定的审美鉴赏。除了科技产品，新闻报道还包含很多与科技相关的事件，如"技术剽窃""违规兜售技术"等，因此报道中也有很多判断元素从道德和法律等方面去评判一个科技事件和每一方的行为。又由于新闻报道本身的特点，即科技报道要求严肃谨慎，讲究客观性、真实性，并要具备一定社会说服力，因此有关报道较少牵涉个人感情色彩，这也导致情感元素占比最低。此外，在科技报道中，作者的目的是通过解释、分析自然科学和社会科学或者评判与科技相关的事件来呈现自己的观点，因此需要用到判断和鉴赏的概率高于情感。

从分析结果中我们可以看出，美国媒体对中国科技的报道存在大量的态度资源，说明美国媒体对中国科技的关注度很高，但其中含有不少表达负面意义的评价词语，如图6-9所示：

根据图6-9我们可以看出，在情感子系统和判断子系统中，负面的评价均高于正面的评价；而在鉴赏子系统中，正面的评价高于负面的评价。原因大致可归纳为三点：第一，《纽约时报》在评价中国科技时竭力使自己的语言表达显得客观公正，不带明显的个人情感与偏向性，情感子系统中评价词汇的正负面占比差别不大；第二，判断是对行为的态度，或钦佩或批判，或表扬或谴责。而美国媒体对中国的科技一直以来都持负面的看法，它们普遍对中国的科技有着一些难以改变的坏印象，比如"抄袭""山寨"等，而这些

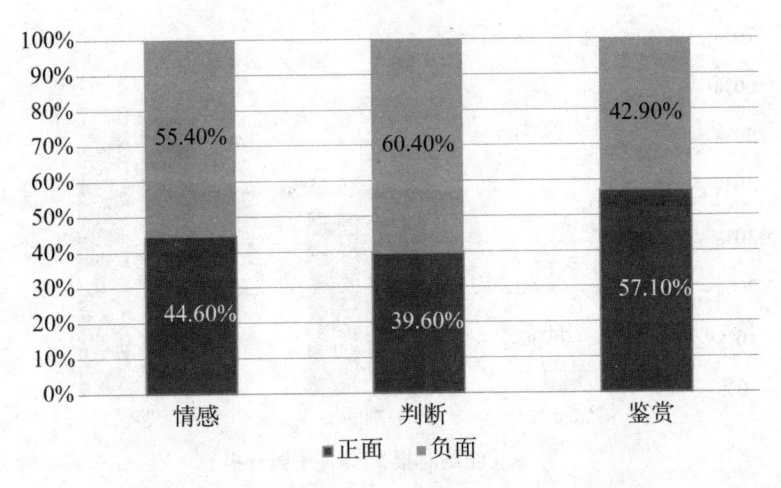

图 6-9 《纽约时报》的态度系统正面/负面评价百分比

印象体现在了一些新闻报道中,并且得到广泛的关注;第三,鉴赏是我们对事物的评价,包括我们对事物的反应、该事物的构成及其价值。在鉴赏子系统中,评价的对象大多是一些高科技产品,这时候的报道则偏向于说明性质的文章,语言相对来说更加客观一点,正面的评价也相对多一点。

从分析结果我们不难发现,美国媒体对中国科技的报道使用较多的负面评价词汇。当然,中国也不乏高科技产品,如高铁、手机支付等,但美国似乎不注重报道这些内容,甚至觉得中国的这些科技成就是无足轻重的。这些评价有意构建负面的中国科技形象,将中国塑造成一个科技上依靠其他国家、思想上故步自封的发展中国家。

三、中美报道中态度子系统的横向对比研究及归因

表 6-4 中美报道中态度子系统的横向对比

媒体 \ 态度系统	情感	判断	鉴赏
《纽约时报》	305(10%)	1063(35%)	1667(55%)
《中国日报》	176(6.44%)	988(36.15%)	1569(57.41%)

在上一节,我们纵向地分析了这三个态度子系统。在本节中,我们将对这两个语料库中的三个态度子系统进行横向分析,以了解这两个语料库中态

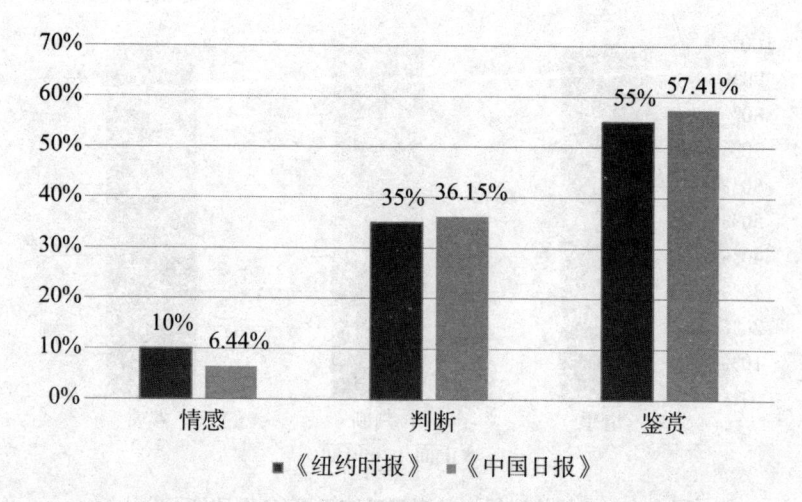

图 6-10 《纽约时报》和《中国日报》中态度子系统分布对比

度子系统的使用是否存在统计学意义上的显著性差异。为了达到这一目的，我们必须首先进行卡方检验，以对表 6-4 中的上述数据进行对比分析。本研究将分别对这三个态度子系统进行对比分析。通过比较，我们可以更好地了解中美新闻报道中态度系统的异同。经过三个态度子系统的卡方检验，得到如下结果（见表 6-5）。

表 6-5 中美媒体中的态度子系统卡方检验

中美媒体的态度系统	Chi-square	Significance
情感	43.990996778037	0.000000000033
判断	9.856937876030	0.001691900000
鉴赏	12.860131735750	0.000335660000

根据表 6-5，我们可以很容易看到：

（1）两种语料库的情感子系统有统计学意义上的显著性差异（P = 0.000000000033<0.01）；

（2）两个语料库的判断子系统有统计学意义上的显著性差异（P = 0.001691900000<0.01）；

（3）两个语料库的鉴赏子系统有统计学意义上的显著性差异（P = 0.000335660000<0.01）。

根据图 6-10 和表 6-5 所示，我们可以看出科技新闻报道中态度子系统的异同。首先，频次居于首位的是鉴赏，中美分别占了整个判断系统的 57.41%

和55%。其次，居于第二位的是判断，中美分别占了36.15%和35%。最后居于末位的是情感，中美分别占了6.44%和10%。此外，情感的P值最低，为0.000000000033，差异性极显著。鉴赏的P值排第二，为0.000335660000，差异性极显著。P值最高的为判断，差异性极显著。不仅如此，我们还可以从表6-5中看出，不论是情感、判断还是鉴赏，《纽约时报》都比《中国日报》使用次数多。

总的来说，首先，在收集语料时，美国新闻报道的篇幅都很长，导致语料库字数相近的情况下，美国报道只有60篇，而《中国日报》却有137篇，除去每篇的标题或者开头结尾一些与文章内容相关度不是很高的文字，《中国日报》科技语料库的实际字数要少于《纽约时报》。其次，不论是平时说话还是书面表达，美国人喜欢单刀直入，不会拐弯抹角说一些与内容关系不大的客套话。与美国人的开门见山不同的是，中国人喜欢寒暄几句，绕个小弯，之后再进入正式话题。因此，除去这些客套性质的话语，中国语料库的文字又减少了不少。再次，在《中国日报》的新闻报道中，出现了大量的中国科技公司，并且以全称显示，例如"China Petroleum & Chemical Corporation, PetroChina Company Limited, and China State Construction Engineering Corporation Limited still took the first three places, unchanged from last year.（By Yu Xiaoming, 2018-07-11）"一句话中出现了两个公司的全称，占了很大篇幅，而这个现象在美国科技报道中是不多见的。最后，美国以英语为母语，对英语的掌握肯定比中国人好，再加上美国人崇尚所谓的"言论自由"，这就会导致文章中会出现大量的态度系统的元素。

细分下来，从情感角度说，中国使用的频率小于美国。除了上述原因，还有一点就是，中国人更加严谨，对新闻报道文字使用的要求也更高，语句表达更加官方，因此很难从一篇新闻中体会到撰稿人的情感。从判断角度看，判断系统指的是根据伦理、道德和社会规约来评论人的行为，而中国人受儒家思想的影响，更多秉持的是"中庸"的态度，并且表达委婉，因此，判断子系统使用的频率也比美国低。从鉴赏角度说，中国媒体报道中不乏鉴赏类表达，但整体上还是低于美国媒体报道，很大程度上就是因为上述所说中国报道中客套、铺垫以及官方的话语过多，从而影响正文的篇幅，而整个文章篇幅又大大小于美国报道，因此便导致了此类差异的产生。

另外，从图6-10中还可以看出中美涉华科技报道中态度子系统的占比情况，即在《纽约时报》中，情感元素占比高于《中国日报》，判断元素和鉴赏元素均低于《中国日报》。原因是中国的报道相对于官方，很少表露个人情感，但在一些具体产品或事件上又毫不吝惜自己的评价，尤其是对本国科技的报道，涉及中国国家形象的建构，自然是着重加以正面的评价。而美国涉华科技报道中情感元素占比较高的主要原因则是崇尚"言论自由"的美国人相对来说言论比较随意，导致报道者的主观思想表达相对多一点，但同时也导致各个判断子系统中负面用词相对较多，如图6-11所示：

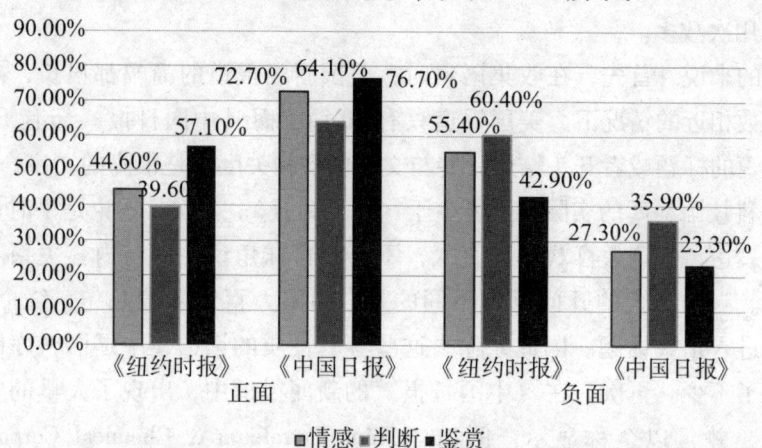

图 6-11 《纽约时报》和《中国日报》的态度系统正面/负面评价百分比

如图6-11所示，《纽约时报》中，情感判断鉴赏三个子系统的正面评价占比均比《中国日报》的占比低，且分别低28.1%，24.5%，19.6%。原因大致如下：第一，美国作为一个超级大国，其科技发展以及其他各方面发展都是领先于世界的，对中国这样的发展中国家难免会存有一些偏见，因此负面词汇较多；第二，中国近几年来的发展十分迅速，美国政府担心中国有可能撼动他的国际地位，甚至还为此提出了"中国威胁论"，为了降低这些"威胁"，使用新闻媒体作为工具来报道有关中国的负面形象是再合适不过了。第三，美国社会崇尚所谓的"人权"与"言论自由"，与中国人相比，美国公民的言论相对比较随意。作为政府喉舌的美国媒体，在建构中国科技形象时出于自身的意识形态动机将不可避免地受到这种价值观念的影响。以上三点应该是导致美国媒体涉华科技报道负面评价相对较多的主要原因。

此外，从分析中我们可以看出，美国媒体涉华报道中的负面用词明显高于中国媒体，说明他们旨在故意建构负面的中国科技形象，以达到一些不可告人的政治目的。也说明，中国新闻媒体注意从国家利益出发、密切关注舆论导向，并有意识地使用积极词汇正面建构中国的科技形象。

第四节 《纽约时报》涉华科技报道的态度系统分析

一、情感系统

例[1]: Companies that could prove they were **willing** to invest in industrial robots…could win subsidies and tax breaks. (2018-07-04, *New York Times*)

例[1]中粗体部分译为"愿意",属于情感系统中的非现实型维度,该句大意是,"那些能证明愿意投资工业机器人的公司可以赢得补贴和减税"。说明公司对机器人的发展是持肯定态度的,并且它们很乐意投资工业用机器人,而且国家对机器人产业也是大力支持的并且制定了一些相关的优惠政策。这也体现了中国的机器人行业正逐步走向正轨,美国媒体通过情感系统的使用成功塑造了一个拥有高科技并敢于为高科技投资的正面积极的中国形象。

例[2]: As tensions rise between the United States and China in the high-tech realm, even a merger…has become entangled in **fears** about losing international competitiveness. (By Raymond Zhong, 2018-04-30, *New York Times*)

例[2]中粗体部分译为"害怕",属于情感系统中的非现实型维度,该句大意为,"随着美国和中国在高科技领域的紧张关系加剧,甚至两家美国无线运营商的合并企业也陷入了对失去国际竞争力的担忧"。这句话中,作者不直接对中美摩擦进行评判,而是通过描写在这种摩擦中小公司的担忧,突出事件的危害性,表明在中美有关高科技领域紧张局势加剧的情况下,美国公司对这种现象的评价是负面的,它们害怕因为这个局势而失去国际竞争力。也从正面说明了中国的国际影响越来越大,《纽约时报》在这篇报道中使用态度子系统塑造了一个日益强大的中国科技形象。

例[3]: Didi Chuxing **wanted** to make sure its car-pooling service was absolutely **safe** for female passengers. (By Elsie Chen and Mengxue Ou, 2018-07-14, *New York Times*)

例[3]中第一个粗体部分译为"想要",属于情感系统中的非现实型维度;第二个粗体部分译为"安全的",属于现实型维度。该句大意为"滴滴出行"想确保它的顺风车对女性乘客绝对安全。作者的态度实际上是中立的,使用两个情感子系统表明"滴滴出行"十分希望确保其出行服务让女性乘客感到绝对安全，但暗藏了"滴滴出行"可能存在的危险，也表明了"滴滴出行"想要积极地改变这种现状，给乘客带来安全的出行服务。美国媒体报道中国一家公司的丑闻，虽然表面上态度中立，但带来的效果却恰恰相反，会让美国读者认为中国不够安全，产生中国科技发展不仅落后于美国而且还危险重重，塑造了一个负面的中国国家形象。

例 [4]：And while he has said he **admires** the strength of the United States, Mr. Wang has also been deeply **wary** of American power. (By Paul Mozur, 2017-12-03, *New York Times*)

例 [4] 中第一个粗体部分译为"钦佩"，属于情感系统中的现实型维度；第二个粗体部分译为"谨防的"，属于非现实型维度。整句的意思是，虽然他说他钦佩美国的力量，但也对美国的力量深感警惕。说明美国媒体在报道中国科技时，有意抬高美国的影响力，觉得中国人对美国的科技既钦佩又害怕，同时也从侧面说明了中国的科技不如美国，塑造了中国科技不够发达并且依赖于美国的负面中国国家形象。

二、判断系统

例 [5]：The United States has **barred** China from participation in the space station project over **violations** of…a 1987 multinational agreement to **restrict** the export of space technology that could be used to deliver weapons **threatens** to upstage plans…(*The New York Times*, 2003)

例 [5] 中的粗体部分分别译为"禁止""违反""限制""威胁"，均属于判断系统中的正当维度。该句的大意为，美国已经禁止中国参与空间站项目。因为中国违反了1987年的限制太空技术出口的多国协定，中国的不正当举措会导致不法分子利用空间技术运送武器。在这句话中，报道人一共使用了四个表达正当态度的词语，说明该句是按道德和法律来评价该事情的。首先是美国禁止中国参加空间站计划，其次是中国违反了一项1987年制定的限制航天技术出口的跨国协议，这将给不法分子可乘之机。一方面说明中国的技术不断提高，能够出售相关技术；另一方面旨在说明中国本身违规操作，影响国际秩序。《纽约时报》通过判断系统塑造了中国不遵守国际规约的负面形象。众所周知，这与事实严重不符，用心较为险恶，动机令人质疑。

例 [6]：The thriving tech industry is the epitome of the **so-called** China model, which says people can rise and prosper under tight government control. (By

Yuan Li，2018-06-13，*New York Times*）

例［6］中粗体部分译为"所谓的"，属于判断系统中的诚实维度。该句的大意为蓬勃发展的高新技术产业是所谓中国模式的缩影，说明人们可以在政府的严密控制之下繁荣发展。"So-called"一词带有贬义的色彩，说明对于"政府严密控制的"中国模式，美国媒体是持否定态度的，并且他们不认为在这种模式下还可以兴旺发达，也从另一个层面上批判了中国政府干预经济。在这个新闻语篇中，作者通过使用判断子系统成功塑造了一个负面的中国科技形象。

例［7］：Li Jian ... said mainland companies increasingly saw **strong** intellectual property protections as a tool to help protect inventions and earn royalties overseas.（*The New York Time*，2017-08-14）

例［7］中粗体部分译为"强大的"，属于判断系统中的才能维度。该句的大意为大陆公司越来越多地将强大的知识产权保护作为一种工具来帮助保护发明和赚取海外版税。"strong"说明知识产权的保护力度是非常大的，但用在这句话中却有讽刺的意味，即大陆企业将强大的知识产权保护视为赚取海外版税的工具，从侧面说明他们的着重点不是为了发明而发明，而是为了赚钱而发明，塑造了中国企业"一切向钱看"的负面形象。当然，美国媒体的这种评价大多是一种偏见和歧视，旨在故意夸大和歪曲事实，建构负面的中国科技形象。

例［8］：Even if this doesn't happen, warns the commission, China's **determination** to dominate new industries such as artificial intelligence, telecommunications and computers could lead to economic warfare if China maintains subsidies and discriminatory policies to sustain its firms' competitive advantage.（*The Washington Post*，2018-1-21）

例［8］中的"决心"属于判断系统中的坚韧维度，"主宰""维持""具有竞争性的"等属于判断系统中的才能维度。整句话的大意是，如果中国政府继续采取补贴和歧视政策来维持本国公司的竞争优势，并决心主宰人工智能、大数据等新兴产业，最终可能会导致经济战。通过名词化隐喻"determination"这一所谓的"事实预设"，《华盛顿邮报》旨在污蔑中国政府为了实现自己的目标对本国公司采取了所谓的补贴政策，而对外国公司采取了所谓的歧视政策，与事实严重不符。需要警惕的是，此处的名词化预设极具隐蔽性，可以帮助美国媒体将自己的污蔑或猜忌变成一个虚假的语用预设强加于中国政府，并误导读者，以实现其负面评价的目的。事实上，所谓的

"经济战"即使发生,也绝不会是中国触发的。众所周知,当今世界,特朗普政府的霸权主义、单边主义、贸易保护主义思想备受诟病,美国政府动辄对中国、伊朗、委内瑞拉等发展中国家发动贸易制裁,根本无视世界贸易协定,唯我独尊,我行我素。这才是引发世界贸易纠纷的主要原因。

例[9]: China takes conflicting positions on intellectual property…Underlying those contradictions is a long-held view of intellectual property not as a **rigid** legal principle but as a tool to meet the country's goals. (*The New York Times*, 2018-08-14)

例[9]中粗体部分译为"严格的",属于判断系统中的规范维度。此句的大意为中国对知识产权采取矛盾的立场……在矛盾的背后是一个长期持有的观点,知识产权不是一项严格的法律原则,而是作为一种工具来满足国家的目标。《纽约时报》旨在说明中国缺乏知识产权保护意识。在他们看来,知识产权在中国只是作为实现国家某些目的的工具,更突出了中国存在严重的知识产权问题。该报如此错误地评价中国的知识产权保护现状,语言之中充满偏见和歧视,旨在构建负面的中国科技形象,居心叵测。事实上,2018年中国科技企业华为公司在美国遭受制裁,也离不开美国媒体的推波助澜。

三、鉴赏系统

例[10]: A **successful** mission, especially China's public demonstration of militarily **useful** technology… **achieving** the **first human spaceflight** on April 12, 1961. (*The New York Times*, 2003)

例[10]中的粗体部分分别译为"成功的""有用的""实现"和"首个载人航天",均属于鉴赏系统中的价值维度。根据美国媒体的报道:中国成功完成了一个任务,尤其是中国公开展示了可用于军事的技术……自1961年4月12日苏联首次实现载人太空飞行,中国也于2003年实现了这一伟大壮举。整句话一共使用了四个鉴赏类词语,"successful"说明该任务的结果是成功的,"useful"表明中国公开展示的技术在军事上的用处是很大的,最后两个词组则表明,该技术使得中国实现了第一次载人太空飞行。虽然整句话看起来比较正面积极,即中国的科技进步正逐步被世界认可。但需要指出,"可用于军事目的的中国科技发展"也暗指美国媒体对中国科技发展的些许担忧。一直以来,所谓的"中国威胁论"就是美国为首的西方媒体故意炮制的。

例[11]: The template for Made in China 2025…which calls for greater automation and the **growing** use of 'smart factories' doing sophisticated work with **fewer people**. (*The New York Times*, 2017-11-07)

例［11］中第一个和第三个粗体部分分别译为"越来越多的"和"用更少的人"，属于鉴赏系统中的价值维度；第二个粗体部分译为"复杂的"，属于细节维度。该句的大意为"中国制造2025"需要更高的自动化和越来越多地使用"智能工厂"，即用更少的人做复杂的工作。"growing"说明"中国制造2025"需要使用"智能工厂"的程度之大；后两个词则表明该"智能工厂"是用更少的人做更复杂的工作。这句话中鉴赏系统的使用体现了"中国制造2025"的重要性，它将带领中国走向更加智能化的明天，塑造了一个逐渐强大的中国科技形象。

例［12］：The Dongguan government provided ＄1.5 million in subsidies. It is also **luring** start-ups and helping scientists open research centers to provide more know-how. (*The New York Times*, 2018-07-04)

例［12］中粗体部分译为"吸引"，属于鉴赏系统中的影响维度。此句的大意为东莞政府提供150万美元的补贴，这吸引了新企业并帮助科学家开设研究中心以提供更多的技术。该报道体现了东莞对科技产业的支持，以小见大，中国政府对科技产业也是大力支持的，正面构建了中国的科技形象。此外，政府提供的这些补贴也起到了积极的作用，造就了众多新科技企业并使科学家贡献更多的知识，为东莞的科技发展奠定了较好的基础，在该例中引用鉴赏系统成功塑造了中国勇于向科技产业注入资金并加强科技建设的正面国家形象。

例［13］：On the whole, though, ZTE is known in Africa for **high** quality and good service, said Dobek Pater, a telecom expert at the research firm Africa Analysis. (*The New York Times*, 2018-5-10)

例［13］中粗体部分译为"高质量的"，属于鉴赏系统中的质量维度。此句的大意为中兴在非洲的知名度高，因为其质量高服务好。"high quality"说明中兴产品质量上乘，因而在非洲享有很高的声望。作者通过鉴赏系统的使用，正面建构了中兴公司的形象，中兴作为中国较大的科技公司，也代表了整个国家积极正面的科技形象。但此评价仅仅局限于非洲，也从另一个层面说明中兴在美国的知名度还不是很高，体现了在当时发生的中美贸易战中，中国的损失要远远大于美国。

例［14］："China is, in my view, a highly **successful**, highly **productive**, highly **creative** society and we should be working together to have strong mutual economic relations," Sachs told Newsweek. (*The Newsweek*, 2018-09-05)

例 [14] 中 "successful" "productive" "creative" 均属于鉴赏系统中的价值维度。该句话的大意是，萨克斯认为，"中国是一个非常成功、非常多产、非常具有创造力的国家，美国应该和中国并肩作战，从而建立更为强大的中美经贸关系。"虽然《新闻周刊》通过直接引语转述了萨克斯的观点，保留了适当的距离，但结合当时语境不难发现，《新闻周刊》正面建构了中国形象。

例 [15]：China has undoubtedly made **more progress** than many of its developing peers in that race. Its tech industries have grown at a **faster** pace and achieved a **global scale** beyond those of most developing countries. (*The Washington Post*, 2018-08-22)

例 [15] 中 "more progress" "a faster pace" "a global scale" 属于鉴赏系统中的质量维度。该段话的大意是，与其他发展中国家相比，中国取得的进步更大，中国的科技企业成长更快，发展规模更大。《华盛顿邮报》通过鉴赏系统的使用，正面建构了中国科技形象。

第五节　本章小结

本研究以评价系统之态度系统为主要的分析框架，语料标注为主要手段，运用 AntConc 和 Loglikelihood and Chi-square Calculator 软件作为数据收集与分析的工具，并结合图表和具体案例，探讨了《纽约时报》《华盛顿邮报》《新闻周刊》等美国媒体的涉华科技报道中态度资源的使用特点及其动因。本研究初步发现：

（1）《纽约时报》涉华科技报道中，情感元素占比最低，判断元素次之，鉴赏元素占比最高，并且每一项数据均高于《中国日报》。导致三个元素使用频率存在差异的原因主要是科技新闻报道的性质，一是新闻本身的性质，新闻讲求严谨真实，导致情感元素占比最低；二是科技报道的性质，科技报道大多介绍技术、产品、科技公司以及与科技相关的大事件，导致判断元素占比第二，鉴赏元素占比最高。导致《纽约时报》涉华科技报道中每一项数据均高于《中国日报》的原因如下：首先，相同篇幅条件下，跟文章密切相关的中国媒体报道的字数少于美国媒体报道，因为中国人含蓄委婉，喜欢用客套话对文章进行铺垫，而且文章中还有大量的科技公司和人名的全称占用篇幅；其次，中美两国媒体均使用评价资源表达意识形态，但《纽约时报》记者更善于通过各种态度资源评价中国科技发展，毫不隐讳自己的观点，而中国的文化传统一直崇尚谦虚含蓄，因此，中国媒体不太喜欢大胆直接地夸奖中国科技发展所取得的辉煌成就，相反，还自谦含蓄地指出自身的很多不足。在这个意义上，中国媒体应该在一定程度上借鉴美国媒体，通过话语体系创新机制有效传播和维护中国的国家形象，大胆地宣传自己，并与西方媒体的话语霸权和偏见做斗争。这也正是本研究的出发点。

（2）通过情感、判断和鉴赏三个态度资源，美国媒体总体上建构了一个拥有少许高科技但"山寨""盗版"等事件频现的中国科技形象。

（3）美国媒体建构中国的科技形象其原因大致可归纳为两点：首先，中国近年来科技发展十分迅速，美国政府、媒体和智库学者担心中国有可能威胁到美国的世界霸主地位。因此，美国在用实际行动打压中国的同时大肆地渲染中国的负面新闻，丑化中国科技形象，影响国际舆论；其次，从本质上说，美国媒体旨在从意识形态视角出发，污蔑或丑化中国的硬实力发展，削弱中国的软实力建设，从而加深世界人民对中国的误解，并最终影响中国国际话语权的提升。

第七章

中美媒体关于中国国防的话语建构

第一节 引言

  当今时代，国家形象已是决定国家地位的重要标准之一。中国近年来各方面发展迅速，正在成为一个具有全球影响力的大国。但与此同时，中国所承受的各界关注的目光也越来越多。中国军事形象在不同媒体报道中也有好有坏。而国内也有很多学者开始对国际上的中国军事形象进行研究，如：国际媒体对中国军事形象的构建（周文 2007；姜玮 2008；胡立宾 2010；李远哲 2014；刘开骅 2012 等），西方国家对中国军事政策的研究（钱立勇 2013；李志东 2001；庞兴国 2016）。中国军事形象对中国外交的影响（汪红伟 2009）等。上述研究都从具体政策、事件、言论等角度，深刻探讨了他国对于中国军事形象积极或负面的构建，却鲜有学者从系统功能语言学的及物性角度对中美媒体的涉华军事报道进行批评性分析和对比研究。

  现在，越来越多的语言研究者开始重视语料库语言学对于语言研究的作用。大量的语料库研究项目及基于语料库的语言研究正迅速发展（如 Shi Guang, 2014; Iliana, 2001; Henry 等, 1995; Ryder, 2006）。"语料库在口语研究中的作用有两个方面：第一，它能提供空前广泛的口语素材，使对口语的概括和对特定语言内方言变异的研究成为可能。第二，其提供的是自然真实的而非人工条件下产生的话语。这就保证了语料库所提供的语言现象是真实存在的，并能准确反映实际生活中真正使用的语言的特点"（梁旭红，2001）。而语料库对书面语篇分析的价值也获得学界一致好评。

  "批评语言学坚持以语言学为主体，为社会语言学发展提供新的视角和方法"（姜洁、辜同清 2000）。本研究自建美国媒体涉华军事报道语料库，并研究其及物性，以揭示美国媒体涉华军事报道话语背后的意识形态，从而深刻了解媒体话语的及物性选择对中国军事形象构建的影响。

第二节 研究设计

一、研究对象

本研究以美国媒体的中国军事形象建构为研究对象，创建了两个对比语料库，旨在更好地分析美国媒体涉华军事报道中隐藏的意识形态。

本研究首先搜集美国涉华军事报道，创建了70531字符的语料库。美国涉华军事报道主要来源于美国十大媒体：The New York Times、Time、CNN、NBC、CBS、FOX、Newsweek等。另外，本章还创建了63021字符的中国媒体涉华军事报道对比语料库，主要来源于中国最具影响力的《中国日报》（China Daily）和《环球时报》（Global Times）的军事专栏。本章创建两个语料库，从横向与纵向两个角度对比研究中美媒体的涉华军事报道，旨在为本领域的研究提供参考和启迪。

二、研究问题

本研究试图解决以下几个问题：
（1）美国媒体涉华军事报道的及物性系统具有哪些特点？
（2）它们建构了怎样的中国军事形象？
（3）美国这样构建中国军事形象的动因何在？

三、研究工具

本研究运用三个软件：BFSU Qualitative Coder 1.2、Log-likelihood and Chi-square Calculator1.0 和 Antconc3.2.4w。

BFSU Qualitative Coder 1.2（北京外国语大学定性编码器）是2011年北外教授开发的质性数据标注器，可从北京外国语大学网站上免费下载，不仅可进行语篇中语法、语用上的手动标注，还可统计标注体系需要的内容。Antconc3.2.4w是免费的语料库检索工具，适用于语料库语言学、翻译学、外语教学等领域的研究，标注后的过程类型统计将用此软件。Log-likelihood and Chi-square Calculator 1.0 是一款卡方检验工具，一般被用来验证有关数据是否具有统计学意义上的显著性差异。

四、研究方法与过程

第一步：将六大过程编码（如图7-1、图7-2），导入软件，在收集完语料库进行筛选后，需先将语料设置为文本文档格式（TXT），然后在 BFSU Qualitative Coder 1.2 中打开进行标注。分析文本中的每句话，进行标注，本文六个过程都会用不同的符号表示（如图7-3），标注遵循小句子原则，大句中若包含从句，每句中的从句也会进行标注。如：

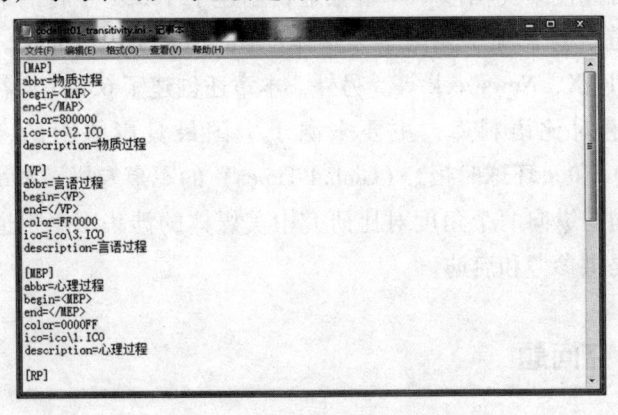

图 7-1　及物性六大过程编码

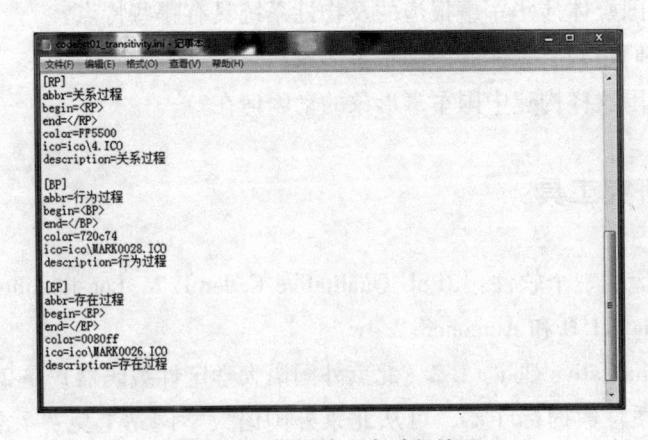

图 7-2　及物性六大过程编码

(1) 〈VP〉Osborn said〈/VP〉that〈RP〉the Chinese were polite and respectful〈/RP〉and〈RP〉"the only unpleasant part" was the interrogations the crew went through and the sleep loss〈/RP〉

在这个句子中,"Osborn said"作为一个小句属于言语过程,第二个从句中的两个小句都是关系过程。

(2)〈RP〉Twelve days ago these guys were on pretty boring duty〈/RP〉and〈MEP〉thinking nobody cares〈/MEP〉.

在这个句子中,第一个句子为关系过程,第二个句子属于心理过程。

(3) Tony has been surprised by a cake.

(4) Are you happy about the surprise?

(5) Were you surprised by Mary's action?

(6) The result was shocking me.

(7) I am said of his death.

(8) The result was shocking to me.

在以上句子中,(3)(5)(6)属于心理过程,(4)(7)(8)属于关系过程。心理过程与关系过程区分容易混淆,主要区别可以分析情感动词的使用与语境。本研究中的语料库标注都遵循上述例句中的六大过程标注方法。

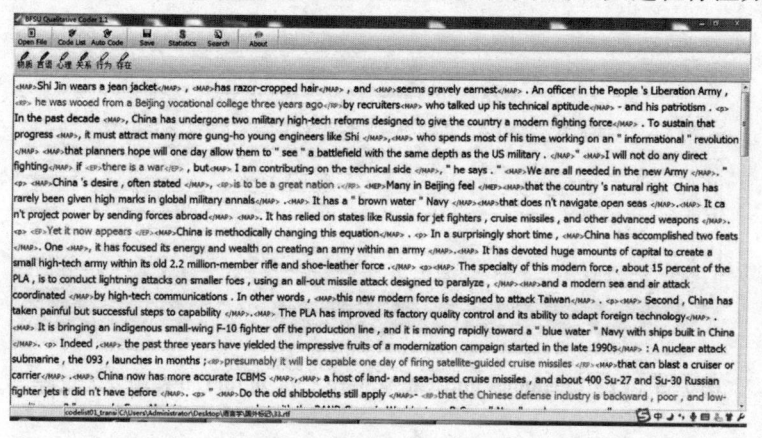

图 7-3 软件标注示意图

第二步:在 Antconc3.2.4w 中打开已标注好的语料,搜索表示过程的符号,得出数据结果(如图 7-4)。这些数据结果将清晰地体现六大过程在中美涉华军事报道中的频率。

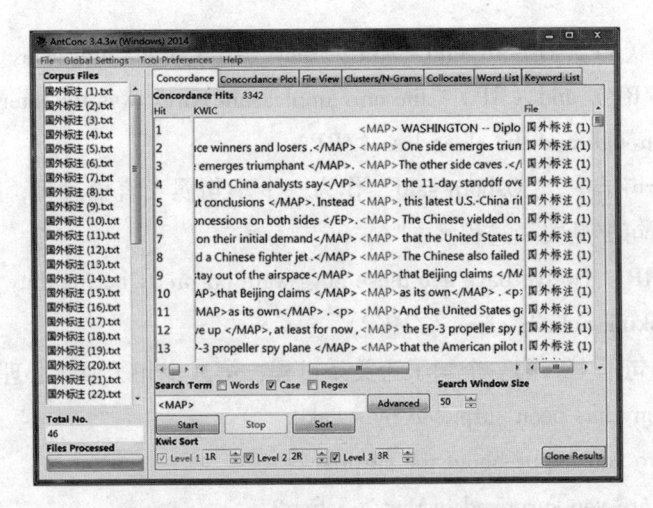

图 7-4　用 antconc3.2.4w 统计数据

第三步：将在 Antconc3.2.4w 中得出的数据输入 Log-likelihood and Chi-square Calculator1.0 软件中计算（如图 7-5），利用卡方检验原理（通过观察 P 值）计算比对六大过程在中美涉华军事报道中的频率差异。

图 7-5　Log-likelihood and Chi-square Calculator1.0 检验六大过程

第三节　中美媒体涉华军事报道的及物性对比分析

一、美媒报道中的六大过程频率及占比分析

本章自建70531字符的美国媒体涉华军事报道语料库以及含有63021字符的中国媒体军事报道的对比语料库，对此表格数据由Antconc3.2.4w统计，基于研究方法第二步骤的频率结果，美国媒体报道的六大过程频率如下（表7-1）：

表7-1　美媒六大过程频率表

	物质过程	心理过程	言语过程	存在过程	行为过程	关系过程	总数
美国媒体	3342	168	657	102	9	1109	5387
比例（大约）	62.04%	3.12%	12.20%	1.89%	0.17%	20.59%	100%

从表7-1，我们可以清楚地看到：在美国的对华军事报道中，共有5387个过程，其中物质过程3342个，占比62.04%；关系过程1109个，占比20.59%；存在过程102个，占比1.89%；心理过程168个，占比3.12%；言语过程657个，占比12.20%；行为过程只占0.17%，有9个。

为了检验六大过程在新建的语料库中的分布是否具有差异性，我们将美国媒体涉华军事报道的六大主要过程的频率导入Log-likelihood和Chi-Square软件进行卡方检验（图7-6），观察p值，获得如下数据（图7-7）。

图7-7的研究方法是将六大过程相互比较，观察其产生的p值，然后判断其显著性。读者可参考表7-2更清楚地了解图7-7比对结果。

表7-2是美媒涉华报道中六大过程卡方检验结果：Significance（即P值）都小于0.01，表明美国媒体的中国军事报道中六大过程之间都具有统计学意义上的显著性差异。

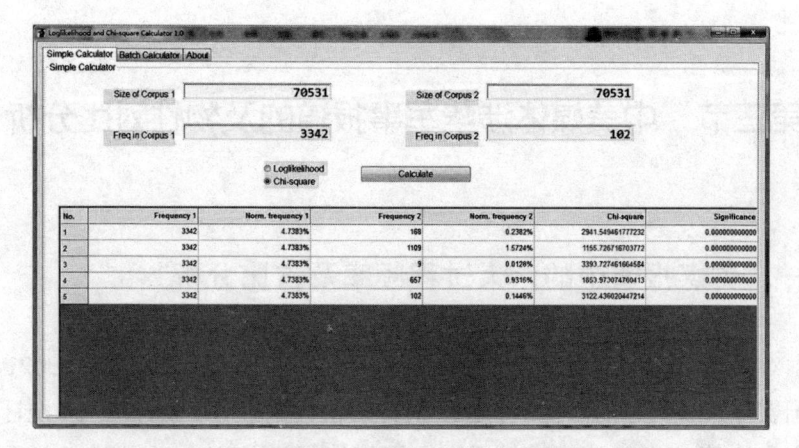

图 7-6 美媒涉华报道中六大过程的卡方检验

Top 20 Keywords with the Strongest Citation Bursts

Keywords	Year	Strength	Begin	End	1978 - 2018
china	1978	10.1374	1999	2005	
japan	1978	2.132	2004	2009	
population	1978	2.2506	2004	2005	
water	1978	2.4582	2005	2006	
pah	1978	3.5299	2005	2010	
gene	1978	3.0715	2005	2008	
surface	1978	2.1543	2005	2009	
pcb	1978	3.774	2005	2009	
surface sediment	1978	2.2994	2005	2011	
pearl river delta	1978	3.465	2005	2009	
polychlorinated biphenyl	1978	4.9762	2005	2012	
epidemiology	1978	2.2821	2005	2011	
sediment	1978	2.1567	2005	2008	
anisotropy	1978	1.9964	2006	2011	
growth	1978	2.3641	2006	2011	
plant regeneration	1978	2.3965	2006	2011	
diversity	1978	1.8961	2007	2010	
stress	1978	2.2739	2008	2009	
mantle	1978	2.3755	2008	2009	
rate	1978	2.6316	2008	2011	

图 7-7 美媒涉华报道中六大过程的卡方检验

表 7-2 美媒报道中六大过程的卡方检验

		Chi-square	Significance
1	物质过程和心理过程	2941.549	0.000
2	物质过程和关系过程	1155.727	0.000
3	物质过程和行为过程	3393	0.000
4	物质过程和言语过程	1853.973	0.000

158

续表

		Chi-square	Significance
5	物质过程和存在过程	3122.436	0.000
6	言语过程和心理过程	290.358	0.000
7	言语过程和关系过程	-116.636	0.000
8	言语过程和行为过程	631.524	0.000
9	言语过程和存在过程	299.708	0.000
10	心理过程和关系过程	-698.255	0.000
11	心理过程和行为过程	141.217	0.000
12	心理过程和存在过程	15.678	0.000
13	关系过程和行为过程	1088.954	0.000
14	关系过程和存在过程	842.939	0.000
15	行为过程和存在过程	-76.312	0.000

基于卡方检验结果，我们可从六大过程在语料中的占比来分析美国媒体有关中国军事形象构建中及物性的特点。首先，物质过程占比高达62.04%，物质过程是叙述事物的最直观手段，美国媒体多通过这一过程报道中国军事，让读者感到更直观。其次为关系过程，占比20.59%，关系过程通常为一种事实论断，美国媒体将这一过程较多使用在新闻中陈述他们所认为的事实。再次便是言语过程和心理过程，这两个过程中言语过程占比较多，媒体通常选择一定环境中的发言，通过发言人的言论来表达自己的意识形态，而心理过程会让读者认为掺杂过多个人态度，缺乏新闻报道的客观性。其实，很多语料库中的美国媒体巧妙地将心理过程暗含于其他过程中，将自己的主观意识作为客观事实陈述，为中国军事带来很多不实和负面的报道。最后，存在和行为过程占比最少，行为过程不适合用于新闻报道中，更很少在军事新闻中出现，而存在过程在新闻中一般用来表述未发生的事件，读者对这种带有主观意识形态的报道很快便能识别出来，因此媒体很少把这一过程用在军事报道中。

二、中国报道的六大过程频率及占比分析

中国媒体军事报道的六大过程频率及占比如下（表7-3）：

表 7-3 中国媒体六大过程频率表

	物质过程	心理过程	言语过程	存在过程	行为过程	关系过程	总数
中国媒体	3234	75	994	50	2	972	5327
比例（大约）	60.71%	1.31%	18.66%	0.94%	0.04%	18.25%	100%

从表 7-3 我们可以清楚地看到，在《中国日报》和《环球时报》的涉华军事报道中，一共有 5327 个过程，其中物质过程有 3234 个，占比 60.71%；关系过程 972 个，占比 18.25%；存在过程 50 个，占比 0.94%；心理过程 75 个，占比 1.31%；言语过程 994 个，占比 18.66%；行为过程只占 0.04%，有 2 个。

同分析美国报道一样，为了检验六个过程在新建语料库中的分布是否具有差异性，我们同样将中国媒体军事报道的六个主要过程的频率导入 Log-likelihood 和 Chi-Square 软件进行卡方检验（图 7-8），观察 p 值，获得如下的卡方检验结果数据（图 7-9）。

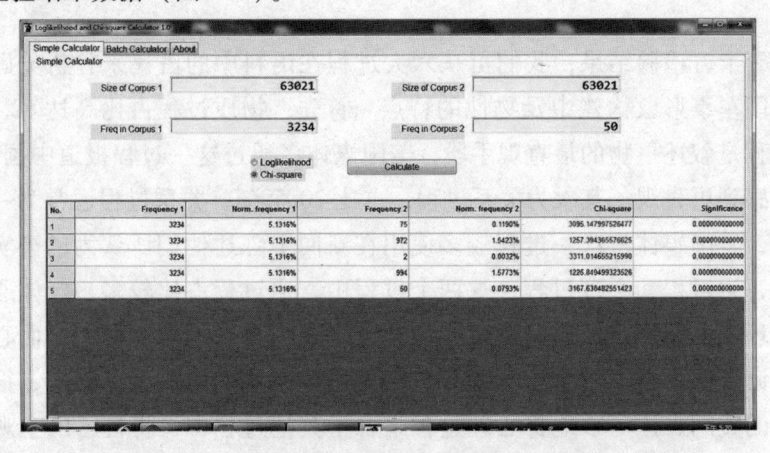

图 7-8 中国报道中六大过程的卡方检验

如美国媒体涉华报道中六大过程的分析步骤一样，我们把图 7-9 制成表格（如表 7-4）更方便读者理解：

从表 7-4 中，我们可看出，除了言语过程和关系过程之间、心理过程和存在过程之间，其他过程之间的 P 值都小于 0.01，这表明，语料库中，大多数过程之间的频率具有统计学意义上的显著性差异。但是心理过程和存在过程之间、言语过程和关系过程之间没有显著差异，它们的 P 值都大于 0.01。

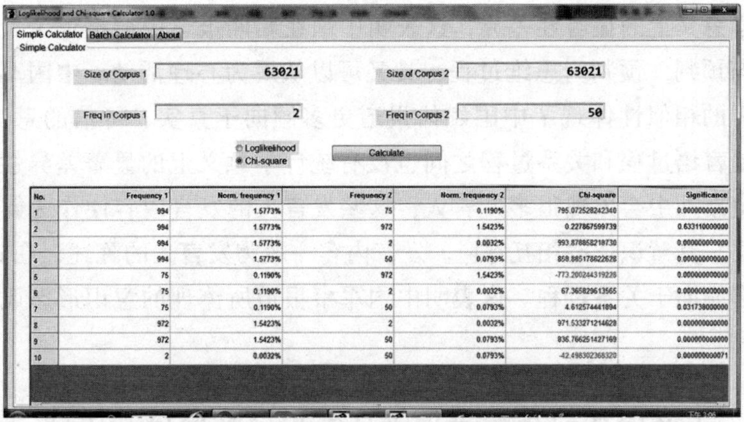

图 7-9 中国报道中六大过程的卡方检验

表 7-4 中国报道中六大过程的卡方检验

		Chi-square	Significance
1	物质过程和言语过程	3094.148	0.000
2	物质过程和心理过程	1257.394	0.000
3	物质过程和关系过程	3311.015	0.000
4	物质过程和行为过程	1226.849	0.000
5	物质过程和存在过程	3167.638	0.000
6	言语过程和心理过程	795.073	0.000
7	言语过程和关系过程	0.228	0.633
8	言语过程和行为过程	993.879	0.000
9	言语过程和存在过程	858.885	0.000
10	心理过程和关系过程	-773.200	0.000
11	心理过程和行为过程	67.266	0.000
12	心理过程和存在过程	4.613	0.032
13	关系过程和行为过程	971.533	0.000
14	关系过程和存在过程	836.766	0.000
15	行为过程和存在过程	-42.498	0.000

中国的军事报道上物质过程、言语过程和关系过程占比最大，原因同美国报道一样。值得注意的是，从 P 值看，中国报道的心理过程和存在过程没

有统计学意义上的显著性差异，这表明中国在新闻报道中会报道个人对事件的想法与预判，预判为思维过程，其又可以从属为心理活动。中国军事报道中这两者的相似性体现了中国媒体报道更多倾向于真实、可信的意识形态。另外便是言语过程和关系过程之间也没有统计学意义上的显著差异性，中国军事报道新闻中会出现很多发言人，这些发言人的发言内容便作为媒体所传达的话语，其意识形态相互呼应。发言内容一般为发言人的陈述，在陈述中，我们又多倾向于关系过程。这表明中国军事报道所体现的意识形态风格通常较为柔和。

三、中美媒体对华军事报道的及物性数据横向比较

以上为中美两国涉华军事报道的纵向分析，接下来我们将进入横向比较。为了清楚地对比中美报道中六大过程的频率区别，本章将其比例制成表格进行对比（如表7-5），或制成柱状图更直观地显示出中美媒体涉华军事报道的相似与不同（如图7-10）。

表7-5　中美报道六大过程的频率占比

	物质过程	心理过程	言语过程	存在过程	行为过程	关系过程
美国媒体	62.04%	3.12%	12.20%	1.89%	0.17%	20.59%
中国媒体	60.71%	1.31%	18.66%	0.94%	0.04%	18.25%

为了更清楚地理解中美媒体涉华军事报道中的差异与相似，我们将表7-5中的数据导入 Log-likelihood and Chi-square Calculator1（图7-11）得到以下结果（表7-6）：

表7-6　两个语料库六大过程卡方检验

	Chi-square	Significance（P值）
物质过程	-10.912	0.001
心理过程	25.379	0.000
关系过程	0.176	0.674
行为过程	2.641	0.104
言语过程	-113.141	0.000
存在过程	11.908	0.001

六大过程频率对比表

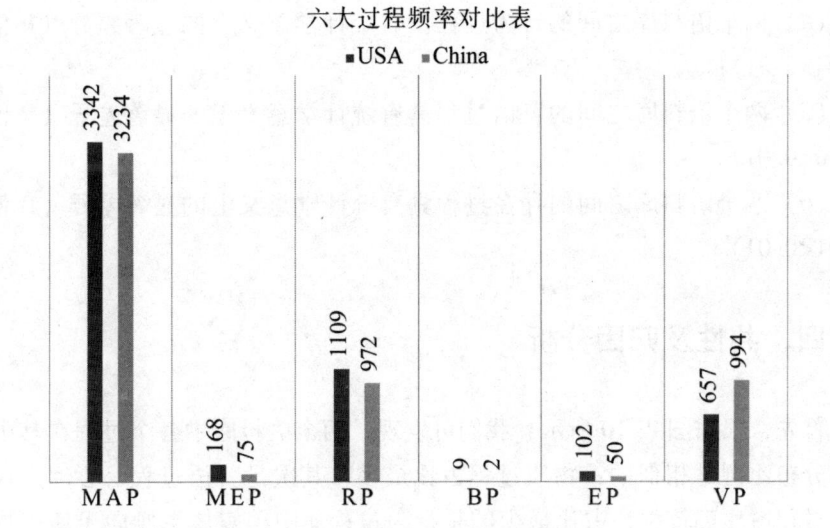

图 7-10　中美媒体六大过程频率对比

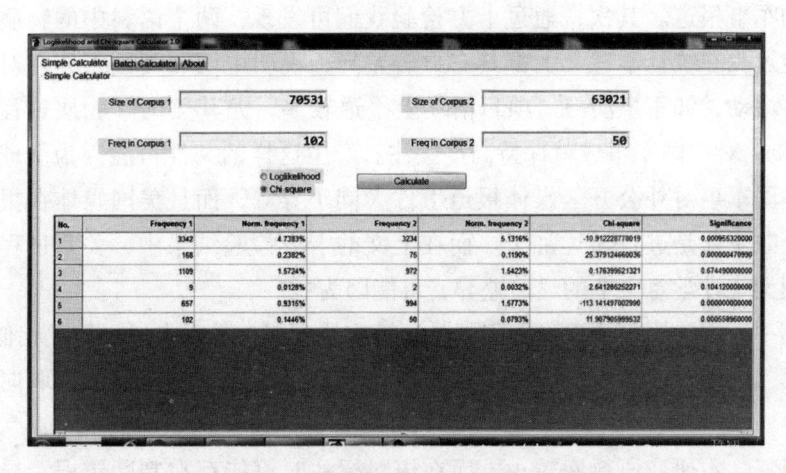

图 7-11　两个语料库六大过程卡方检验

表 7-6 卡方检验结果：

（1）两个语料库之间的物质过程具有统计学意义上的显著差异（P 值 = 0.001<0.01）；

（2）两个语料库之间的心理过程具有统计学意义上的显著差异（P 值 = 0.005<0.01）；

（3）两个语料库之间的关系过程没有统计学意义上的显著差异（P 值 = 0.674>0.01）；

(4) 两个语料库之间的行为过程没有统计学意义上的显著差异（P值=0.104>0.01）；

(5) 两个语料库之间的言语过程具有统计学意义上的显著差异（P值=0.000<0.01）；

(6) 两个语料库之间的存在过程具有统计学意义上的显著差异（P值=0.001<0.01）。

四、共性及归因分析

首先，根据图7-10所示，我们可发现，两个语料库中各个过程在其中的整体分布比例是相似的：物质过程占比最多，其次是言语过程，心理过程和存在过程占比都较少，占比最少的是行为过程。中美媒体更倾向于使用物质过程来报道中国军事，而这种相似性也从侧面反映了美国媒体比较"关心"中国的军事报道。其次，通过卡方检验我们可发现：两个语料中的物质过程与其他过程在统计学意义上都具有显著差异，说明中国和美国媒体在对中国的军事活动，如军事演习、项目活动上报道较多，尤其美国（物质过程占比62.04%）对中国军事成就保持高度关注。产生这样的共性可能因为全球化发展、中国军事对外公开、媒体报道事件大同小异等，而且美国媒体在报道中国军事时主要是进行转述加工。而在上文的卡方检验结果中，关系过程和行为过程无统计学意义上的显著差异，可能因为：

第一，即使语篇意识形态不同，语篇文体相似，其六大过程构成相似。

第二，两份语料库皆属于军事报道，国家之间的军事报道价值取向可能相近。

第三，本研究语料库较小，而在语料标注时可能存在判断错误，导致数据和统计误差。

五、差异性及归因分析

从表7-6卡方检验结果来看，两语料库中除了行为过程和关系过程，其余四大过程在频率上都具有统计学意义上的显著性差异。而从表7-5我们也可看出，中美媒体涉华军事报道的六大过程中，除了言语过程，其他五大过程在美国媒体中的频率占比都高于中国媒体中的频率占比，且言语过程的占比差异最大。中国媒体言语过程占比18.66%，而美国的占比仅为12.20%。

军事报道多数为事件报道，由于涉及本国的军事报道，中国媒体更容易对相关机构的人员进行采访，这样，报道中就会有更多的言论过程。而物质过程等四大过程之间具有显著差异的原因可能有：

第一，中美国家之间不同的文化背景，传达语用信息的方法不同。

第二，由于本研究基于语言系统的概念功能，中美两国欲表达的意图不同，意识形态决定语篇的及物性选择。

第四节　中美媒体中国军事形象建构的及物性分析

本章将通过对两个语料库中的具体实例进行分析来对比中美媒体涉华军事报道中及物性所建构的中国军事形象，由于行为过程与存在过程占比较少，其对中国军事形象影响较少，本章不予分析。本章着重对比分析其他四大过程在中美新闻报道中所体现的意识形态。

一、物质过程与意识形态

美国媒体涉华军事报道：

例 [1]：China Seeks Bigger Role on World Stage. (*The New York Times*, Jan. 10, 2017)

该段话的意思为：中国将寻求更大的政治军事角色。"China Seeks Bigger Role on World Stage"这个物质活动中的动作动词为"seek"，目标是"bigger role"。报道中用"seek"一词在这里具有贬义色彩，意指中国谋求更高的政治军事地位，以使读者相信中国一直虎视眈眈，随时想抓住机会成为世界强国，而bigger，更误导读者认为，中国已具备足够的国家力量，这样的"寻求"只是在贪恋权力地位。美国记者认为中国在政治军事上抱有不该有的"野心"，并将自己的观念"强加于"世界人民。

例 [2]：China has spent years building military outposts on a group of contested islands in the South China Sea — a project that has left the country at odds with many of its neighbors and the United States. (*The New York Times*, 2018-2-8)

该段话的意思是：中国花了多年时间在中国南海的一些有争议的岛屿上建立军事前哨基地——这个计划使其与许多邻国以及美国发生冲突。此句中，"China"为行动者，"spent"为动作动词，"years"目标，"building military outposts on a group of contested islands in the South China Sea"为补语。句子中"contested"否定中国军事活动的合理性,以暗示读者,中美冲突是由中国导致的,美国的行为反而是正义的。在这里媒体将岛屿私定为"contested",将自己的价值观输出给民众作为思考基础,影响读者思维,意在引导读者的看法。

再看中国媒体的涉华军事报道:

例[3]: 10000 troops travel cross-country via air, water, rail & motor transport. (*Global Times*, 2018/3/15)

1万名士兵通过空中、水上、铁路和汽车运输进行越野训练。

例[4]: US warships enter Chinese territorial waters without authorization. (*Global Times*, 2018/5/27)

美国军舰未经授权擅自进入中国领海。

例[5] PLA conducts island encirclement exercise around Taiwan. (*Global Times* Published: 2018/6/26 21: 43: 42)

中国人民解放军对台湾地区进行绕岛飞行训练。

例[3]例[4]例[5]中的三个物质过程其动作动词分别是:"travel""enter""conduct"。例[3]中的物质过程陈述了中国士兵所完成的一系列类型训练,为实事报道,"travel"体现其不易,也暗示读者中国士兵的辛苦实干,赞扬中国军人的形象;例[4]中的物质过程体现美国军舰出入中国海域的随意性,报道通过"enter"明指美国的越界行为,实则暗指有关海域为中国所有,美国却无视中国主权;例[5]中的物质过程是用来告诉大众,此演习犹如中国日常的军事演习,暗示台湾为中国领土的一部分。

小结:不难发现,美国对于中国军事报道多怀有贬低之意且打算引导国际舆论,破坏中国军事形象,对中国的军事发展抱有敌意。而与美国媒体相反,中国媒体多通过物质过程传递中国政府的主动性,并通过物质过程表达中国政府的行动与目标的合法性与正当性,为中国的国家安全战略服务,最终帮助建构积极的中国军事形象。

二、言语过程与意识形态

美国媒体涉华军事报道:

例[6]: The report warns that China could copy these ideas and surpass the United States. (*Ars Technica*, 2017/5/2)

该报道警告，中国可以复制这些想法并超越美国。此言语过程中"The report"作为说话人，说话动词为"warn"，为警告之意，暗示读者，涉及的报道具有权威性，说话内容是"China could copy these ideas and surpass the United States"。此句为物质过程，借其言否认中国的自主创新能力，讽刺中国只会"抄袭窃取"美国的知识产权并且如此才能超越美国。美媒通过这样的言语过程与物质过程建构了负面的中国国际形象，可谓居心叵测。

例〔7〕：He told bewildered US visitors, "Americans will have to be prepared that hundreds of cities will be destroyed by Chinese."（College Confidential, 2005/12/06）

这句话的意思是：他告诉困惑的美国客人，"美国人必须做好数百座城市将被中国摧毁的准备。"

这句话有三个过程：首先整句话为，"he"作为讲话人，"bewildered US visitors"作为听众，用于塑造美国人单纯的形象。"Americans will have to be prepared that hundreds of cities will be destroyed by Chinese"作为说话内容，前部分为关系过程，后部分为物质过程。此说话内容好似在告诉美国人要保护好自己，实则在否认中国反对核武器的政策，并且破坏中国和平友好的形象。记者通过对受话人形象的修饰，意图更深地诬蔑中国军事及中国整体形象。

接下来再看中国媒体涉华军事报道的言语过程：

例〔8〕："Performing tasks outside the country can greatly enhance the marines' combat capability such as emergency and rapid response skills," the expert said. (*The Global Times*, 2018-03-16)

这句话的意思是：这位专家说："在国外执行任务可以大大提高海军陆战队的作战能力，例如紧急和快速反应技能。"

例〔9〕：The Chinese military is determined to strengthen sea and air combat readiness and to defend national sovereignty and security, Wu added (*Global Times*, 2018/5/27)

吴先生补充说，中国军方决心加强海空准备以维护国家主权和安全。

例〔10〕：The PLA Navy and Air Force are increasing the frequency of military exercises around Taiwan, Song Zhongping, a military expert and TV commentator, told the Global Times on Tuesday. (*Global Times*, 2018-06-27)

军事专家兼电视评论员宋忠平周二告诉《环球时报》，解放军海军和空军正在提高在台湾周边进行军事演习的频率。

上述三个言语过程的讲话人都是中国军事专家，涉及内容多为中国军事

167

的日后发展。记者从说话人的身份暗示中国大众，中国未来发展良好，如例[9]中"is determined to"是用来积极描述中国军方的立场，表述中国军事活动为正面合理。

小结：综合以上中美媒体涉华军事报道中不同的言语过程，我们发现，美国媒体意图抹黑中国军事形象，贬低中国政府，而中国媒体则积极建构良好的中国军事形象。

三、关系过程与意识形态

美国媒体涉华军事报道：

例[11]：The naval expansion will not make China a serious rival to American naval hegemony in the near future. (*The New York Times*, 2018/2/28)

这句话的意思是，中国海军的扩张并不会使中国在不久的将来成为美国海上霸权的对手。此关系过程中"The naval expansion"是个名词化表达，构成了事实预设，但从中国的角度看，这可能是一个虚假语用预设。《纽约时报》虚构了一个动作者，将有争议的背景信息当成事实强加给读者，给人一种假象，即中国已经扩张了海军，并且是为了挑战美国的海上霸主地位。通过否定表达，《纽约时报》态度模糊，其一，中国有这个意图，但没有能力做到。其二，中国没有挑战美国的霸主地位。美国媒体的言外之意是，中国有这个野心（扩张海军，挑战美国霸权地位），但目前尚没有这个能力。"make"作为联系动词，"China"作为间接目标，"a serious rival to American naval hegemony in the near future"作为直接目标。说明美国媒体既看不起中国海军的实力，又隐约对中国海军发展态势表示担忧。其实，这严重违背事实，中国无意与任何国家为敌，增强海军实力也仅仅为了自身的国防安全。

例[12]：China has recently become more aggressive. (*MBA Rendezvous*, 2018/04/05)

这句话的意思是：最近中国变得更具侵略性。该美国媒体将"China"作为载体，将"more aggressive"作为其属性，极具负面色彩。记者还使用了一个预设触发词"more"，将中国一贯具有侵略性这个虚假语用预设强加给读者，歪曲事实、误导舆论，以建构负面的中国军事形象，污蔑中国在领土主权上的正当防卫是"恶意侵略"。此句中，关系过程本来是一种描述性语言，是值得商榷的，有真假之分的。使用了虚假语用预设之后，中国所谓的"侵略性"就变为了不容置疑的事实。这正是美国媒体的不良用心所在（关于虚假语用预设的批评性分析,详见支永碧,2010)。

例[13]: China has become increasingly assertive in the region as its navy seeks to enforce claims in disputed waters. (*NBC*, 2002/02/05)

这句话的意思是:中国在该地区越来越自信,因为其海军试图在争议水域宣示主权。"China has become increasingly assertive in the region"为关系过程,其中"China"作为载体,"assertive"作为属性,意为过分自信,讽刺中国可能并不能达其所愿。"its navy seeks to enforce claims in disputed waters"作为物质过程,其中"enforce claims"暗示读者中国宣示主权蛮横无理,"disputed waters"更是否认了中国宣示主权的合理性,有意建构负面的中国海军形象。

再看中国媒体的军事报道:

例[14]: The headquarters of the 81th Army Group is based in Zhangjiakou city, Hebei Province, 200 kilometers from Beijing. (*Global Times*, 2018/3/14)

第81集团军总部设在河北省张家口市,距离北京200公里。

例[15]: The Xisha Islands are Chinese territory. (*China Daily*, 2018/5/29)

西沙群岛是中国的领土。

例[16]: It is normal and legitimate for the Chinese mainland to send strong signals like this to the administration of the island. (*Global Times*, 2018-06-27)

中国大陆正常合法地向台湾当局发送此类强有力的信号。

例[14][15][16]中的三个关系过程中[14]和[16]为归属关系,[15]为识别关系。而[14]与[15]又皆为客观存在的陈述句,直述其意识形态,揭示了中国报道的权威性。最后一个关系过程暗示读者台湾属于中国,中国有权对台湾进行军事活动,以示中国军事行为的合理性。

小结:关系过程的识别关系、属性关系一般为客观事实。但很明显从上述几个关系过程来看,美国媒体的涉华军事报道使用了大量讽刺性的负面词语。其意图是否定中国军事合理发展的事实,强制引导受众跟随媒体思维。而中国媒体涉华报道中的关系过程隐含意识形态较少,符合关系过程的客观、正面标准。

四、心理过程与意识形态

美国媒体涉华军事报道：

例［17］：The Pentagon has identified China as the only potential hegemon on the horizon that stands a chance of challenging the unipolar power of the United States. (*The Asian Perspective*, 2010-05-06)

这句话的大意为：五角大楼已经确定中国是唯一有可能挑战美国单极力量的潜在对手。在此物质过程中，"the Pentagon"是句子的行动者，"identified"作为句子的行动动词，而"China"作为目标。此句夸大了中国的发展意图，意指中国在急速、全力地发展军事力量，误导读者中国在有意识地追赶美国军力，并对美国构成威胁，暗指中国在发展军事政治力量上"野心勃勃"，建构中国政治军事在国际上的负面形象。

例［18］：Beijing had hoped that it could coerce smaller countries to accept its dominance. (*The New York Times*, 2018-03-09)

这句话的大意为：北京曾希望能够迫使较小的国家接受其主导地位。

此句中"Beijing"作为感觉，"hoped that it could coerce smaller countries to accept its dominance"作为现象。句中"dominance"将中国描述为霸权主义，充满敌意，整句暗示读者中国意图霸凌他国。《纽约时报》的报道旨在破坏中国的和平友好形象。

再看中国媒体的军事报道：

例［19］：Xi hoped the Chinese army would deepen exchanges with the participating armies to advance global military cooperation and further contribute to safeguarding world peace. (*China Daily*, 2017-07-29)

这句话的意思是：习近平总书记希望中国军队与参加演习的其他部队加深交流，推动全球军事合作，进一步为维护世界和平作出贡献。

例［20］：Analysts believe China will send a strong warning to Taiwan separatists. (*The Global Times*, 2018-07-17)

这句话的意思是：分析家认为中国将向台湾分裂主义者发出强烈警告。

例［21］：We pilots feel our piloting skills, mental fortitude and combat capabilities have improved. (*China Daily*, 2017-07-04)

这句话的意思是：我们的飞行员感觉我们的驾驶技能、精神毅力和战斗能力都得到了提升。

例 [19] 的心理过程中"Xi"作为感觉者，"the Chinese army would deepen exchanges with the participating armies to advance global military cooperation and further contribute to safeguarding world peace"为物质过程，也作为心理过程的现象。"advance global military cooperation and further contribute to safeguarding world peace"表述中国活动的合理性，建立了中国军事和平友好的形象。例 [20] 中的"warning""separatists"含蓄地批评了分裂主义者妄图分裂中国领土的错误行径和不良企图，表达了中国坚决捍卫其领土完整的决心。例 [21] 中的心理过程肯定了中国军事活动的意义，引导读者思考中国军事活动的积极意义。

小结：从对以上几个心理过程的分析中我们可以看出，对于中国政府的军事形象，美国媒体的涉华报道不遗余力地妄图误导他国，遏制中国军事发展。而中国媒体则告诉大众，中国军事务实正义，主张和平。

第五节　本章小结

综合以上分析我们可得出以下结论：首先，美国媒体涉华军事报道中，物质过程使用最多，说明美国媒体在密切关注中国的军事动向。其次，美国媒体习惯选用贬义和消极的词语来报道中国军事，构建中国军事的负面形象，说明美国对中国的军事发展时刻保持警惕，充满敌意。通过基于语料库的媒体话语及物性分析，本研究发现，美国媒体的涉华军事报道缺乏客观公正性，存在大量偏见，欲将中国正常军事发展报道为具有侵略性的活动。究其原因无外乎：随着中国日益强大，美国作为最发达的国家，将中国视为其竞争对手；同时，中美竞争关系使美国想遏制中国发展，在报道中往往蓄意地建构所谓的"中国军事威胁论"，旨在抹黑中国军事形象，挑拨中国与他国关系。鉴此，中国学界需要高度警惕并开展深入持久的批评性话语分析，以维护中国的军事与安全形象。

第四部分
语用学视角的中国形象研究

第八章

中美媒体关于中国外交的话语建构研究

第一节 引言

  中国作为超级大国之一，始终备受他国的关注，与他国之间也一直存在密切的交往与联系。与此同时，各国媒体开始纷纷报道中国的外交，建构了不同的中国形象。学界也从不同视角研究中国的国际形象（如 Blair2007；雷默 2008；Lin&Leng2012；马克林 2013；张玉 2012；吴光辉 2010；梁晓波 2014；卢夏颖 2015；吴德识 2014；欧亚婷 & 廖伶欣 2017；张昆 & 陈雅莉 2014 等）。Deetz（1982）指出："在所有的机构形式中，话语占有特殊的地位。所有其他的机构形式都可以转化成话语。此外，每一种认知都有赖于使其形成并赋予意义的概念体系，而这一概念体系是镌刻在话语之中的。因此，口头的和书面的话语形式不仅仅是一种表达方式，它们是将每一种认知与更广的意义系统和取向连接起来的纽带。"（转自窦卫霖，2012）鉴此，本研究自建小型标注语料库（69848 字符），同时创建中国媒体关于中国外交的新闻报道语料库（62569 字符），从批评语言学视角研究美国媒体对于中国外交形象的新闻报道，对美国涉华报道中的模糊限制语进行分类统计与对比分析，以揭示新闻语篇各种模糊限制语的语篇语用功能，以丰富模糊限制语研究的现有成果，拓展批评话语分析研究的理论视野。

第二节　研究设计

一、研究对象

本章的研究对象为中美主流社交媒体对于中国外交报道中模糊限制语的使用及其功能。本章主要通过在《纽约时报》(NYT) 以及美国其他具有影响力的主流媒体平台上，以关键词"aid""diploma""visit"等进行检索，收集关于中国外交的新闻报道，并在中国最具影响力的新闻媒体《中国日报》(CHD) 的外交专栏下收集中国关于外交活动的报道，并保存为文本文档(.txt) 以便进行接下来的操作。

二、研究问题

本研究试图回答以下 3 个问题：
（1）美国主流媒体的涉华外交报道中模糊限制语的使用规律与特点何在？
（2）美国主流媒体对中国外交事件的报道构建了怎样的中国外交形象？
（3）美国媒体为何如此构建中国的外交形象？

三、研究工具

首先，本章的研究主要通过标注软件 BFSU Qualitative Coder1.2（见图 8-1），在 codelist01-transitivity 中输入编码（见图 8-2），之后将文本与标码一起导入 BFSU Qualitative Coder 中，识别文章中不同类型的模糊限制语，点击相应的图标以不同颜色对语料进行标注。

其次，将标注完的文本文档导入检索软件 AntConc3.2.4w（见图 8-3），使用此软件可以统计出不同类型的模糊限制语在语料库中出现的频率。

最后，将在 AntConc3.2.4w 中得到的数据输入 Loglikelihood and chi-square Calculator1.0（见图 8-4）进行卡方检验。检验结果中 sig 值（P 值）的结果显示了两者的差异性，通过其我们可以对比中美主流媒体对中国外交事件报道的态度及看法。

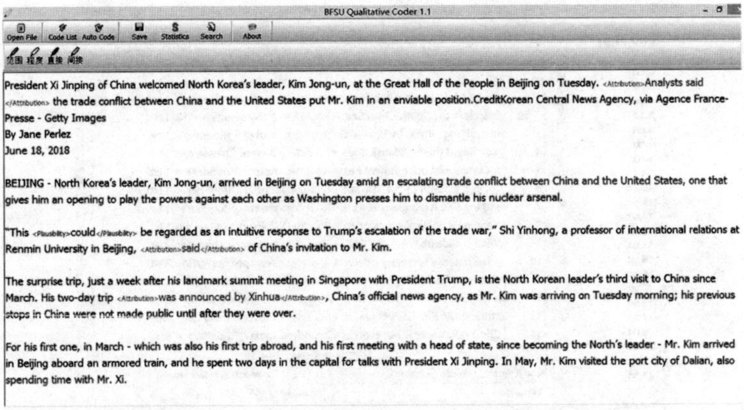

<<< 第四部分　语用学视角的中国形象研究

图 8-1　BFSU Qualitative Coder1.2 标注界面

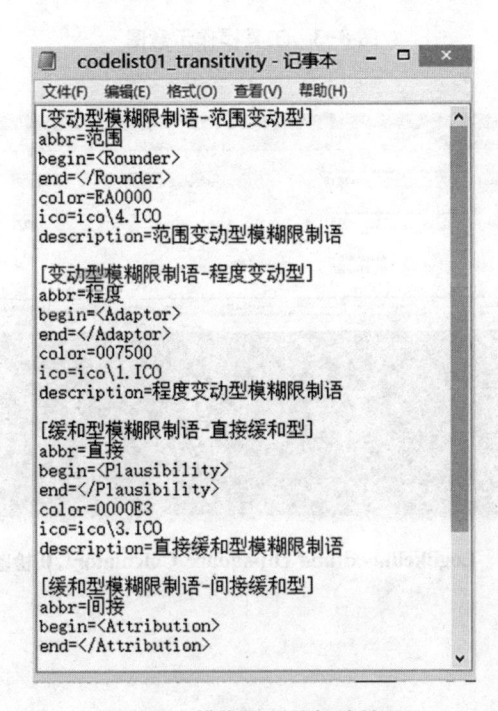

图 8-2　模糊限制语标注编码

表 8-1　卡方检验 p 值解释示意图

P<0.01	0.01<P<0.05	P>0.05
有统计学意义上的显著性差异	有差异但不明显	无统计学意义上的显著性差异

177

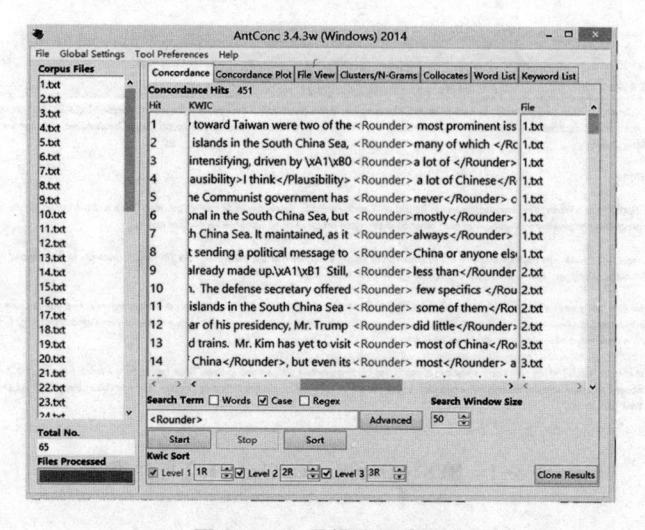

图 8-3　工具操作示意图

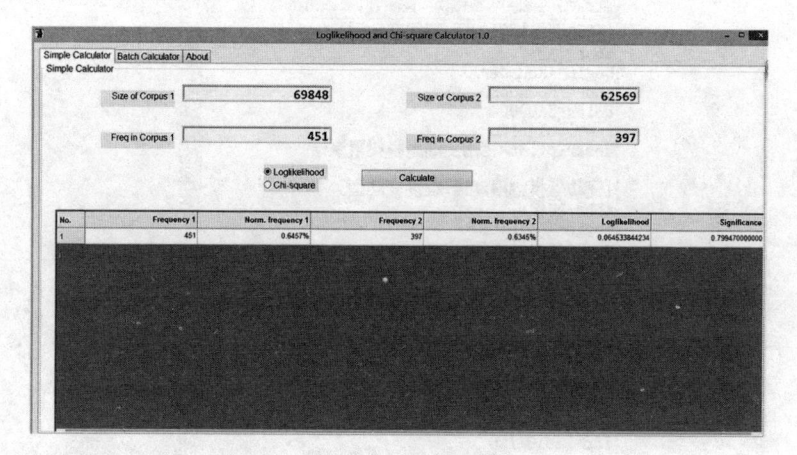

图 8-4　Loglikelihood and chi-square Calculator1.0 检验结果

第三节　分析与讨论

一、美国语料库与中国语料库中四类模糊限制语的频率对比分析

表 8-2　美国语料中四类模糊限制语频率

美国（USA）		
模糊语类型	出现频率	占文章总量的百分比
程度变动型模糊限制语	365	0.523%
范围变动型模糊限制语	451	0.645%
直接缓和型模糊限制语	681	0.975%
间接缓和型模糊限制语	788	1.128%

表 8-3　中国语料中四类模糊限制语频率

中国（CN）		
模糊语类型	出现频率	占文章总量的百分比
程度变动型模糊限制语	337	0.535%
范围变动型模糊限制语	397	0.634%
直接缓和型模糊限制语	680	1.08%
间接缓和型模糊限制语	849	1.348%

由表 8-3 和图 8-5 可以看出，无论是中国媒体还是美国媒体在其新闻报道中都习惯使用间接缓和型模糊限制语，即不直接表达作者本身对于事件的看法与态度，而是大量地引用第三方的话语进行转述，使得新闻报道更加公正客观。我们可以得知，在新闻报道中记者可以通过使用归因盾牌"以第三人称的态度使用词语或者句子来表达不确定态度，而作者可能也有相同的意见或想法"（史丽琴，2017）。

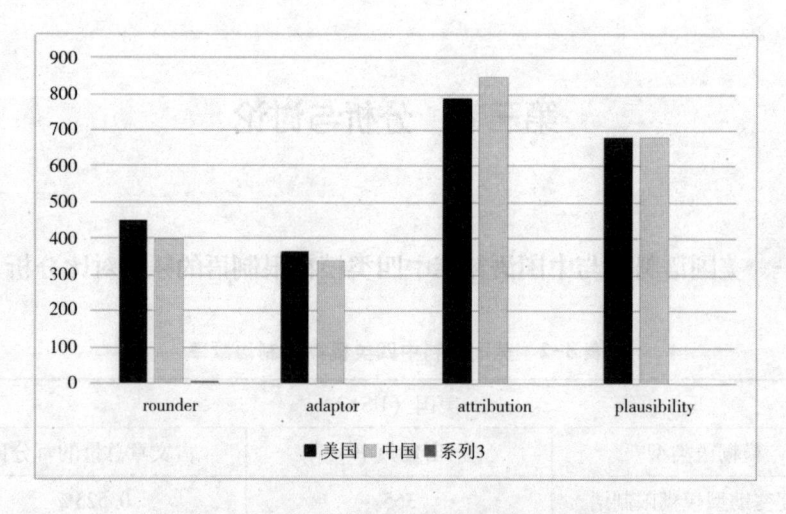

图 8-5　中美语料库模糊限制语对比示意图

二、美国语料库与中国语料库中四类模糊限制语对比分析

（1）中美两国程度变动型模糊限制语使用无统计学意义上的显著性差异（P=0.71628>0.01）

（2）中美两国范围变动型模糊限制语使用无统计学意义上的显著性差异（P=0.82563>0.01）

（3）中美两国间接缓和型模糊限制语使用有统计学意义上的显著性差异（P=0.00018712<0.01）

（4）中美两国直接缓和型模糊限制语使用无统计学意义上的显著性差异（P=0.046927>0.01）

三、归因分析

（一）共同点分析

由表8-4中可以看出，程度变动型、范围变动型以及直接变动型模糊限制语的P值均大于0.01，表示中美两国媒体在报道中国外交事件时，在政治事件的用语上差异不大。由此我们可以看出，两国媒体在报道时都习惯使用模糊限制语以模糊态度及立场，避免对涉及军事、政治等敏感性事件做出错

误报道。此外，媒体在新闻报道中经常使用直接与间接缓和型模糊语，由此也不难理解，由于新闻报道的特殊性，经常需要使用模糊限制语淡化作者的态度并且能保证其客观性。而且，即便是新闻报道对于很多事物的数量也无法给出具体的数据。很多时候，有些信息并不需要太过精确，如果花费时间将新闻中的每个数据变得具体，这只是一种浪费时间且无用之事，还会使得文章变得复杂，让读者在阅读中产生厌烦而忽略重要信息。此外，新闻报道的特性之一"时效性"的存在也使得记者在报道时无法在短暂的时间内对数据进行精确统计。并且作者也可以通过模糊化具体数据来隐藏一些事实真相，保护本国的利益。从上表我们还可以看到，中美两国使用程度模糊语的频率都较少，这也是因为要保证新闻的客观性，因此作者不能够对事件做出夸张描述，以免误导作者。

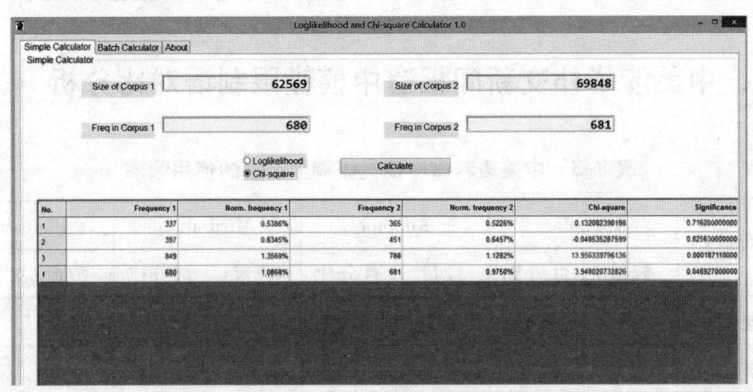

图8-6 中美语料库模糊限制语的卡方检验

表8-4 中美语料库中四类模糊限制语的横向对比

中美模糊限制语使用差异性显示		
类型	X^2	Significance
Adaptor（程度）	0.132082390198	0.71628
Rounder（范围）	-0.048535287599	0.82563
Attribution（间接）	13.956339796136	0.00018712
Plausibility（直接）	3.948020732826	0.046927

181

（二）差异性分析

表 8-4 中，间接缓和型模糊语的 P 值小于 0.01，表示中美两国的涉华外交报道中使用的间接缓和型模糊语频率差异较大。由表中可以看出，中国媒体在撰写新闻稿时，使用的间接缓和型模糊语较多，读者在阅读新闻时也不难发现中国的报道中会经常引用领导人的讲话和一些评论家对此事件的看法及预测，特别是关于外交活动的报道中，也会经常将外交部发言人的话语以及表示的立场引用过来。然而，在美国的涉华外交报道中，记者不一定会大量引用中国发言人的原话和一些中国政治评论家的话语，而是就此事件发表评论，并且少量引用一些外交发言。不过，由于本章自建语料库较小，并不能完全体现两国差异，可能存在误差，代表性有待进一步验证。

四、中美涉华外交新闻报道中模糊限制语对比分析

表 8-5　中美语料库中四类模糊限制语的使用频率

模糊限制语	Rounder		Adaptor		Attribution		Plausibility	
	数量	百分比	数量	百分比	数量	百分比	数量	百分比
中国	397	17.3%	337	14.9%	849	13.5%	680	30%
美国	451	19.7%	365	16%	788	12.2%	681	29.8%

从表 8-5 中可以看出，中美两国在涉华外交新闻报道中使用模糊限制语的情况是较多的，通过模糊限制语对语言的修正，可以使得表达更加准确，避免由于太过主观而传达有误信息。由此，我们也可以想到在新闻媒体这个行业中特别是涉及外交政治方面的报道，需要使用模糊限制语对一些敏感信息进行模糊化或者对事件起强调作用。何自然提出，"从语用学的角度看，一些人员在涉及学科领域谈话时，他们往往不会将问题讲得十分肯定；相反，出自探求的态度，或基于自己的推断，他们往往大量使用模糊限制语。从一个角度看，模糊限制语在从事这些职业的人员口中，往往成为他们展示业务或学识水平的重要手段。但从另一个角度来看，这些人在遇到难以估计，或者因遭受过挫折而对话题感到把握不大，再加上碍于身份而不得不发表见解时，为了体面，往往设法应付过去，模糊限制语也正是他们最得力的言语手段"（何自然，1985）美国媒体在进行报道时，大量使用模糊限制语从而隐藏

自己的真正意图，企图弱化自己的态度，欺骗世界人民以达到自己不可告人的目的。一般人难以察觉其话语背后的隐性控制与偏见，因此，需要批评话语分析家开展深入的话语分析，这也是本研究的出发点。

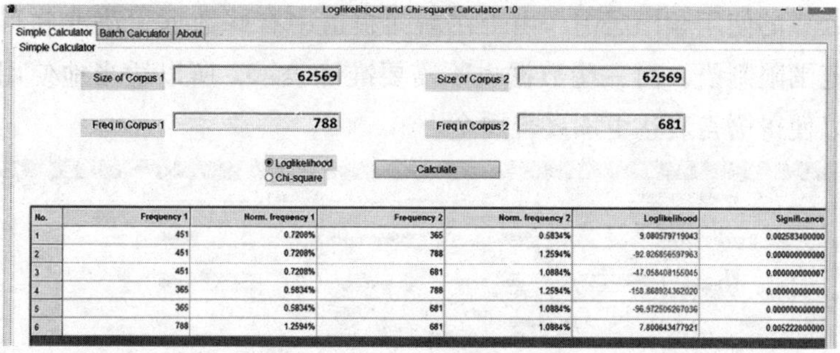

图 8-7　中国语料库中四类模糊限制语的纵向对比

表 8-6　美国媒体四类模糊限制语纵向对比

对比数据	美国媒体纵向对比		Significance
Rounder—Adaptor	451	365	0.003
Rounder—Attribution	451	788	0.000
Rounder—Plausibility	451	681	0.000
Adaptor—Attribution	365	788	0.000
Adaptor—Plausibility	365	681	0.000
Attribution—Plausibility	788	681	0.005

在表 8-6 中，作者将美国媒体涉华外交报道中所使用的四类模糊限制语分为六组，进行一一对比。每一组对比中其 P 值（significance）都小于 0.01，说明这四类模糊限制语的使用存在统计学意义上的显著差异。由于模糊限制语的语用功能不尽相同，在美国媒体的新闻报道中，间接缓和型模糊限制语（Attribution）的使用频率最高而程度变动缓和型限制语（Adaptor）的使用频率最低。在新闻报道中，引用第三人观点或是直接引用发言人讲话是常见现象，这样既可以避免由于情况不明而造成语用失误，又可以为文章提供有力的来源依据。此外，在官方的政治性新闻报道中，作者不能够太过主观地对于事件的程度进行过分描述，部分事件还可能会引起恐慌。新闻报道应当遵循客观、简洁的原则，以最朴实准确的原则将事件完整准确地报道出来。数据显示，直接缓和型模糊限制语的使用频率位居第二。美国媒体在关于中国

外交事件的报道中使用第一人称视角进行报道，意在强调此观点为作者个人持有，其愿意承担话语责任，言论不代表国家，所以即使在言语上攻击了中国形象，美国政府也可以不用为此承担任何责任。范围变动型模糊限制语（Rounder）的使用频率居中，由于在新闻报道中有些数据无法准确得知因而要使用范围限制语，而一些数据也不需要准确表示，所以适当地使用模糊限制语可以使得语言表达更加妥善周全。

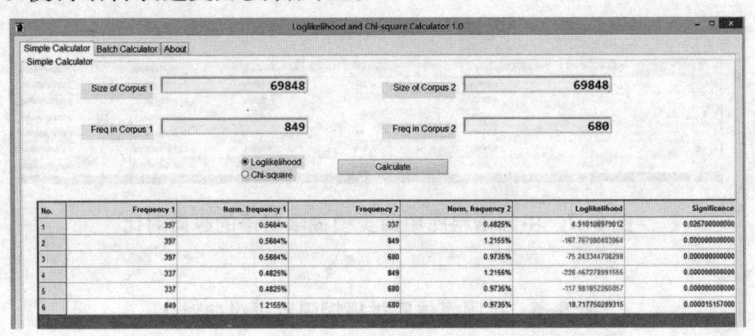

图 8-8 美国语料库中四类模糊限制语的纵向对比

表 8-7 中国媒体四类模糊限制语纵向对比

对比数据	中国媒体纵向对比		Significance
Rounder—Adaptor	397	337	0.027
Rounder—Attribution	397	849	0.000
Rounder—Plausibility	397	680	0.000
Adaptor—Attribution	337	849	0.000
Adaptor—Plausibility	337	680	0.000
Attribution—Plausibility	849	680	0.000

由表 8-7 可知，除了 rounder 与 adaptor 之间差异不显著，中国媒体在使用其他模糊语时存在显著性差异。间接缓和语在新闻中大量出现已是默认习惯，这样既可以提供有力支持也能弱化问题焦点。我国对于外交事件的报道常常直接引用外交部发言人的原话，在这些报道中，外交部发言人作为直接说话者其语言具有权威性，始终遵循礼貌原则并且措辞用语十分谨慎，言语之间不失力度。不会对于事件进行夸张化描述或是弱化其程度，而是秉承客观公正的原则对国家方针、事态发展进行报告。此外，在外交新闻中有许多的数据不一定要精确表示，例如，中国对于巴基斯坦或是非洲的援助中并不

会出现具体金额，因为很多因素都是变动的，无法确认。要保证新闻的准确性就不能够出现错误数字，因此范围变动语的使用大大保证了这一点。

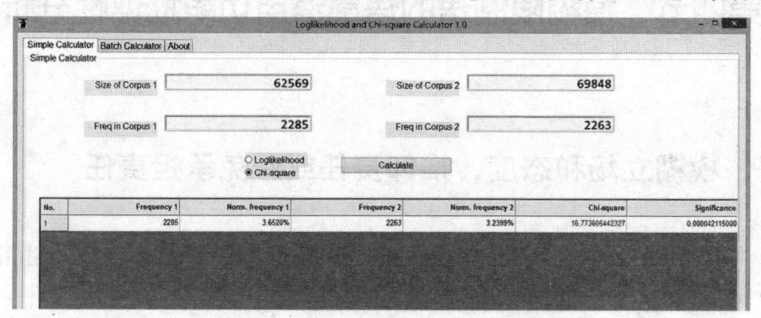

图 8-9 中美模糊限制语卡方检验截图

五、中美媒体模糊限制语汇总对比

表 8-8 中美媒体语料库中模糊限制语总体使用频率卡方检验

类别	总量	X^2	Significance
美国	2285	16.773606442327	0.000042125
中国	2263		

图 8-9 结果显示，X^2 = 16.7736，P = 0.000042125 < 0.01，说明中美两国媒体在模糊限制语使用方面存在统计学意义上的显著性差异。原因大致如下：

首先，美国媒体更善于使用模糊限制语隐蔽地表达对中国外交的负面评价，毕竟中国的外交形象一直深受世界认可，美国媒体不便直接抹黑中国，因此使用模糊限制语可以帮助他们模糊态度、隐藏锋芒，避免直接得罪中国。

其次，中国媒体在评价自己的外交形象时，虽然也使用模糊限制语，但更多的时候，是正面评价，所以没有必要模糊态度，拐弯抹角。导致模糊限制语使用总量与美国媒体相比，相对偏少。在这个意义上，我们可以发现，模糊限制语可以帮助媒体根据具体的语境灵活使用，以实现委婉评价、礼貌交际的目的。当然，对美国媒体而言，他们使用模糊限制语，不仅仅是出于礼貌，很多时候是为了实现话语控制的意识形态目的。

第四节　模糊限制语的语篇语用功能批评性分析

一、模糊立场和态度，推卸责任或避免承担责任

例［1］Ultimately, U. S. air carriers 〈Plausibility〉 could 〈/Plausibility〉 ... China 〈Plausibility〉 could 〈/Plausibility〉 ramp up...

The country 〈Plausibility〉 can 〈/Plausibility〉 also slap limits ... he added. (The Washington Post, 2018/7/24)

例［1］大概意思为，分析人士指出，最终美国航空公司可能会因拒绝遵守北京的规则而遭受打击。Corrine Png，曾负责摩根大通亚太运输研究的新加坡航空顾问表示，中国可以加强对美国航空公司的监管，降低他们的网站速度，并建议当地旅行社不要订票。她还补充道，中国也可以限制访问美国的游客数量。作者使用直接缓和型模糊语"could"和"can"，读者乍一看这是一些分析人士对于事件之后走势的一些猜测，但仔细一读我们不难察觉，这是美国记者在引用第三方的话语，暗示如果该航空公司不按照中国的要求进行改变，那么中国将采取一些报复措施来对其进行逼迫。字里行间都在传达中国手段低下、行为霸道的错误信息。而实际上，中国只是以合理的方式要求该航空公司对错误信息进行整改，意在维护我国国土完整，坚决抵制分裂中国的行为。

二、提高语言的有效性和精确性

例［2］〈Adaptor〉 To some extent 〈/Adaptor〉, the EU showed 〈Rounder〉 less 〈/Rounder〉 reluctance 〈Rounder〉 over 〈/Rounder〉 the ... Chen says 〈/Attribution〉. (China Daily Europe, 2018/07/20)

例［2］引用陈的话语："在某种程度上，欧盟对该倡议表现出不那么勉强，并在公报中承诺加强与该倡议的一致性，并在该框架下促进合作。""To some extent"的使用表示这可以理解为欧盟对该倡议表现出不那么勉强，并承诺在公报中加强与该倡议的一致性，并促进框架下的合作。这只是个人观点，作者并没有将其强加于别人，这样的语言更加准确。读者可以选择相信这种

猜测，当然也可以选择不相信。这样便加强了文章的客观性与有效性，不会断章取义造成误解。

例［3］〈Rounder〉About〈/Rounder〉three months ago, the Civil Aviation Administration of China sent a letter to〈Rounder〉dozens of〈/Rounder〉foreign airlines, asking them to switch their destination language to "China Taiwan" or the "China Taiwan region". (The Washington Post, 2018/7/24)

上述报道讲述了大约三个月前，中国民用航空局向数十家外国航空公司发了一封信，要求他们将目的地描述语转换为"中国台湾"或"中国台湾地区"。

例［3］的报道中，记者使用"about""dozens of"此类范围变动型模糊限制语来对于时间与数量进行模糊化，作者可能无法确定究竟是三个月前的具体哪一天中国民航局发出了信件，同时，这个具体时间对于新闻的报道也并非必不可少，它是一个非必要因素，缺少并不会影响新闻的准确性，反之这样会使语言变得有效妥善。至于究竟是对多少家外国航空公司发出了信件，分别是哪家公司，作者出于"保护"的态度并未说明。美国就大陆与台湾的关系问题一直制造"问题"，试图破坏中国领土的完整性，所以对于其航空公司将台湾划出中国国土的行为，美国媒体表面上未对此做出过多评价，其实暗地里却是默认其他航空公司的做法，误导其他不明真相的世界人民对台湾的属性产生误解。

三、实现委婉的隐性评价，避免过分刺激中国

例［4］China has〈Rounder〉so much〈/Rounder〉more, …〈Rounder〉more than〈/Rounder〉$50 billion…were〈Rounder〉about〈/Rounder〉the same size…China's economy is now〈Rounder〉about five times〈/Rounder〉larger than India's. (New York Times, 2018/4/27)

上述报道大意为，中国有如此之多的钱，它大量涌入斯里兰卡、尼泊尔、孟加拉国和马尔代夫，现在所有传统上依赖印度的南亚国家现在都感受到了中国的拉动。至于巴基斯坦，印度最直接的竞争对手，中国是特别慷慨的，最近承诺在那里投入超过 500 亿美元的基础设施项目。1980 年，印度和中国的经济规模差不多。但自那以后的几十年里，中国迅速工业化，印度却还在挣扎。如今中国经济规模现在大约是印度的五倍

从例［4］可以发现，纽约时报使用 so much, more than, about 等范围变

动型模糊限制语评价中国外交形象。表面上在表扬中国的经济实力，报道中提到"中国有很多钱"，有相当的经济实力，但根本无法直接表明中国有多少钱，因此使用"so much"这样的模糊限制语，能够体现出其想表达的意思但又可以避免出错。暗中却在含蓄地批评中国的经济外交，而且故意将中国与印度进行比较，试图挑拨中印关系。险恶用心，不言自明。中国明明是在对一些邻国进行经济援助，本是好事，却被《纽约时报》曲解为拉拢关系，故意给中国制造矛盾。此处，模糊限制语帮助实现了特定的交际意图，传递了对中国的批评与警告。

例［5］"Punjab Province, where the dam is to be sited, is the 〈Adaptor〉 most populous 〈/Adaptor〉 in Pakistan, … To do 〈Adaptor〉 better than 〈/Adaptor〉 … 〈Adaptor〉 much larger 〈/Adaptor〉 financial commitment —…"（New York Times，2015/4/28）

上文大概意思是蒂尔特先生在接受采访时说："大坝所在的旁遮普省是巴基斯坦人口最多的地区，因此可能会有与项目相关的人口迁移。"

为了比美国做得更好，中国人提出了一个"更大的财政承诺——并且它集中在一个特定的领域，是一个有标志性的基础设施重点，这是一项长达数十年的承诺。"

从例［5］中可以看出美国媒体使用"better than"这样的模糊限制语来强调中国为了比美国做得更好而做出的承诺，表面上是在表达中国为了得到项目的决心和努力，实则却是暗中批评中国不择手段，恶性竞争，以一些不切实际的承诺蒙骗巴基斯坦政府并抢夺资源，损害了美国利益。但事实并非如此，中巴友谊历史悠久，中国一贯本着互惠互利的目的对他国开展经济外交，从无故意损害别国任何利益的意图。此外，"most"加深了程度，也与下文相对应，正因为它的人口是最多的所以会涉及人口的迁移。如果作者不使用这类模糊限制语那么无法体现 Punjab Province 与人口迁徙之间的联系。

四、遵从语境制约，避免对敏感的政治问题做出武断或错误的决定

例［6］〈Plausibility〉 It was possible 〈/Plausibility〉 that…〈Plausibility〉 could meet 〈/Plausibility〉 in Vietnam next week…should 〈/Plausibility〉 not…But 〈Plausibility〉 I think 〈/Plausibility〉 the…（New York Times，2017/12/02）

例［6］大致意思为，双方都有可能同意解决分歧，两位领导人和穆恩先

生将于下周在越南举行的亚洲经济首脑会议上会晤。中国人民大学国际关系学教授战晓诃说:"这是韩国努力修补关系的直接结果。中国也意识到萨德问题不应该继续牵制两国的关系。但我认为萨德问题只是搁置,而不是解决。"

何自然认为,"直接缓和语常用于说话者对话题的真实程度信心不足,没有把握或不敢肯定。是在不改变原话题的原则下加上'就我所知','可能','很可能'等词语。表示说话者本人的直接猜测或犹疑。主要来自说话者的主观估计"。(转自冯丽,2005)上述报道引用战晓诃教授对于中韩关系的猜测,不直接表达自己的观点,避免对局势分析失误。同时读者也能很清楚地得知,这并非官方消息,而是一些评论家们对于事态的研究结果,其具有参考意义,但并非绝对。使用此类模糊限定词可以缓和说话者的语气,同时也避免发生强加自己的观点给他人的可能性。"两位领导人和穆恩将于下周在越南举行的亚洲经济首脑会议上会面。"这句报道中使用"would""could"来表示这些消息都是通过一定渠道得知,有其根据而报道出来,缓和了记者说话的语气。有了这些模糊限制语使得文章的表达更加生动而不是太过古板、生硬。上述例子中的模糊语的使用使得新闻报道中的语气不再生硬,对于一些无法确定的事情,也能够表达出"仅仅为个人看法"的意思从而避免了文章太过武断失误,不够准确严谨。

例[7] "I believe that trust is most important not only in a relationship between persons but also between countries," he said at the beginning of his meeting with Mr. Xi, according to Yonhap, the South Korean news agency.

"我相信,信任不仅在人与人之间的关系中最重要,而且在国家之间也是最重要的。"他在与习近平会面时说,据韩国通讯社韩联社报道。

分析:I believe 属于直接缓和型模糊限制语,表示说话人对命题所持的态度和立场,说话人通过模糊限制语表明自己对萨德反导系统的支持,旨在含蓄地批评中国对韩国和美国的不信任。在言者看来,萨德系统的部署不是专门针对中国而是为了韩国自身防御的需要。言者遵从语境制约,委婉批评中国不要反对萨德系统,信任在国际关系中最重要;此外,he said 和 according to Yonhap 属于间接缓和型模糊限制语,属于消息来源明确型模糊限制语。韩联社直接引用韩国领导人穆恩(Moon)的原话来间接表达本媒体对萨德系统的看法,本质上韩联社是遵从语境制约,避免直接对敏感事件做出武断的判断,借用他人表达自己的态度,对中国的不信任表示批评,但含蓄婉转,避免外交冲突。

五、遵从语言顺应论，体现话语协商性、变异性和顺应性

例［8］He has been looking to… "Whenever Japan would call they were basically saying 'Well, we'll check our schedule book and get back to you'," said J. Berkshire Miller…（New York Times，2018/5/2）

分析：《纽约时报》认为，安倍一直在寻求与李克强总理会面，但是中国方面却迟迟没有会面的打算与安排，总是敷衍拖延。《纽约时报》记者使用间接模糊语"said Berkshire Miller"和程度模糊语"基本上"（basically），没有直接对此事件发表态度，符合记者的身份，不擅自揣测，使得语言更具可协商性。与此同时，这些模糊限制语的使用可以模糊记者态度，引用 Berkshire Miller 的话语间接地表达了日本方面对于一直无法与中国确定会晤时间的不满。殊不知，各国都有自己的外交安排。

例［9］They said the message would most likely urge the North to join negotiations to halt its nuclear program, and convey the contents of Mr. Xi's discussions with Mr. Trump about North Korea.（Nov. 16, 2017, New York Times）

分析：此例中"They said"属于"间接缓和型模糊限制语"，而 likely 属于"程度变动型模糊限制语"。《纽约时报》记者通过两个模糊限制语间接表达了自己的态度，也使得话语具有协商性，可变异性，也使得自己的话语可信度增强，即使最终没有实现预期目标，言者也可以有退路，不必要承担责任，这是美国媒体惯用的伎俩。

第五节　本章小结

模糊限制语的使用充斥在各个领域，无论是涉及政治外交抑或是日常交流，它对于语言的修正都起着重要影响。从上文中我们可以看出：（1）出于模糊限制语不同的语用功能，美国主流媒体使用间接缓和模糊限制语频率最高。当然，这与新闻本身的特质息息相关，无论是美国媒体还是中国媒体都习惯于引用第三方的话语进行表述，如此既可以弱化作者态度，避免承担说话的责任又可以借用官方权威话语增强新闻的可信度；（2）美国媒体使用大量模糊限制语来隐藏自己的态度，丑化中国的外交形象，以达到其不可告人

的目的，实现背后的话语霸权。其狼子野心，昭然若揭；（3）如今的中国无论是经济还是军事都在飞速发展，美国表面上无动于衷，实际上一直在紧盯着中国，害怕中国超越其超级大国的地位。因此，美国媒体在其发布的新闻中虽无明确表态，但在字里行间都透露对本国的庇护，美化本国的外交形象、丑化中国形象，想要以此来掌控舆论导向，阻碍中国的发展。最后，不得不提的是本研究撰写时所收集的语料较少，并不能完全准确反映美国媒体对中国外交形象的构建，这些问题还将在今后的研究中做进一步深入探讨。

第五部分
语义韵视角的中国形象研究

第九章

基于语料库的美国媒体中国经济形象建构研究

第一节 引言

改革开放以来中国发生了翻天覆地的变化,经济水平不断提高,综合国力也不断增强,其在全球化进程中所取得的成就令人震撼。随着中国的崛起,国际媒体纷纷开始关注中国,尤其是美国媒体大量报道中国的经济发展,涉华报道中充满话语霸权、偏见、歧视等意识形态。本研究选取美国媒体有关中国经济的新闻报道(541704字符)作为研究对象,从词频、搭配词、关键词分析、语义韵分析等多个视角深入剖析美国主流媒体涉华经济报道的主观性态度,以丰富中国形象研究的现有成果,并拓展批评话语分析研究的理论视野。

第二节 研究设计

"语义韵"(semantic prosody)这一概念近年来已经逐渐发展成为语料库语言学的重要研究对象和视角。有了语义韵的分析,语料库研究准确性和可信度有所提升。语义韵可分为三种:积极(positive)语义韵、消极(negative)语义韵、中性(neutral)语义韵(Stubbs,1996)。但是不管哪一种类型的语义韵都可以表达或者隐藏作者的真实情感和意识形态。

在西方的一些新闻报道中,一些媒体注重事实依据,立场略偏中性,也有一些报道夸大其词、有失公允,但语言中会巧妙地夹杂着西方的思考方式,这样的表达并不会大张旗鼓地表达出来,而是通过一些修辞或写作方式得到反复确认(胡翠娥,2015)。因此,西方媒体发表的许多文章看上去客观公正,其实在许多方面巧妙表达着各种意识形态,耳濡目染地影响着读者。本章将通过关键词、搭配词和语义韵分析,揭示美国媒体涉华报道背后的意识形态动机,为中国形象的国际传播提供支持。

一、语料搜集

本研究购买了美国杨百翰大学(Brigham Young University)的Mark Davies教授研究开发的美国当代英语语料库(Corpus of Contemporary American English；COCA)。该语料库来源广泛,包括1990—2017年所能搜集到的真实语料,涉及学术、新闻、杂志、小说、口语等五个领域。本研究以"经济"为关键词,从中抽取美国涉华经济报道541704字符,创建小型语料库。同时,本研究还搜集了中国主流媒体China Daily、Global Times及新华网关于中国经济的报道,创建了503274字符的对比语料库,然后从词频、搭配、关键词、语义韵等角度研究美国主流媒体涉华新闻报道的意识形态倾向。

二、研究工具

本研究借助语料库检索工具AntConc-3.43-latest,从Word List、Collocates和Keyword List等角度分析中美媒体有关中国经济的新闻报道并开展对比研究。该软件中,Collocates用于统计搭配词的词频和搭配力,词频越高,说明该搭配词出现的频率越高;搭配力越大,该搭配词与节点词之间形成的语境意义也就越大。通过此工具可以直接得出T值和MI值,从而揭示有关搭配词的搭配力。World List主要用于统计词频,即该词在导入的语料中出现的频率,将搜集的语料全部导入AntConc后进行检索,节点词的词频一目了然。研究Keyword List需要使用参照语料库,本研究以COCA的新闻子语料库作为参照语料库。具体操作界面如图9-1所示:

三、研究问题

中国自改革开放以来在经济方面取得很大进步,引起越来越多国家的关注。美国是世界上最发达的国家,其在国际上的地位有目共睹,也最有发言权,因此美国媒体涉华报道在很大程度上反映了美国对中国的态度。自1979年中美建交以来,美国媒体涉华报道发生了很大改变。因此,本研究旨在解

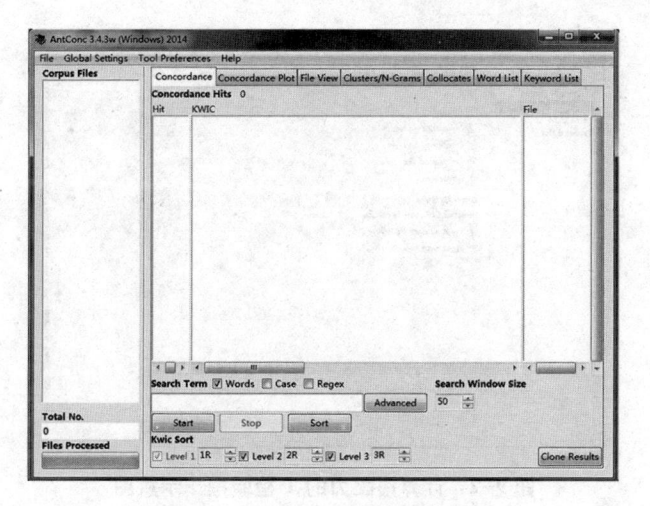

图 9-1　AntConc-3.43 操作界面

决以下几个问题：

（1）美国主流媒体在报道中国经济时，economy 通常与哪些搭配词共现？

（2）这些搭配词与节点词之间呈现何种语义韵，体现了何种意识形态？

（3）美国媒体的涉华经济报道建构了怎样的中国经济形象？动因何在？

四、数据统计及处理

（一）搭配词分析

首先将收集的语料导入 AntConc-3.43-latest，输入节点词 economy 进行检索，如图 9-2、图 9-3 所示：

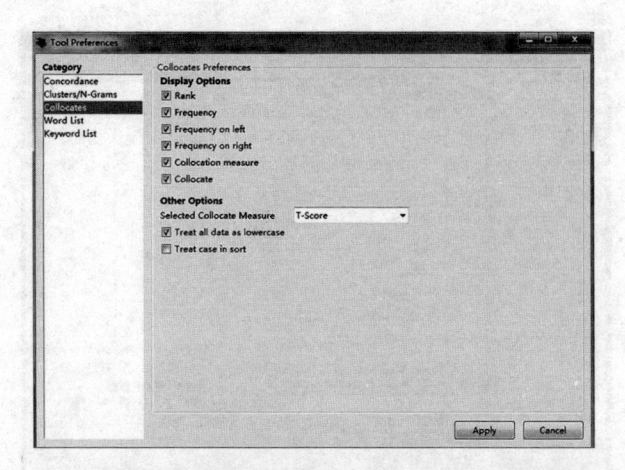

图 9-2　计算搭配力的 T 检验操作示意图

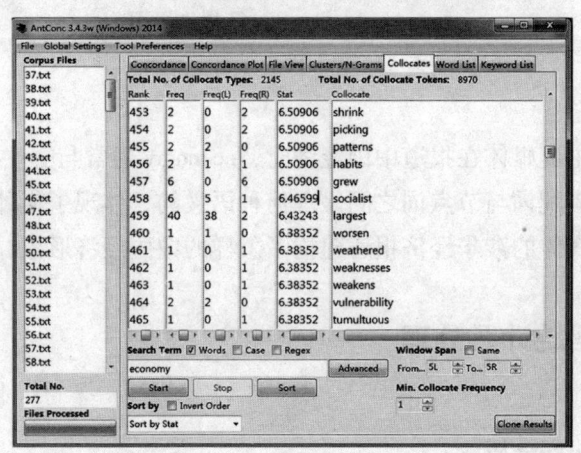

图 9-3　T 值大于 2 的部分搭配词截图

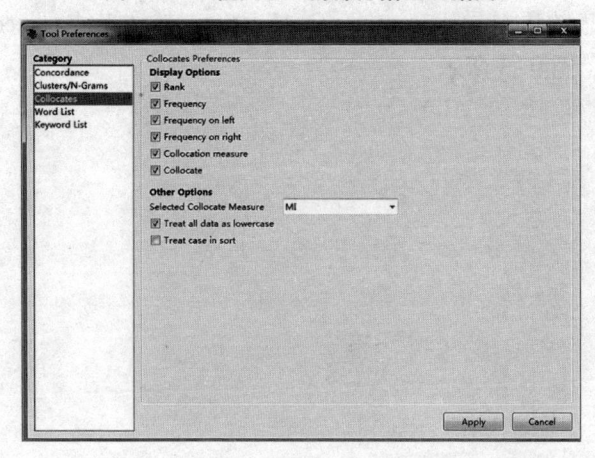

图 9-4　计算搭配力的 MI 值检验操作示意图

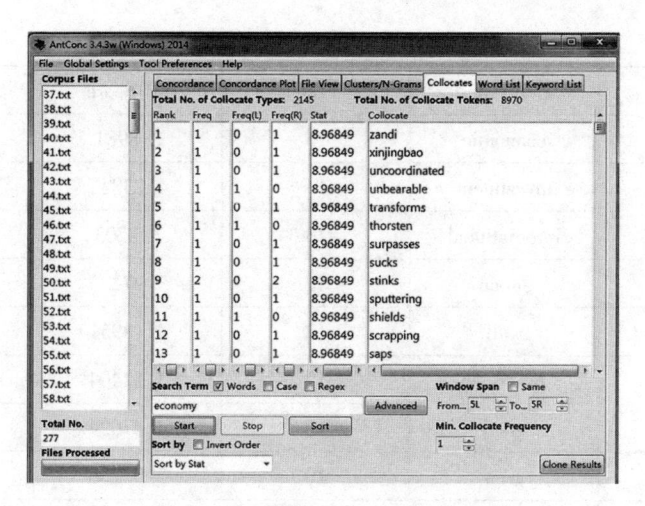

<<< 第五部分 语义韵视角的中国形象研究

图 9-5 MI 值的部分搭配词截图

表 9-1 美国语料中与 economy 的部分显著搭配词

	Collocates	Freq	MI-Score	T-Score
1	china	159	4.13735	12.89299
2	global	81	6.57025	8.90529
3	world	81	5.41504	8.78906
4	Chinese	66	4.12262	7.65766
5	market	48	5.25195	6.74639
6	largest	40	6.43243	6.25133
7	growing	31	6.13478	5.48853
8	percent	31	4.12533	5.24651
9	growth	27	4.75759	5.00406
10	state	25	4.12849	4.71214
11	political	23	4.28748	4.55025
12	second	22	6.26805	4.62955
13	government	22	3.25424	4.19884
14	economy	18	3.32624	3.81964
15	domestic	16	5.4139	3.90618
16	foreign	16	3.66015	3.68359
17	country	16	3.77619	3.70805

199

续表

	Collocates	Freq	MI-Score	T-Score
18	economic	15	2.8981	3.35343
19	investment	13	4.23847	3.41454
20	international	13	3.8203	3.35031
21	Japan	12	3.97225	3.24339
22	well	12	4.18951	3.13485
23	American	12	3.52404	3.02832
24	good	10	4.47024	3.01961
25	grow	10	5.93286	3.12051
26	Beijing	10	2.65924	2.66168
27	demand	10	4.8066	3.04928
28	slowing	9	7.09402	2.97804
29	planned	9	6.78086	2.97272
30	transition	9	6.12604	2.95675

表9-2 中国语料中与economy的部分显著搭配词

	Collocates	Freq	MI-Score	T-Score
1	China	637	3.90887	23.55858
2	world	306	5.31204	23.55858
3	global	236	5.21931	14.94992
4	Chinese	187	4.21371	12.93779
5	market	164	5.06742	12.42432
6	trade	120	2.84284	9.42756
7	percent	101	3.51503	9.17079
8	development	96	3.55074	8.96186
9	growth	95	3.61284	8.94955
10	largest	91	5.64093	9.34822
11	real	84	6.71298	9.07773
12	second	83	5.84921	8.95240

续表

	Collocates	Freq	MI-Score	T-Score
13	status	71	7.32645	8.37365
14	economy	70	2.98951	7.31314
15	open	67	5.26335	7.97224
16	stable	59	5.94806	7.55673
17	blog	58	6.70732	7.54289
18	source	58	5.34475	7.42837
19	powered	57	6.59796	7.47190
20	country	52	3.57026	6.60402
21	posted	66	6.57398	8.03877
22	digital	48	6.73470	6.86315
23	boost	46	5.59529	6.64204
24	international	44	3.12257	5.86633
25	investment	43	3.16975	5.82875
26	cooperation	40	2.45836	5.17379
27	local	40	4.71480	6.08371
28	published	40	5.15509	6.14706
29	domestic	39	4.69018	6.00309
30	Beijing	36	3.79146	5.56668

从表 9-1 我们可以看到，美国媒体在报道中国经济时，China、Chinese 均排在前列，与 economy 搭配力非常强，是因为美国媒体主要报道的是中国经济方面的内容。其次可以看到 global（全球的）、world（世界）、international（国际的）等词的搭配力也很强，从中可以看出中国正在走向世界，在逐渐融入全球化的进程，与世界上其他国家的市场分工与协作越来越融合，美国也对中国在这一过程中取得的进步持肯定态度。market（市场）的搭配力很强，从中可以看出中国从商品经济到市场经济的过渡，如果获得了市场经济地位，中国的商品将大量涌入西方国家市场，侧面反映美国对中国发展市场经济的担心，也恰恰验证了其所谓的"中国经济威胁论"。second（第二）、largest（最大的）的搭配力也很大，根据宏观数据显示，经过 30 年的努力，中国迅

速发展并超过日本成为全球第二大经济体。当然，对于"第二大经济体"这一成就的取得我们不能自鸣得意，亦不能盲目乐观，中国的发展长足进步的同时还有很长的路要走。从这两个搭配词可以看出美国对中国这一世界第二大经济体的关注，同时也暗含其对自身第一超级大国地位不保的担心。growing（成长的）、growth（成长）这两个搭配词都带有积极的意义，说明中国的经济正在以可观的速度不断增长。为了推进实施"一带一路"倡议，中国在发展自身经济的同时，积极主动加强与沿线国家间的沟通与合作，为沿线国家提供了很多发展机遇。在相互依存、互联互通的全球化时代，美国身处一带一路辐射区域，对中国实施这一战略持怀疑、观望的态度也无可厚非，但从中也可以看出美国对中国快速发展的经济感到恐慌。new（新的）、well（好）、good（好的）等词与 economy 搭配力较强，表明中国在积极发展新型经济，并且这种新型模式发展良好，这些词都具有积极意义，说明美媒对中国的经济评价比较高。我们还可以看到，political（政治的）、government（政府）的搭配力也很强，这些词显示，美国除了在经济方面关注中国以外，对中国的内政方面也比较关注。domestic（国内的）、foreign（国外的）没有任何情感色彩，表明不管在国内还是在国外，美国全面关注中国的经济发展。

通过表9-2我们可以看出中国媒体在报道国内经济时，world（世界）、global（全球的）、international（国际的）等具有积极意义的词汇正面诠释了中国的整体经济，同时也向外界构建了一个良好的大国样貌。growth（成长）、boost（促进）等具有积极意义的词汇与 economy 搭配体现中国对国家经济的提升充满信心。second（第二）、status（地位）、stable（稳定的）、local（当地的）等词的搭配力也很强，表明中国对作为世界第二大经济体这一地位的肯定，但并没有因此骄傲，而是重视发展区域经济，逐步促进经济的平稳增长。从 open（开放的）、trade（贸易）、market（市场）等词的搭配力，我们可以看出中国重视进出口贸易，并且在努力走向市场经济，虽然竞争在所难免，但是也显现一定的弹性。综合来看，中国媒体在报道国内经济时大多运用一些具有积极意义的词汇，旨在积极维护国家形象。

为了更直观地展示数值的变化，现将美国语料中前30个搭配词的T值和MI值转换成折线图如图9-6：

本次研究设计相对比较科学，从图9-6可以看出，T值波动幅度比MI值大很多，且一直呈下降趋势，MI值不稳定。我们可以将搭配词的T值和MI值进行对比参照，数值越大搭配力越强，进而对节点词与搭配词呈现出的语义韵进行分析。

前30个搭配词的T值和MI值

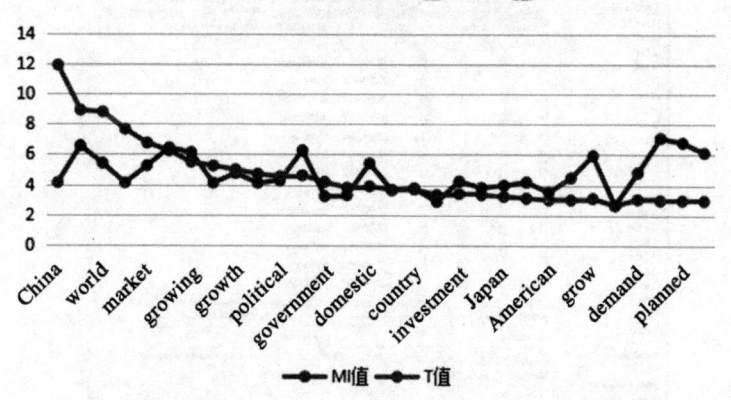

图9-6 前30个搭配词的T值和MI值

通过图9-6我们可以看出，China、Chinese均排在前列，因为美国媒体主要报道的是中国经济方面的内容。其次可以看到global（全球的）、world（世界）、more（更多的）、largest（最大的）、growing（成长的）、growth（成长）、new（新的）、well（好）等词与economy搭配频率较高，这些词都具有积极意义，说明美媒对中国的经济评价还是比较高的，同时也反映其对中国在融入全球化进程中所取得的进步的肯定。但我们同时看到，political（政治的）、government（政府）出现的频率也比较高，从中可以看出美国媒体的一贯伎俩，即惯常将经济问题政治化，意识形态意义较为明显。

再将中国主流媒体关于中国经济报道的语料导入AntConc进行检索，如图9-7所示：

（二）关键词分析

关键词并非指的是出现频率最高的词，还要根据该词在参照语料库中出现的情况来最终决定其关键性。"关键词"的学术定义是指一个词的频率明显高于某个标准，高度是关键词的"关键性"。为了选出关键词，我们分别将中美两国主流媒体关于中国经济报道的语料导入检索软件AntConc-3.43，再通过Keyword list进行检索，排除the，a，and，in，of等功能词，我们可以筛选出前30个高频关键词，如表9-3所示：

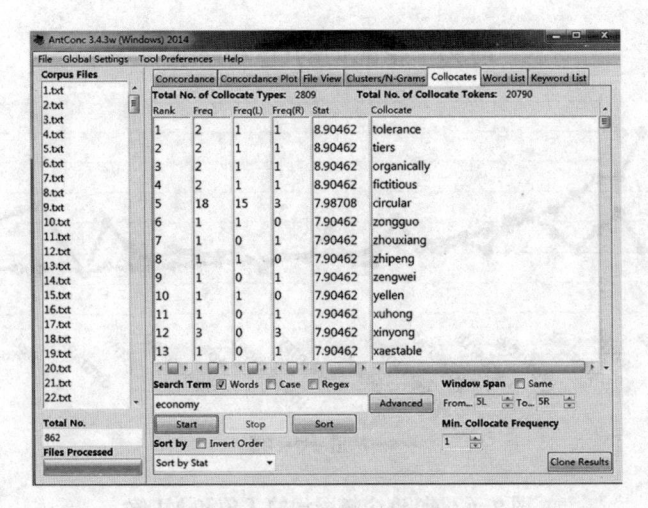

图 9-7 AntConc 检索界面

表 9-3 中美两国媒体涉华经济报道中前 30 个高频关键词

	美国媒体	中国媒体
1	China	China
2	Chinese	trade
3	Beijing	Chinese
4	economic	cooperation
5	economy	economic
6	Taiwan	economy
7	trade	countries
8	government	growth
9	Deng	initiative
10	Hong Kong	belt
11	foreign	development
12	Shanghai	global
13	Asia	Xi
14	communist	investment
15	exports	road
16	countries	tariffs

续表

	美国媒体	中国媒体
17	companies	updated
18	growth	international
19	Japan	Beijing
20	party	bilateral
21	global	BRICS
22	Mao	WTO
23	market	world
24	Hu	market
25	currency	imports
26	investment	protectionism
27	factories	exports
28	peasants	opening
29	world	Hong Kong
30	political	reform

通过表9-3的关键词对比，我们可以发现如下一些特点：

首先，两国媒体关注的焦点有很多相同之处。中美媒体涉华经济报道中前30个高频关键词中有13个是相同的。他们分别是China, Chinese, Beijing, economic, economy, trade, Hong Kong, exports, countries, growth, global, market, world。这些关键词恰恰与中国经济发展密切相关，出口（exports）可以促进经济发展，增加外汇，发展（growth）才是硬道理，市场经济替代了计划经济，经济发展不可能单打独斗，需要世界贸易合作（trade, global, world, BRICS）。

另一方面，中美媒体的涉华经济报道呈现了很多不同的关键词，如美国关注中国台湾地区和日本等国家；关注货币汇率（currency），恶意渲染中国的人民币贬值问题，认为中国是为了扩大出口而恶意将货币贬值；关注投资（investment），担心中国在海外的投资冲击美国的地位；关注政治问题（political），关注中国领导人，关注政府对经济的掌控与领导。

总的来说，美国媒体经常将经济与政治联系起来。他们动辄拿政府、政治说事。中国媒体则相对中性一些，如关注双边贸易（bilateral），反对贸易保护主义（protectionism），关注进口和出口的平衡，也关注改革（reform）发展。中国媒体旨在塑造良好的中国经济形象，美国媒体似乎有意构建负面的中国经济形象，这正是中美媒体的总体态度和意识形态倾向。

第三节 美国媒体涉华经济报道的语义韵分析

本节主要以"economy"为节点词，分析与之搭配的具有显著搭配力的高频词汇，以研究美国主流媒体有关中国经济报道的语义韵特点。

一、积极语义韵

(1) After joining the World Trade Organization (WTO) in the early 2000s, China also began to play a bigger, different, and more directly visible role in the global economy as it became the world's largest trading nation. In just over the last decade, China also has become a growing contributor to flows of outbound foreign direct investment as well as international finance, especially through loans and aid to developing countries. (12/09/2016, Carnegie-Tsinghua Centre For Global Policy)

分析：上述报告指出，中国加入世界贸易组织后，逐渐成为世界上最大的贸易国，中国已开始在全球经济中发挥更大、更多、更直接的作用。十多年来，通过向发展中国家提供贷款和援助中国成为外国直接投资和国际金融流通的重要贡献者。该句中 global 与 economy 搭配呈现出来的是积极语义韵，体现出中国加入 WTO 之后在经济方面取得了很大进步，也更加反映出美国媒体对中国实现这一跨越的肯定。

(2) Last year, soy growers in the United States sold nearly one-third of their harvest to China. In dollar terms, only airplanes are a more significant American export to China, the world second-largest economy. (2018-06-23, New York Times)

分析：该例显示，美国大豆种植户将大约三分之一的产品出口给中国，而飞机是出口到中国的最重要产品。《纽约时报》使用积极意义的词汇表述中国经济，是对世界第二大经济体的一种认可。这样的搭配形式构成积极语义韵。

(3) Rapid growth has been achieved 'by means of a deep engagement in the

global economy that made China more vulnerable to pressures and influences from the outside world than it had ever been before. (01/29/2018, Journal of Survival)

分析：上述报道的大体意思是在全球经济一体化进程中，中国虽然容易遭受外界的冲击和影响，但仍然实现了经济的快速增长。该句中 global 是个中性词，不带任何情感色彩，与 economy 搭配也是个中性短语，但在该句中呈现出来的是积极语义韵，表明美国媒体对中国在经济方面的抗压能力和取得的成绩是持肯定态度的。

(4) Just a decade ago, China was hailed as the engine that would single-handedly drive the global economy for years to come. That seemed plausible, as a billion Chinese attempted something never before accomplished: transitioning from an agrarian to an industrial to a consumer economy, all in a single generation. (1/14/2015, Money)

分析：该报道的大体意思是，中国在十年前就被誉为在今后的几年里将成为推动全球经济的重要引擎。这看起来似乎有道理，因为十亿中国人尝试过前所未有的事情：从一个农业国转向工业国再到一个消费经济体，这一切都在一代人的时间内完成。该句中 single-handedly drive 与 economy 相搭配呈现出一种积极语义韵，美国明白中国在推动世界经济方面的不易，也认可中国从农业向工业再向消费经济转型的整个过程。

(5) Unlike Japan, for instance, China is still a young, emerging economy. Slowdown or not, "the growth of the middle class will continue in China, and that will absorb some of the overhang in the economy, which is something Japan couldn't count on," says Michael Kass, manager of Baron Emerging Markets Fund. (1/14/2015, Money)

分析：上述报道的大体意思是，与日本不同，中国仍然是一个年轻的新兴经济体。不论经济是否放缓，"中产阶级的增长将在中国持续，这将吸收经济中的过剩，这是日本不能指望的"，该句中 emerging（新兴的）与 economy 相搭配呈现出一种积极语义韵，美国用"新兴的"来描述中国，表明其对中国的发展态势持乐观态度。

二、中性语义韵

(6) China's expanding global economic and geopolitical role has spawned a growing divide between those who portray the country's rise as a force for prosperity

and peace and those who depict it as an assertive, mercantilist threat. Such conflicting paradigms oversimplify the complex political economy of the country's international relations. These flawed frameworks reflect a lack of boundary-breaking thinking, research, and policymaking that can account for the interaction between the economic and geopolitical aspects of China's rise. (12/09/2016, Carnegie-Tsinghua Centre For Global Policy)

分析：该报道认为，中国日益扩大的全球经济和地缘政治角色，在世界各国引起了争论和分歧，一些国家认为中国崛起是繁荣与和平的力量，而另一些国家则认为中国是一个自信的重商主义国家，中国的崛起对他们构成了威胁。这种相互矛盾的模式已经过度简化了国际关系中复杂的政治经济学。该句中与 economy 相搭配的 complex（复杂的）和 political（政治的）均为中性词，该句呈现的是中性语义韵。中国的经济发展世界瞩目，在国际上的认可度也越来越高，但也必然会成为其他国家争论的焦点。这种经济上的崛起势必也会引起其他国家的恐慌，当然也包括美国。美国媒体的这种论调也反映了美国的矛盾心理。"中国威胁论"就是在这样的背景下被蓄意提出的。

(7) The timing of this challenge is both urgent and fortuitous because China itself stands at a crossroads. The country is in the midst of efforts to fundamentally shift toward a new model of economic development that will also alter its relationship to the international economy and affect its foreign relations more generally. Not only that, at the same time, it is China's paramount leader himself, President Xi, who has increasingly sought to explicitly link China's promotion of economic development to regional and international security and stability. (12/09/2016, CARNEGIE-TSINGHUA CENTRE FOR GLOBAL POLICY)

分析：上述报道的大体意思是，这一挑战的时机既紧迫又偶然，因为中国本身就处于十字路口。中国正在努力从根本上转向一种新的经济发展模式，这种模式也将改变其与国际经济的关系，并更广泛地影响其对外关系。不仅如此，中国的最高领袖，国家主席习近平正越来越多地寻求将中国经济发展与地区和国际安全联系起来。美国媒体的这一报道呈现的是一种复杂语义韵：一方面要说明中国经济对全球的影响，另一方面又担心中国经济一旦出现滑坡会影响地区安全和国际稳定。

(8) Meanwhile, at tremendous cost to his people, Mao was able to develop a basic industrial economy with surpluses squeezed from agriculture. He sustained a large if backward military and developed a nuclear capability sufficient to deter a

Soviet or American attack. Deng Xiaoping, who came to power two years after Mao's death, sought a different balance of security gains and losses in a different orientation to the world economy. (09/03/2013 https://doi.org/10.1002/polq.12076)

分析：上述报道的大体意思是，毛泽东为他的人民付出了巨大的代价，建立了一种基本的工业经济，其中有来自农业的盈余。他拥有一支庞大的落后军队，并发展了足以阻止苏联或美国进攻的核能力。在毛泽东去世两年后执政的邓小平，在与西方经济不同的方向上寻求不同的安全利益和平衡。该句中前一部分 basic 和 industrial 与 economy 搭配呈现一种中性语义韵。该报道中美国既指出了中国存在的不足（军事落后），又道出中国具有优势的地方（核能力）。

（9）Third, and more importantly, as China's economy rebalance towards a much more sustainable form of growth, this will automatically make Chinese growth much less commodity intensive. It doesn't matter whether you agree or disagree with my expectations of further economic slowing. Even if China is miraculously able to regain growth rates of 10~12% annually, a rebalancing economy will demand much less in the way of hard commodities. (09/16/2012, Seeking Alpha)

分析：上述报道的大体意思是，随着中国经济向更可持续的增长方式重新平衡，这将使中国大大减少商品密集度。即使中国奇迹般地能够恢复10~12%的增长率，经济再平衡对硬商品的需求也会少得多。该句中 rebalance（再平衡）非褒非贬，与 economy 搭配呈现的是一种错综复杂的语义韵。一方面，美国比较客观地陈述了中国经济的增长方式；另一方面，又指出随着经济的再平衡需求量也相对减少。

（10）In a sense, the slowdown in China's economy only serves to accentuate that contradiction, fueling the resentment toward foreign companies that are doing well here, while underscoring the country's need to attract fresh foreign money. (08/09/2013, The Washington Post)

分析：上述报道的大体意思是，从某种意义上说，中国经济放缓只会加剧这种矛盾，加剧对表现良好的外国公司的不满，同时强调中国需要吸引新的外国资金。该句中 slowdown（减缓）无任何情感色彩，与 economy 搭配呈现一种消极语义韵。美国媒体在客观预测中国经济放缓后所出现的局面，又提出建议。

（11）Constituting a whopping 70 percent of China's energy supply, coal has allowed the country to become the world's second-largest economy in just a few decades. But burning coal has also caused irreparable damage to the environment and the health of China's citizens. （09/18/2014，HUFFPOST）

分析：上述报道的大体意思是，煤炭占中国能源供应的70%，使该国在短短几十年内成为世界第二大经济体。但燃烧煤炭也对环境和中国公民的健康造成了不可挽回的损害。world's second-largest 客观来说带有积极的意义，但在该句中与 economy 搭配呈现出一种中性语义韵，美国媒体陈述了中国在短时间内成为世界第二大经济体的原因是充足的能源供应，同时又指出在发展的同时出现的弊端——环境污染。

三、消极语义韵

（12）As China continues to grow its economy and expand its cities, it will need every resource it can get—coal, gas, solar, wind, hydropower, and nuclear. James Fallows, a senior correspondent at The Atlantic who spent many years covering China, notes that the Chinese government "is pushing harder on more fronts than any other government on Earth" to develop energy sources other than coal. "The question is, will they catch up? Who will win that race between how bad things are and how they're trying to deal with them?" （08/18/2014，The Guardian）

分析：上述报道的大体意思是，随着中国经济的不断发展和城市的扩张，将需要一切可以获得的资源——煤炭、天然气、太阳能、风能、水和核能。詹姆斯·法洛斯是《大西洋报》的高级记者，他在中国工作了多年，他指出，中国政府"比世界上任何其他政府都更加努力地"开发煤炭以外的能源。"问题是，在解决问题和事情变糟之间，谁会赢得比赛？" grow（增长）和 expand（扩大）均为带有积极意义的词，但在该句中与 economy 搭配呈现出一种消极语义韵。首先，美国媒体表面上描述了中国在经济发展和城市扩张后带来的各种美好前景，其实对中国是否能开发出煤炭以外的能源持观望态度，甚至提出了质疑。

（13）The stakes in this unfolding struggle over the reform process in China could hardly be greater……. And for a government under pressure to create a reasonable social safety net—from a national pension system for a country aging rapidly (by the year 2020, nearly 25 percent of the population will be 65 or older, compared with just over 6 percent in 2005) to a modern health care system—a stagnant economy will cripple those efforts. (08/18/2014, The Guardian)

分析：该报道认为，中国改革进程中遇到的风险将会非常高。……对于一个政府而言，其合法性几乎完全与经济进步联系在一起，未来改革"可能会被判处死刑"。stagnant（停滞不前的）和 cripple（削弱）均为带有负面评价的词语，在该句中与 economy 搭配呈现一种消极语义韵。美国媒体通过转述智库学者话语来间接表达自己的态度，即中国的经济改革注定会困难重重，失败的可能性极大。这是对中国经济形象的负面建构，是一种典型的"中国经济崩溃论"。其实，美国媒体、智库乃至政府经常喜欢故意贬低中国，误导读者，引导国际舆论，值得我们开展深入的批评性话语分析。

(14) China economy, the world second largest, is burdened by debt from a borrowing-fueled binge of building rail lines, highways, bridges and apartment towers. It still relies heavily on dirty industries of the past, like steel and coal. Mr. Xi has talked about economic reform, but debt ballooned under his watch. His policy measures have tended to focus on helping state-owned enterprises while retaining and even tightening Communist Party control of the entire economy, including private companies.

分析：在《纽约时报》看来，中国作为世界第二大经济体，仍然依靠传统的钢铁、煤炭等污染工业拉动经济发展。中国经济仍然依靠借贷修建铁路、公路、桥梁、大厦公寓……在他们看来，中国政府并没有真正落实经济改革。显然，该记者用 dirty 等负面词汇与中国的经济搭配，旨在负面建构中国的经济形象。事实上，中国经济之所以多年来屹立于世界之林，与自身的不断改革密切相关，中国逐渐淘汰传统的污染工业，走向生态发展的健康之路。从习近平倡导的"五大发展理念"就可以看出中国坚决主张以人为本的经济发展模式，并非西方媒体渲染的那样，注重经济发展，以牺牲环境为代价。

(15) Mr. Xi also cannot easily ask the central bank to print huge sums of money to bail out the stock market and struggling companies. Doing so now would risk flooding the economy with cash, causing a further decline in China currency against the dollar. (2016-01-07, New York Times)

分析：此句大意是中国不能轻易让银行出资拯救股市和陷入困境的企业。现在这样做可能会向经济注入大量资金，造成人民币对美元汇率进一步下降。显然，《纽约时报》一方面对中国的股市和企业表示担忧，另一方面，对中国政府的国家治理能力，对人民币汇率缺乏一定的信心，担心中国政府会故意操纵人民币汇率，以促进中国的商品出口，提高贸易顺差。

（16）By last December, the Government was alarmed and tried to loosen credit to boost the economy. At the National People's Congress last month, one of the themes was how to stimulate the economy, instead of how to curb growth. But so far, there is no clear sign that the economy is rebounding, and inventories are still rising. (04/16/1990, The New York Times)

分析：上述报道认为，截至去年12月，政府试图放松信贷以刺激经济。在上个月的全国人民代表大会上，中国政府的一个议题就是如何刺激经济，而不是如何抑制经济增长。但到目前为止，没有明显的迹象表明经济正在反弹，库存仍在上升。boost（促进）、stimulate（刺激）为带有积极意义的词，rebounding（反弹）非褒非贬，但在该句中与economy相搭配呈现一种消极语义韵。美国媒体在陈述中国的全国人民代表大会议题时提出自己观点，即抑制经济增长，且指出了库存积压的问题。

（17）China is the world's second largest economy, but the enormous costs of its growth are becoming apparent. Residents of its boom cities and a growing number of rural regions question the safety of the air they breathe, the water they drink and the food they eat. It is as if they were living in the Chinese equivalent of the Chernobyl or Fukushima nuclear disaster areas. (08/03/2013, The New York Times)

分析：上述报道认为，中国作为世界第二大经济体，其发展经济的成本正变得越来越高。城市居民和越来越多的农村地区质疑他们呼吸的空气，饮用水和食品安全。就好像他们生活在切尔诺贝利或福岛核灾区。second largest本是带有积极意义的词汇，但在该句中与economy搭配呈现一种消极语义韵。美国媒体先是陈述了中国是世界第二大经济体这一客观事实，随后又指出在经济增长的背后是以人民的健康和安全作为代价，且语言表达非常犀利，极具讽刺意味，贬低中国的目的不言自明。

（18）Beijing is losing its preeminence in China's economy, and thus its attractiveness to high-flying foreign executives, as second-tier cities develop specialized industries, says Price. "How fast that happens depends on how quickly they get hold of the pollution issue," he predicts. "Beijing will always be the capital of the fastest growing big economy in the world," he says. "But it is losing its attraction." (04/04/2013, CSMonitor. com)

分析：美国媒体转述普赖斯的声音，表达对北京的否定：由于二线城市发展专业化，北京正在失去其在中国经济中的优势，因而失去了对人才的吸引力。"发生的速度有多快取决于他们对污染问题的控制程度。"他预测道。"北京将永远是世界上增长最快的大型经济体的首都，"他说，"但它正在失去吸引力。"pre-eminence（卓越地位）、fastest growing big（发展最快的）均为带有积极意义的词汇，但在该句中与 economy 搭配呈现一种消极语义韵。美国媒体在陈述北京经济发达的同时还指出其最大隐患——污染问题，及该隐患所带来的后果。本质上，这是典型的话语偏见。

(19) Furthermore, since the global financial crisis of 2008—2009, China has relied on massive infusions of credit to prop up its economy, and data show that the growth bang for the credit buck has diminished considerably. (12/26/2014, NEWSWEEK MAGAZINE)

分析：上述报道的大体意思是，自2008—2009年全球金融危机以来，中国一直依靠大规模的信贷注入来支撑经济，数据显示，信贷拉动的增长效应已经大幅减少。prop up（支撑，支持）为带有积极意义的短语，但在该句中与 economy 搭配呈现一种消极语义韵。美国媒体旨在阐述，中国靠大规模信贷支撑和刺激自身经济发展，具有明显的挖苦意味和酸葡萄心理。其实，真正具有讽刺意味的是，2021年美国债务累累，几乎达到极限，通货膨胀令人民苦不堪言，美国媒体有何颜面对中国经济说三道四。

(20) Recently, however, this ride to prosperity has hit the skids. A real estate bubble threatens to crimp consumer wealth; over-investment in a wide range of industries is likely to dampen growth; and the transition to a developed economy is stuck in an awkward phase that has trapped other emerging markets. (01/14/2015, Money)

分析：上述报道认为，中国这种繁荣已经开始走下坡路。对各行各业的过度投资可能会抑制增长；向发达经济体过渡的进程受阻，中国经济目前处于一种尴尬境地。developed（发达的）为带有积极意义的词，但在该句中与 economy 搭配呈现一种消极语义韵。美国媒体在报道中国房地产繁荣的同时又指出这种表面繁荣只是昙花一现，并不能给人民带来实质性的保障，且会陷入另外一种僵局。

(21) At the same time, the country's new consumer-centric economy has yet to fully form. About half of China's urban population is thought to be middle-class by that nation's standards, but half of Chinese still live in the countryside, and the vast majority of those households are poor. Couple this with the deteriorating housing

market—which accounts for the bulk of the wealth for the middle class—and you can see why China isn't able to buy its way to prosperity just yet. (01/14/2015, Money)

分析：上述报道认为，中国以消费者为中心的经济尚未完全形成。中国城市人口被认为是中产阶级，但仍有一半的中国人居住在农村，绝大多数家庭贫困。再加上不断恶化的住房市场（这是中产阶级财富的主要部分），你可以看到为什么中国还没能够找到通往繁荣的道路。consumer-centric（以消费者为中心的）本是带有积极意义的组合词，但在该句中与 economy 搭配呈现一种消极语义韵。美国媒体表面上以陈述事实的方式报道中国经济发展概况，实际上是对中国模式表示怀疑和指责，认为中国经济发展并未找到合适的途径。显然，这并不符合事实。试问，美国自身又如何呢？

第四节　本章小结

语言反映意识形态。"以英语为媒介的大众传播媒体日益渗透到社会生活的方方面面，英语的语言文化'霸权'在全球范围内越来越明显；英语新闻主导着世界舆论，每天都在影响甚至操纵着人们的思想意识。"（辛斌，2000）通过本研究，我们发现：

（1）美国媒体一方面惊叹中国经济的发展速度及其对世界的贡献，另一方面又担心中国崛起对美国霸权地位的挑战，故而在其涉华经济报道中时常利用一些特殊的词语或句法来建构所谓的"中国经济威胁论"或"中国经济崩溃论"，目的在于错误引导国际舆论走向，帮助美国占领舆论制高点。

（2）美国媒体在报道中国经济发展状况时总是带有一种居高临下的态势，其话语修辞和语用预设机制值得我们高度警惕和重视。

（3）总体来说，美国媒体对中国经济形象的负面建构有失公允，不够客观，需要我们结合具体的社会文化语境开展深入持久的批评性话语分析，以维护良好的中国国际形象。

当然，同一个话语在不同语境中可能有不同的理解，每个人对于话语的理解也不尽相同。中、美媒体对中国经济形象的建构具有一些共性也有一些差异，需要我们结合具体的社会历史文化语境对此开展深入的对比分析，以了解新闻报道者的特定意图及其意识形态倾向。批评话语分析的目的就是要揭示那些隐藏在话语背后的难以轻易察觉的意识形态偏见。

第十章

美国媒体关于中国城市形象的话语建构

第一节 引言

美国学者凯文·林奇在 1960 发表的《城市意象》(The Image of the City) 中提出了"城市形象"一词,指的是城市居民对城市里物质形态的感受。后来的学者更进一步丰富了城市形象的内涵,指城市全面的形象,包括城市的整体风格和城市居民的价值观、文化水平等。随着全球化的发展,中国以发展中大国的形象被许多国家关注,国外媒体对中国的报道也有好有坏。国家形象和城市形象建构中,媒体传播的重要性不容小觑。媒体传播是城市形象刻画和推广的重要途径,除了个人的认知之外,媒体传播是大众接纳城市形象的必要方式(周芬,2016)。国外的学者 Foot (1999) 认为"城市形象是通过大众传媒、个人经历、人际传播、记忆以及环境等因素的共同作用形成的"(转引自宋国强 2014)。由此可见,媒体报道对城市形象有一定的影响。此前,关于形象的研究多数在国家层面,典型的著作有周明伟的《国家形象传播研究论丛》、李正国的《国家形象构建》等。此后有关城市形象的著作慢慢出现,如张鸿雁的《城市形象与城市文化资本论》。但是分析某一个具体城市形象的著作较少,如李兴国的《北京形象》。目前,关于这方面的学术研究开始兴起,分别从建筑学、公共关系、城市社会关系、传播学等视角出发,传播学视角虽起步晚但是用得较多。如叶晓滨的《大众传媒与城市形象传播研究》等。但是从语料库和语义韵视角对媒体的城市报道话语进行批评性话语分析的成果尚不多见。

鉴此,本章搜集 2010—2017 年四家报刊发表的关于上海和广州的报道,创建 1092563 字符的语料库,从批评性话语分析的角度对 2010—2017 年美国媒体关于上海和广州的报道话语进行倾向性分析,旨在揭示美国媒体涉华报道的话语变化以及其中的话语偏见、话语霸权等意识形态，从而提高读者对媒体报道的分辨性和跨文化语篇鉴赏能力。

第二节 研究设计

一、研究对象

本章从《纽约时报》《今日美国》《时代周刊》《华盛顿邮报》等网站收集 2010—2017 年关键词包含 "Shanghai" 和 "Guangzhou" 的 497 篇报道（选取的是内容大于 30% 的主题报道，涉及报道不在内）计 1092563 字符语料，分为上海和广州两部分，关于上海的报道 299 篇，计 657351 字符，关于广州的报道 198 篇，计 435302 字符。

二、研究问题

从 1842 年的《南京条约》签订开始，上海和广州就奠定了其对外通商的发展基调，一直以来在国内的地位都很重要。改革开放以后更是发展迅速。随着中国的强大，这两个城市也走向了国际。在发展的过程中媒体报道也是褒贬不一。鉴此，我们对美国媒体的报道进行分析，探究其如何对上海和广州的形象进行话语建构和形象塑造，具体问题如下：

(1) 美国主流媒体关于广州和上海的报道关注焦点有何特点？
(2) 美国主流媒体建构了怎样的中国城市形象？
(3) 美国媒体为何如此建构中国城市形象？

三、数据统计与处理

本章创建了 1092563 字符的语料库，通过 Ant Conc. 中的 keywords、concordance、collocates 对美国部分媒体报道中的话语进行认知批评分析。Keyword List 是检索关键词，将 COCA 的 newspaper 作为参照语料库进行对比，选出包括消极意义和积极意义的关键词。concordance 与 collocates 是语境共现检索，可以选出搭配词，用来计算搭配力。"搭配力大小反映的是搭配的意义或显著性的大小。搭配力越大，搭配的意义越大。"（卫乃兴，2002）。我们经常使用 Z 值（Z-score）或 T 值（T-score）来检验搭配词的搭配力。本章使用 T 值检验搭配力，选取 T 值大于 2 的有意义的搭配词来分析。

（一）数据描述

可以明显看出检索"Shanghai"出来的报道比"Guangzhou"多了 99 篇，我们从政治、经济、文化方面来分析。1. 政治方面，2010 年国务院发布《全国主体功能区规划》将上海和广州作为"国际大都市"。2010 年上海召开了世界博览会将这个城市进一步推向了世界，受博览会的辐射效应，上海的形象不论在国外还是国内都急剧上升。后有媒体指出从人口和经济指标上看，中国第一大城市应该是上海而不是北京，由此可见上海在国内举足轻重的地位。同年广州也召开了亚运会，从关注度来说没有世博会高。一个是面向世界的全面展览，一个是亚洲的运动会，在西方的视角上博览会更胜一筹。而且"从新闻价值来看，亚运会在中国举行已是第二次。任何事物第二次的新闻价值总是不如首次，更何况有 2008 年北京奥运会、2010 年刚闭幕的上海世博会在先，无论从规模上还是涉及面上都远比亚运会在世界范围内瞩目度要高很多。"（郭光华，2012）。众所周知，上海是直辖市，在中国的政治地位仅次于北京，广州是第一经济大省广东的省会也是国家的副省级城市，但是两者之间的地位和影响力是可以明显区分的。2. 经济方面，从 2017 全国城市的 GDP 排名来看，上海 2017 年 GDP30133.86 亿元，排名全国第一，对外进出口 32237.82 亿元。广州 GDP21503.15 亿元，排名全国第四，对外进出口 9714.4 亿元。单从数据方面看上海也领先广州，近几年的 GDP 排名都是如此。上海作为全国最大的经济、金融中心，也是重要的港口城市。广州虽作为广东的省会被称为"千年商都"，但是在经济发展上已经不及本省的深圳。3. 文化方面。中西方文化融合让上海成为真正的国际大都市，在上海开始建设文化新面貌的时候，世界上又多了一个新的包容的开放的城市（潘益大，2002）。上海又被称为"东方巴黎"，每年国际性的展会达 300 多场。广州从秦朝开始就作为政治中心，20 世纪 90 年代初广州参加了国际大都市协会，1992 年广州市政府提出把广州建设成多功能、高度文明的社会主义现代化大都市。两个城市都是国家历史文化名城，文化方面两个城市不相伯仲。我们无法通过具体的数字比较二者的优劣。但是通过以上分析不难理解上海比广州在外媒的眼中关注度更高一些，因此报道也更多一些。

（二）词表分析

WordList 工具可以列出文本中单词的特征和词性，将单词的频率由高到低进行排序，通过这个程序我们可以清楚地知道媒体使用的高频词汇，进一步分析其话语的含义。过程如图 10-1 和图 10-2。其中出现了很多的功能词，如 the、of 等，但是功能词在本文中没有分析的意义，因此忽略不计。表 10-1 列出了经过筛选后的上海和广州在这个时期分别出现的 20 个有意义的高频词。

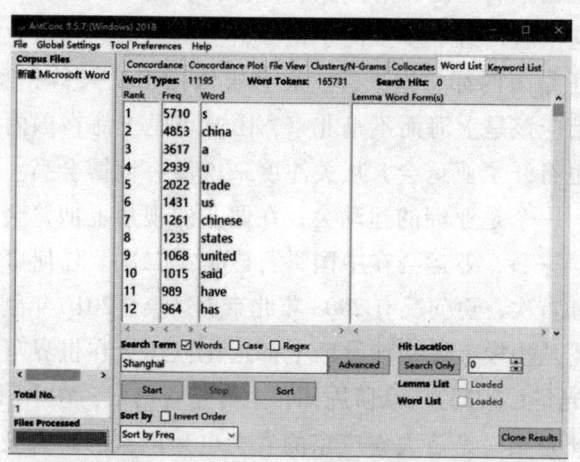

图 10-1　上海语料库中的 word list 高频词截图示例

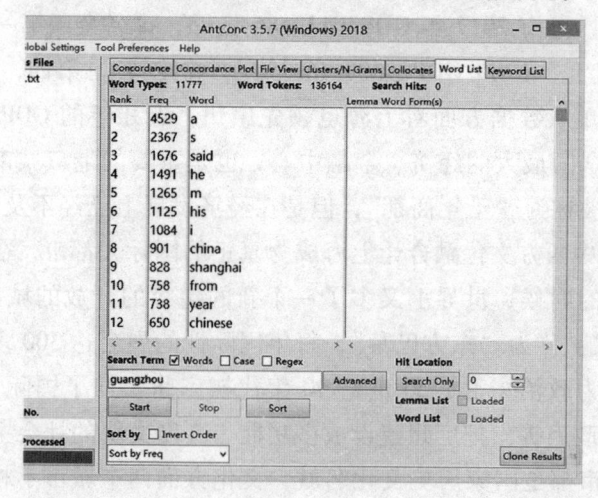

图 10-2　广州语料库中 word list 高频词截图示例

表 10-1　上海与广州高频词对比

NO.	Shanghai	Guangzhou
1	China	China
2	Chinese	Chinese
3	trade	Guangdong
4	international	international
5	opening	capital
6	developed	developed
7	center	opening
8	city	trade
9	fast	city
10	economy	market
11	export	sport
12	company	export
13	environment	energetic
14	crowd	environment
15	travel	abundant
16	enthusiastic	product
17	multiplex	enthusiastic
18	Disney	quality
19	pollution	provincial
20	master	pollution

高频词中的 China、Chinese、international 可以说是上海和广州的标签。这个不难理解，上海和广州属于中国，都是近代中国最早开埠的通商港口，往前看在战争中有举足轻重的地位，往后看在改革开放中也都是先锋城市。其地位在国内早已奠定。2010 年国务院发文宣布上海和广州成为"国际大都市"，同年上海举办世界博览会，广州举办亚运会，更是将这两个城市展示在世界的舞台上，并且一直以这样的国际定位发展。两个城市的高频词汇相同的有 developed、opening、trade、fast、enthusiastic、environment、pollution。前四个多出现在经济报道中，上海和广州分别作为长三角和珠三角的重要城市

在全国经济排名中遥遥领先,也同是重要的港口城市对外进出口发展迅速。上海是直辖市,广州是副省级城市,后三个词多出现在形容国人和环境中,中国人热情好客是有目共睹的,而素质方面却又差强人意的。关于2010年的亚运会报道中有许多负面新闻。比如,观众在观看比赛时的不文明行为,在日本赢得比赛演奏日本国歌时,观众在倒喝彩;因为座位问题跟警察发生冲突;在地上留下许多的垃圾(郭光华,2012)。由此可见在外媒眼中,上海和广州的经济影响力不容小觑,因而他们的报道相对正面;而国人的素质则是一言难尽。而环境污染也是城市在发展期间存在且不可避免的问题。

(三)关键词分析

"关键词"是指跟某一标准比较其频率明显偏高的词,但并不是文本中出现频率高的词汇就是关键词,而是这个词在参照语料库中频率相对较高并且有显著性的差异才能作为关键词,并以此来决定关键词的关键性。

根据上述定义,筛选上海和广州的关键词,分析关键词在媒体报道中的分布。"弗斯(Firth,1957)将关键词定义为具有重要的社会学意义的'焦点或中枢词'。它们与社会各方面都有着联系并可以反映一定的社会意义。"(支永碧,王永祥,李梦洁,2016)将两个城市的语料分开导入检索软件AntConc,然后将参照语料库导入 tool reference 选出关键词(除去功能词和无效关键词),更好地分析美国媒体涉华报道的重点。过程如图10-3、图10-4、图10-5:

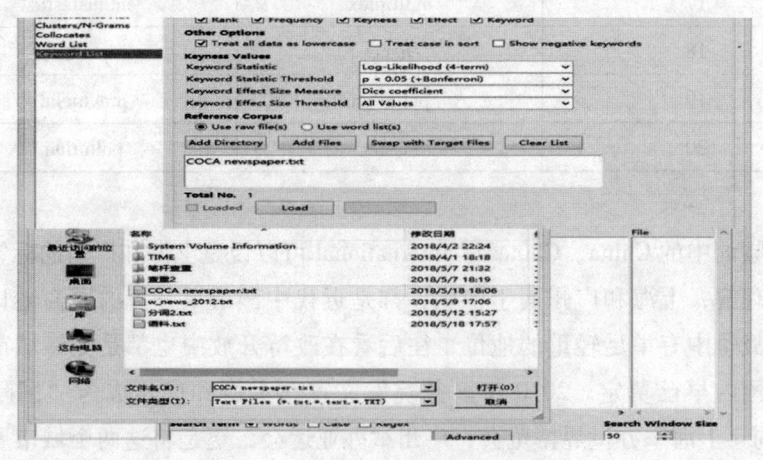

图10-3 Keyword List 操作示意图

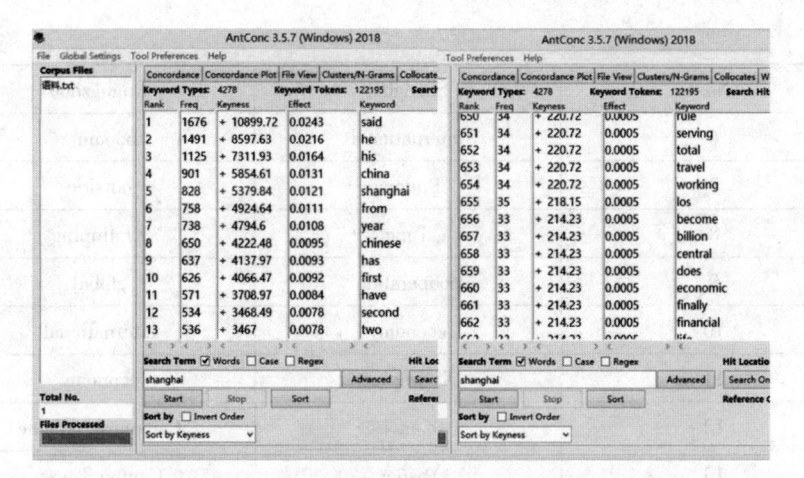

<<< 第五部分 语义韵视角的中国形象研究

图10-4 上海语料库中 Keyword List 操作截图

图10-5 广州语料库中 Keyword List 操作截图

经过筛选找出前20个有意义的关键词，如表10-2：

表10-2 上海和广州语料中前20个高频关键词

No.	Shanghai	Guangzhou
1	China	China
2	Chinese	Chinese
3	cities	capital
4	opening	Guangdong
5	center	cities

221

续表

No.	Shanghai	Guangzhou
6	international	booming
7	Pudong	outside
8	Tang	Xi Jinping
9	cooperation	global
10	economy	international
11	Xi Jinping	economy
12	sciences	Cantonese cuisine
13	Disney	Canton Tower
14	Shanghainese	factory
15	travel	market
16	environment	products
17	export	trade
18	industrial	sport
19	central	export
20	sport	provincial

可以看到，上海和广州在美国媒体报道中大同小异，简单的归纳就是政治、经济、文化。可以看到 China、Chinese 都排在首位，因为上海和广州都属于中国的城市，而 Xi Jinping（习近平）作为国家领导人也不可缺少地在媒体的报道中被提及。international 则是两个国际大都市的标签。sport 在《华盛顿邮报》中多次出现，报道的大多是上海申花和广州恒大。economy（经济），上海和广州在国内都是一线城市，从 GDP 值、进出口额方面看都能理解为何他们会出现在关键词中。在上海的关键词中出现了 center（中心）、central（最重要的）。上海一直推进四个中心（经济、金融、航运、贸易）的建设，并且向国际中心的方向发展，在国内的地位也堪比北京。cooperation 大部分出现在上海合作组织（Shanghai Cooperation Organization）中。SCO 从 2001 年建立时美国就颇为关注，到 2013 年《纽约时报》一家报纸报道就有 48 篇，对 SCO 这样的政府组织关注也表明美国对中国的外交比较关注，时刻注意影响自己大国地位的任何因素。Tang 在与上海搭配的时候表示的是上海滩的意思，也有用作上海外滩的意思。外滩是上海著名的景点，2014 年底发生的踩踏事

件更是轰动一时,媒体报道各不相同。Pudong(浦东)被称为上海发展的传奇,比深圳晚开发了十年,开发时中国正面临经济转型,国外都不看好。现在的浦东经济发展飞快,已占上海的三分之一,自贸区、空港、海港更是媒体关注的重点。sciences 上海城市的科技形象最早出现在交通上,包括磁悬浮列车、轨道交通等,但是上海科技也有绕不开的话题就是所谓的非原创以及开发过程中的污染现象。Disney 是美国报道上海文化时提及最多的文化主题,仅《纽约时报》的报道就达 20 余篇,多数报道的是 Disney 的建造情况,还有相关的周边环境整改等。广州作为广东的省会城市,Guangdong、capital 在关键词中出现。Cantonese cuisine(粤菜)和 Canton Tower(广州塔)在外国人眼中是一个特色,也是媒体报道广州文化最多的方面。在外国人眼中的广州城市形象调查中,广州的商贸经济、特色饮食、历史文化在整体印象中排到了前三名。factory, market, products, trade, export 这些都是跟经济相关的词,广州每年都举办"中国进出口商品交易会",吸引了大量的外资企业,其中更有世界 500 强企业加入。广州的外贸虽不及深圳、东莞,但是正在稳步上升。且广州的外贸种类繁多,服饰行业比较出名。大部分在广州的外国人从事外贸工作。

通过以上分析,我们可以看到美国媒体对广州和上海的关注是全方位的。出乎意料的是广州的经济被更多地关注。广州的报道相对少,却显出媒体对其经济的重视。可以看出报道上海的篇幅多,报道也比较全面,美国媒体更关注上海。总体表现出美国很在乎中国城市的高速发展。

(四)搭配词对比分析

不同语言和说话者能够主观地影响词语的搭配,而词语之间的搭配则帮助我们发现说话者背后隐藏的意识形态。通过 AntConc. 软件,以 Shanghai 和 Guangzhou 为节点词找到其相应的搭配词,可以帮助我们进一步分析美国媒体话语中的习惯用语。过程如图 10-6、图 10-7。

分别以 Shanghai、Guangzhou 为节点词,找出其相对的显著搭配词,根据 T 值的大小来筛选。在筛选过程中将 sort 改为 T-score(如图 10-8),软件会自动计算出 T 值,从 T 值大于 2 的搭配词中选出 20 个具有搭配意义的词如表 10-3。

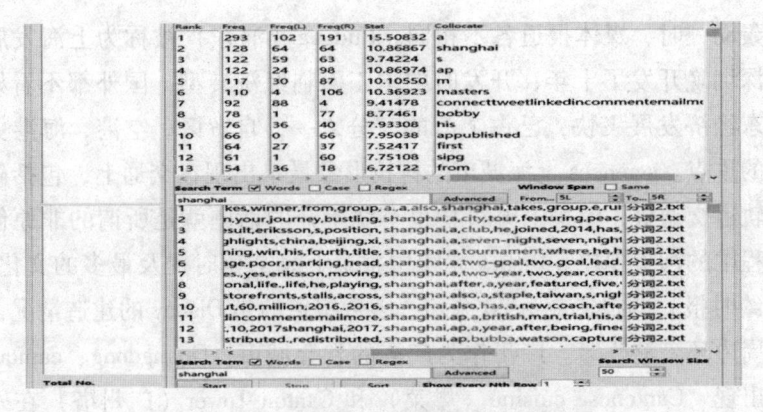

图 10-6　上海语料中高频搭配词部分截图

图 10-7　广州语料中高频搭配词部分截图

图 10-8　T 值计算操作截图

表 10-3 上海和广州语料中前 20 个高频搭配词

Collocates	Shanghai	Guangzhou
1	China	China
2	Chinese	Chinese
3	international	international
4	developed	developed
5	central	growth
6	center	Guangdong
7	multiplex	booming
8	quickest	succeed
9	opening	energetic
10	crowd	fast
11	company	evergrande
12	old	opening
13	economy	abundant
14	Shenhua	League
15	growth	economy
16	advanced	champion
17	lead	pollution
18	fast	quality
19	pollution	market
20	win	provincial

表 10-3 显示的是上海和广州语料中具有显著搭配力的前 20 个高频搭配词。

很明显,两个城市共同排名第三的都是 international(国际的),确实作为国际大都市这样的形象是非常准确的,也体现了两个城市在美国媒体眼中的定位。两个城市相同的搭配词有 developed(发达的)、fast(快速的)、growth(发展)、China(中国)、Chinese(中国人)、opening(开放)、pollution(污染)。在外媒报道中,上海和广州是中国的发达城市所以搭配词 China、Chinese 出现的比较多。上海的搭配词中 developed、international、central、

225

center、fast、multiplex、advanced、quickest、win 是明显搭配有积极意义的词语，old、pollution、crowd 搭配带有消极意义的词语。广州的搭配词中 international、developed、abundant、energetic、succeed、champion、fast 等搭配词均具有积极的意义，pollution、provincial 属于消极。

根据搭配词的异同可以看出，美国媒体对上海和广州的形象定位还是相对比较接近的，都是国际大都市，都是中国的发达城市。从搭配的词汇来看，正面的比较多，可以反映出两个城市在美媒心中的形象也是比较好的，带有肯定的情感色彩。但是 pollution，crowd，quality，provincial 这些词语的出现也反映出美媒对两个城市的环境和国人的素质也比较关注，具体的好坏我们需要结合语句分析。但是从以往的报道中可以看出消极的比较多，比如空气污染（雾霾）、水污染、国人随手扔垃圾、随口吐痰等。

第三节　语义韵的语篇语用功能分析

本节研究美国媒体涉华城市报道的语义韵特点，进而揭示新闻话语背后的意识形态。

一、上海报道语料中的语义韵分析

（一）积极语义韵

（1）Shanghai as a developed city of China, its economic stability is good,

这个例句是积极语义韵。developed city 上海是中国的发达城市。这里 good 形容上海的经济是稳定偏好的发展，整个句子表现出的是积极语义韵。上海作为中国的经济中心，其 GDP 表现突出。尤其 2017 年 GDP 高达 30133.86 亿元人民币，排名全国第一。

（2）Shanghai is one of the world's largest seaports. Formerly the largest metropolis of the Far East. Shanghai has become China's important center of economy, finance, trade, science and technology, information and culture.

这个例句是积极语义韵。这里的 largest，important center 都表示积极意义。上海是世界最大的港口，现在发展成为中国重要的中心城市。上海也一直致力于成为国际经济中心、国际金融中心、国际贸易中心、国际航运中心。

（3）Shanghai is really a multiplex city, I have never felt in a foreign country. Shanghai people are very enthusiastic and now many people speak English. There is no problem in daily communication.

这个例句是积极语义韵。Multiplex, enthusiastic 都是积极意义，在外媒的眼中上海是一个融合性很强的城市，中西方文化交融，强大的包容性让外国人很容易适应。作为一个国际性大都市英语的普及性也很广，上海是全中国讲英语人数最多的地方。根据移民局的报道，每年有 7000 左右的外国人移民至上海，而且这个数据还在增长。

（二）消极语义韵

（4）So, while it's all well and good to talk about the Chinese dream—Chinese cyberspace has its own cynical view of the current state of national nirvana: "In Beijing, you open the windows and get free cigarettes; in Shanghai you open the taps and get free pork soup". For it is not just the west that is obsessed by Beijing's air pollution and Shanghai's pig flotilla.

这个例句是消极语义韵。美国媒体对上海黄浦江上的死猪漂流事件 Shanghai's pig flotilla 进行了报道，对于环境问题没有从解决问题的角度出发而是引用国内网络评论来表达对上海环境问题的嘲弄。对于此类负面新闻的报道，外国媒体不能第一时间获得消息就二次消化中国媒体的报道和网络上的评论。

（5）For Shanghai, a crowed city, a stampede is a matter which would happen sooner or later.

这个例句是消极语义韵。美国媒体报道上海外滩发生的踩踏事件时认为，上海是个拥挤的城市，发生事故是早晚的事。其幸灾乐祸的态度令人不齿。对于这次事件该媒体也是使用了国内网民在社交网络上的评论，讽刺中国像是落后拥挤的印度。

（三）错综复杂语义韵

（6）In the eyes of American manufacturers, the Chinese whether buy mobile phone or bra their consumption ability is absolutely high, Victoria's Secret opened its first flagship store in Shanghai. And Shanghai as China's developed city in the world has a certain influence, so choose Shanghai is understandable.

这个例句是错综复杂语义韵。developed 形容上海是中国的发达城市，但是他说国人不论买手机还是服饰的消费能力都比较高。这里暗讽的是国人通宵排队抢购苹果的现象，上海作为中国的发达城市是商机的首选，该媒体却没有肯定其发展的积极与正面的意思。

(7) Overall, Shanghai is international and modern, and is generally friendly to foreigners. If you're an executive, you can enjoy some benefits, they pay you rent and so on, you can save a lot of money. However, most are not paid directly by foreigners.

这个例句是错综复杂语义韵。这里的 international、friendly 本应该是积极的搭配词，但是语境却是错综复杂的。这些文字所表达的到底是外国人在中国真的有价值还是因为外国籍而受到特殊的待遇。但是确实我们的大国自信心态还没有完全深入到每一个人的心里，崇洋是不可否认的一个因素，该媒体的暗讽含而不露。

二、广州报道语料中的语义韵分析

（一）积极语义韵

(8) Guangzhou's economy in China is also ahead, in the foreign trade has an important position, is a developed city.

这个例句是积极语义韵。广州的经济在中国遥遥领先，用了 developed（发达的）来形容，承认广州的经济实力。广州的外贸经济虽不及深圳、东莞，但是近几年提出建设国际航运枢纽的目标，外贸总量正在稳步增长中。2017 年底广州港完成货物吞吐量 5.9 亿吨，位居世界第五。包括每年举办的广交会都在为广州吸引大量的外资企业。

(9) What is impressive is the Cantonese cuisine, we have never eaten, the breakfast is exquisite and the afternoon tea also is delicious. If I can I want to learn, then can do for myself to eat.

这个例句是积极语义韵。Cantonese cuisine（粤菜）与 delicious 搭配，表现出明显的积极语境。粤菜在来中国旅游的美国人眼中是从未见过的美味，在许多调查研究中都排名较前。在国外，粤菜几乎可以与法国大餐相媲美。因为国外的华侨中广东人比较多，所以国外许多中餐馆以粤菜为主。

(10) Guangzhou is a city full of energy and enthusiasm, you will find it easy to adapt to the city life.

这个例句是积极语义韵。Energy、enthusiasm 表现很明显的积极意义，形容广州充满了活力，很容易适应。广州在清朝"一口通商"后作为唯一的通商口岸是外国人最多的地方，很多外国人对中国的了解就是对广州的了解。因此，广州人最先接受外来文化也更容易接受外国人。据不完全统计，2017年出入广州的外国人达到269万次，居住人数为8.8万人。

（二）消极语义韵

（11）During the Asian Games held in Guangzhou, they are very poor in quality, when the Japanese flag rises, they make a sound of ridicule. There's rubbish over the floor after the game.

　　这个例句是消极语义韵。在亚运会期间，这里的 they 指的不仅仅是广州人而且是中国人，poor 和 quality 搭配，指出国人的素质很差，在日本升旗的时候唏嘘，在地上乱扔垃圾。国人素质这方面在外媒的报道中大部分都是消极的。

（12）When you can understand little Mandarin, it is more difficult to find Cantonese. Cantonese is interesting and locals are more like speaking Cantonese rather than Mandarin. You may be first understand the swearing, because they say it more.

　　这个例句是消极语义韵。这里 Cantonese 搭配了 interesting，原本表达的是积极的意思，广东话很有趣。但是后面表达的是你可能会先明白脏话，因为他们说得比较多，嘲讽当地人讲脏话，素质低下。

（13）There are many kinds of Cantonese cuisine, it also delicious. But there are many things I can't understand, such as bugs. And some of the food stalls is very dirty, they didn't wear gloves and wash hands before made food, I do not know why there are so many people to eat.

　　这个是消极语义韵。Cantonese cuisine 和 delicious 搭配指粤菜美味，但是一些摊位的卫生条件非常差，在做食物前不洗手、不戴手套。指出国人不爱干净，对卫生没有要求。

（三）错综复杂语义韵

（14）In contrast to the events held in Beijing and Shanghai, Guangzhou residents can express their dissatisfaction freely and the government has done a very good job of solving the daily public opinion, so that Guangzhou residents have no complaints before the Asian Games began.

这个例句是错综复杂语义韵。背景是亚运会期间,广州政府对筹备亚运会期间给市民带来的困扰都有得到解决。Good job 表示的是积极的语义韵,到亚运会举办的时候市民没有任何抱怨与不满。但是媒体拿来与北京奥运会和上海世博会对比,暗指其工作只顾表面形象没有考虑到城市的居民。

比较之下美国媒体报道上海和广州经济和文化软实力时,使用的积极语义韵较多,消极语义韵多出现在报道城市的环境以及居民的素质方面。错综复杂的语义韵会出现在报道舆论方向偏中性的事件中。

通过语义韵分析我们可以发现,不管涉及哪个城市,不管其报道内容属于哪一个方面,美国媒体涉华报道的语义韵特征和隐性评价值得我们高度关注和重视。首先,美国主流媒体的国际影响力不容低估,我们既要重视其话语背后的意识形态偏见,也要重视其涉华报道内容的某种真实性和客观性,以便采取有效对策,提升自我形象,力争做到"有则改之,无则加勉"。其次,中国的国际地位确实在不断上升,综合国力不容小觑,而上海和广州作为中国的重要城市其国际形象也早已传播在外,美国媒体也不能盲目否认和贬低,因此美国媒体的城市形象报道中积极语义韵和复杂语义韵占有一定的比例。这表明美国媒体总体上肯定上海和广州的发展形象,承认中国的城市建设和发展,但另一方面,美媒涉华报道中的消极语义韵可能存在夸大事实的现象,但也的确说明我们自身存在一些问题。因此,对于媒体话语中隐含的语义韵特征和负面评价,我们需要保持一个清醒的头脑和理性的认识。

第四节　本章小结

基于以上对美国媒体报道中的高频词、关键词、搭配词和语义韵的对比分析,我们可以初步得出如下结论:

(1) 美国主流媒体关于上海和广州的报道涉及城市发展的诸多方面,如经济发展、饮食文化和生态治理等,其搭配词相对来说偏正面,涉及的语义韵特征包含积极、消极、错综复杂三个方面。广州的关键词中关于经济的词语较多,说明广州在美媒的眼中经济发展更为突出。而关于上海的新闻报道各个方面都有涉及。新闻报道的灵活性与这个城市的一举一动息息相关,一般来说,这种灵活性与报道事件的大舆论方向有关。

(2) 美国媒体对中国大都市负面事件的报道往往夸大其词、有失公允。

其话语背后的意识形态偏见值得我们高度重视和批判。比如大肆渲染上海黄浦江上的死猪漂流事件，美媒旨在刻意夸大事实，中伤和讽刺中国的城市发展和生态文明形象，而不是为了提供建议或警示。当然，我们自己也必须正视城市建设和社会发展过程中可能出现的各种不良现象，积极响应党中央号召，努力加强生态文明建设。

（3）为了更好地理解国外媒体涉华报道背后隐藏的意识形态偏见，我们需要用批评话语分析的方法，多角度地揭示和阐释其语篇修辞背后隐藏的政治意图和国家利益诉求，从而提高自身的跨文化语篇鉴赏和批判性阅读能力，更好地维护和传播中国的城市发展形象。

第六部分　结束语

第十一章

结束语

第一节 本研究的主要发现

（1）政治方面，美国媒体动辄对中国的人权问题说三道四，指手画脚，经常负面建构中国的政治形象，无端指责中国的民主、自由问题，严重违背事实，目的旨在引导国际舆论，为自己的国家利益服务。

（2）经济方面，美国媒体涉华经济报道不仅关注中国的经济发展对世界的贡献，也时常大肆渲染中国发展对世界的所谓"威胁"，恶意建构"中国经济威胁论"。

（3）国防领域，美国媒体的涉华军事报道往往缺乏一定的客观性与公正性，存在大量偏见与歧视，故意夸大所谓的"中国军事威胁"。具体来说，美国媒体通过不同的言语过程建构中国的国防安全形象，刻意强调中国强军的主动性和威胁性。外交领域，美国媒体利用模糊限制语模糊态度和立场，推卸责任，也为了提高语言的精确性和有效性，避免过分刺激中国，避免对中国的敏感问题做出无端判断。

（4）环境方面，美国媒体利用概念隐喻，恶意建构负面的中国环境形象，帮助美国媒体实现不可告人的政治目的，但其蓄意夸大事实、故意设置预设陷阱的不良企图需要中国学界予以及时准确地揭露和批评。

（5）科技方面，鉴赏元素占比最高，判断资源其次，情感资源最低；通过态度系统建构的中国科技形象既有正面也有负面，以实现既定的政治目的。

（6）外交方面，模糊限制语的使用帮助其实现了特定的交际目的：模糊立场和态度，推卸责任或避免承担责任；隐藏权势关系，为自己的观点辩护等。

总体来说，美国部分主流媒体涉华报道中存在故意捏造、歪曲事实的嫌疑，对中国形象的构建产生了一定的负面影响，值得国人高度警惕。

第二节 本研究的主要贡献

本研究的意义可以归纳为如下几点：

首先，本研究将定量研究与定性分析有机结合，从不同理论视角对美国媒体的涉华报道进行研究，获得了一些有价值的发现，结论较为客观中肯，既没有简单否定美国媒体的涉华正面报道，也结合特定的社会历史文化语境较好地阐释了美国媒体中国形象建构的意识形态倾向；

其次，本研究语料涉猎的范围比较广泛，涵盖中国的政治、经济、军事、文化、外交、科技、环境等诸多领域，且将中国媒体的涉华报道作为参照语料库，进行批评性对比分析，因此，研究结论较为客观、可信，为相关研究者提供了一定的启发和参考。兼备现实意义、理论意义、实践价值。

第三，本研究将语料库语言学与批评性话语分析结合，对美国媒体的中国形象建构开展批评性话语分析，有助于深刻揭示西方媒体涉华报道的主观态度及社会文化历史根源，有助于维护良好的中国国际形象，掌握舆论主导权，扩大中国的国际影响力。当然，本研究成果可以进一步验证批评性分析理论的实践价值，并丰富当代中国新话语研究的已有成果，拓展媒体话语研究的深度和力度。

第四，本研究对自建语料库进行处理，做了一些词云图和可视化分析，供未来相关研究者做进一步研究参考（见图11-1）。

从图11-1到图11-6可以初步发现美国媒体涉华报道的关键词及其涉猎领域，未来研究者可以围绕相关关键词搜集语料开展基于语料库的媒体话语批评性分析，以获得更多有价值的发现。篇幅原因，本研究不再详细分析。

第三节 本研究存在的问题与未来研究展望

（一）存在问题

首先，本研究各个部分、各个章节的划分是否合理值得进一步思考。

其次，本研究自建多个小型标注语料库，在标注过程中，由部分研究生

图 11-1 科技语料库的词云图

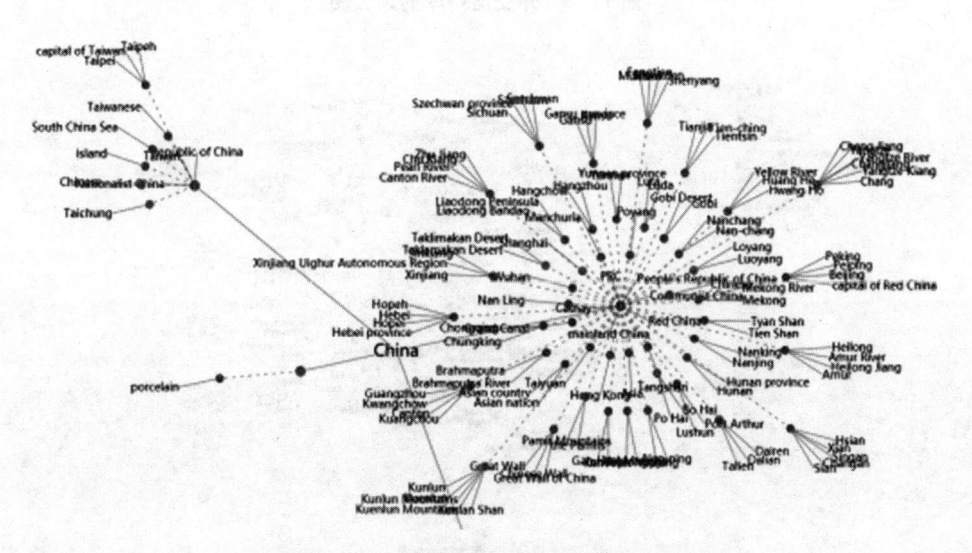

图 11-2 科技语料库的关键词可视化分析

和本科生参与，个别语料标注是否存在偏误有待进一步验证，卡方检验结果也因此值得进一步思考。今后的研究者可以进一步完善标注方法，最好由两个人分别标注最后汇总讨论。

第三，本研究的数据讨论和分析似乎还稍显简单，理论阐释尚需要进一步完善，特别是语义韵的批评性分析，部分章节的节点词和搭配词分析，以及语义韵三种类型的划分是否合理也有待专家学者进一步批评指正。

图 11-3 外交语料库的词云图

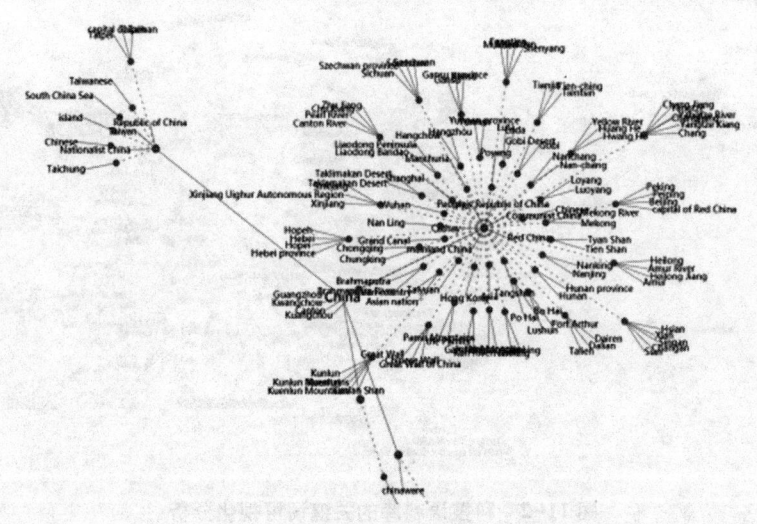

图 11-4 外交语料的关键词可视化分析

（二）未来研究展望

首先，进一步扩大语料库的容量，确保语料的代表性和全面性。因此，可以进一步应用 COCA 语料库开展美国媒体涉华报道的批评性分析。

其次，进一步开阔现有研究视野，互文性视角的语料库方法还有很多挖掘空间，如转述动词的语料库考察，直接引语的语料库标注、统计与分析值得进一步探索。遗憾的是，因篇幅限制，本书暂时没有收录互文性视角的美

图 11-5　军事语料库的词云图

国媒体涉华报道研究。

第三，本研究没有能充分发挥 COCA 语料库的价值，COCA 内含五个语料库，除了新闻语料库，其他语料库中的中国形象建构研究值得进一步关注，新闻话语与其他体裁话语的比较研究尚需进一步挖掘。

第四，本研究的有关方法可以进一步用于其他媒体涉华报道研究，鉴于篇幅限制，本研究未能开展进一步的比较研究。今后，我们将开展基于语料库的英国媒体中国形象建构研究，并适度开展英美媒体和中英媒体话语的比较分析。

附录　涉华科技语篇标注语料示例

China 〈ATT-AFF〉 is poised to 〈/ATT-AFF〉 join the United States and Russia as the 〈ATT-APP〉 only global powers 〈/ATT-APP〉 〈ATT-JUD〉 capable of launching humans into space 〈/ATT-JUD〉, 〈ATT-APP〉 a feat 〈/ATT-APP〉 that Western experts say would signal 〈ATT-APP〉 a growing technical 〈/ATT-APP〉 and 〈ATT-APP〉 military prowess 〈/ATT-APP〉. 〈ATT-APP〉 A successful mission 〈/ATT-APP〉, especially China's public demonstration of militarily 〈ATT-APP〉 useful technology 〈/ATT-APP〉, will send ripples of concern around the globe, even if it doesn't reach the crescendo that occurred after the Soviet Union sent cosmonaut Yuri Gagarin into space, achieving the 〈ATT-APP〉 first human spaceflight 〈/ATT-APP〉 on April 12, 1961. "This is very much a propaganda mission," said Charles Vick, who monitors space policy developments for GlobalSecurity. org, 〈ATT-APP〉 a think tank 〈/ATT-APP〉 in Alexandria, Va. "It in effect says to the rest of the world, 'We are 〈ATT-APP〉 a world power 〈/ATT-APP〉, period, end of discussion.'" "Without specific reference to the upcoming launch, China's foreign ministry 〈ATT-JUD〉 attempted to 〈/ATT-JUD〉 〈ATT-JUD〉 dispel 〈/ATT-JUD〉 〈ATT-AFF〉 concerns 〈/ATT-AFF〉 about the flight's military implications in a statement posted Thursday on www. sina. com, the country's main Web purely for 〈ATT-JUD〉 peaceful purposes 〈/ATT-JUD〉 and will never participate in any arms race in outer space," the ministry statement said. Nonetheless, the 〈ATT-APP〉 venture 〈/ATT-APP〉 will bring China 〈ATT-APP〉 new capabilities 〈/ATT-APP〉 that 〈ATT-JUD〉 can be applied to 〈/ATT-JUD〉 missile guidance, anti-satellite warfare and space-based tracking of submarines deployed by world powers. There are obviously military spinoffs for the program, "said Mohan Malik, a specialist in China and Asian geopolitics at the Pentagon-funded Asia Pacific Center for Security Studies in Honolulu." But the most important factor, of course, is that China 〈ATT-AFF〉 wants to ⟨/ATT-AFF⟩ signal its arrival as ⟨ATT-APP⟩ a great power ⟨/ATT-APP⟩ on the international stage. "Chinese officials said a launch attempt will be made between Wednesday and Friday from the Jiuquan Space Center in the country's northern region near the Gobi Desert. The manned mission will last 14 orbits, or 21.5 hours. The Chinese government, which has been ⟨ATT-APP⟩ secretive ⟨/ATT-APP⟩ until the past few days, has not provided final details about the number of" taikonauts "who will be on board. The spacecraft carry one or two on the mission." If they are delayed, it will be because of the same kind of delays we experience-something technical or the weather, "said Joan Johnson-Freese, an expert in national security decision making at the Naval War College in Newport, R.I., who has tracked China's emerging space program for 20 years. The ⟨ATT-APP⟩ precedents ⟨/ATT-APP⟩ for using human spaceflight to project power were established during the long Cold War between the Soviet Union and the United States. American Alan Shepard's ⟨ATT-APP⟩ pioneering ⟨/ATT-APP⟩ Mercury mission on May 5, 1961, followed Gagarin's flight by less than a month.

Locked in a nuclear ⟨ATT-APP⟩ standoff ⟨/ATT-APP⟩, the two superpowers chose to engage in a decadelong moon race, ⟨ATT-JUD⟩ won ⟨/ATT-JUD⟩ by the United States. The contest brought ⟨ATT-APP⟩ global prestige ⟨/ATT-APP⟩, ⟨ATT-APP⟩ technical advancements ⟨/ATT-APP⟩ and ⟨ATT-APP⟩ scientific discoveries ⟨/ATT-APP⟩ to both nations, a lesson not lost on the Chinese, who have stated plans to gradually build a human capability in Earth orbit by establishing a space station and eventually sending explorers to the moon. ⟨ATT-APP⟩ was beneficial ⟨/ATT-APP⟩," said Johnson-Freese, who believes China's leadership intends to use space to enhance its standing within the nation's borders as well as beyond. "They are sending multiple messages," she said. "It's a rallying factor for the people and with the leadership to build legitimacy and credibility for their government. Along the way, it employs a lot of people in skilled jobs. It gives a ⟨ATT-APP⟩ boost ⟨/ATT-APP⟩ to science and technology and education-all things we got from Apollo."

......

The timing of a Chinese space ⟨ATT-APP⟩ spectacular ⟨/ATT-APP⟩ comes at a particularly ⟨ATT-APP⟩ awkward ⟨/ATT-APP⟩ time for the United States. NASA's shuttle fleet is grounded through at least mid-September, as the space agency 〈ATT-JUD〉 struggles to 〈/ATT-JUD〉 recover from the Feb. 1 Columbia accident. The grounding has 〈ATT-JUD〉 forced 〈/ATT-JUD〉 the space agency to suspend the assembly of the international space station, the 〈ATT-APP〉 long-standing 〈/ATT-APP〉 centerpiece of U. S. exploration efforts, whose participants include Russia, Europe, Japan and Canada. At the same time, the United States has 〈ATT-JUD〉 barred China from 〈/ATT-JUD〉 participation in the space station project over 〈ATT-JUD〉 violations 〈/ATT-JUD〉 of the Missile Technology Control Regime, a 1987 multinational agreement to 〈ATT-JUD〉 restrict 〈/ATT-JUD〉 the export of space technology that could be used to deliver weapons 〈ATT-JUD〉 threatens 〈/ATT-JUD〉 to upstage plans for the Saturday launch of a Russian Soyuz rocket bound for the space station with a three-man Russian, U. S. and European crew. With the shuttle sidelined, Russia's 〈ATT-APP〉 smaller 〈/ATT-APP〉 Soyuz crew vehicles and Progress cargo capsules offer the 〈ATT-APP〉 only 〈/ATT-APP〉 means of transporting people and supplies to the 240-mile-high orbital outpost. Nevertheless, several 〈ATT-APP〉 key 〈/ATT-APP〉 officials within NASA have 〈ATT-AFF〉 wished 〈/ATT-AFF〉 the Chinese well. "They are developing a capability-this can't be understated-to 〈ATT-JUD〉 accomplish 〈/ATT-JUD〉 something that only two other nations on the planet have ever done. That's a rather 〈ATT-APP〉 historic, hallmark achievement 〈/ATT-APP〉," noted NASA Administrator Sean O'Keefe. "I 〈ATT-AFF〉 wish 〈/ATT-AFF〉 them luck because putting people in space is 〈ATT-APP〉 a dangerous, difficult thing 〈/ATT-APP〉 to do," said Wayne Hale, who was named to revamp and lead NASA's post-Columbia mission management team. "As an agency, we believe human spaceflight is 〈ATT-APP〉 a worthwhile endeavor 〈/ATT-APP〉 for humanity. So we 〈ATT-AFF〉 wish 〈/ATT-AFF〉 the Chinese luck as they start into the arena." China has been assisted Soyuz capsule, China's 〈ATT-APP〉 roomier 〈/ATT-APP〉 Shenzhou V, or "Divine Vessel," spacecraft will climb into orbit atop a Long March 2 rocket and descend with its passengers by parachute onto the grasslands of Inner Mongolia, following the pattern established during four unmanned flight tests from the Jiuquan Space Center. At least some members of China's small taikonaut corps have been trained in Star City, Russia's 〈ATT-APP〉 equivalent 〈/ATT-APP〉 to the astronaut training facilities in Houston. Vick of GlobalSecurity. org 〈ATT-AFF〉 believes 〈/ATT-AFF〉 that the mission will include a range of activities of military ⟨ATT-APP⟩ significance ⟨/ATT-APP⟩. Those may include efforts by the first taikonaut or taikonauts to demonstrate their ⟨ATT-APP⟩ expertise ⟨/ATT-APP⟩ at using ⟨ATT-APP⟩ powerful ⟨/ATT-APP⟩ cameras to gather images of the Earth's surface and other instruments to ⟨ATT-JUD⟩ intercept ⟨/ATT-JUD⟩ telecommunication signals. Like its flight-test predecessors, the Shenzhou V mission ⟨ATT-JUD⟩ is expected to ⟨/ATT-JUD⟩ leave in orbit an unmanned module equipped to gather spy photos and communication intercepts. The Chinese can ⟨ATT-JUD⟩ be expected to ⟨/ATT-JUD⟩ repeat the ⟨ATT-APP⟩ feat ⟨/ATT-APP⟩ with a ⟨ATT-APP⟩ longer ⟨/ATT-APP⟩ mission in several months, Vick predicted.

参考文献

哈罗德·伊萨克斯.《美国的中国形象》[M]. 于殿利、陆日宇译. 北京：时事出版社，1999.

克里斯托弗·杰斯普森. 美国的中国形象（1931—1949）[M]. 姜智琴译. 南京：江苏人民出版社，2010.

乔舒亚·库珀·雷默. 中国形象：外国学者眼里的中国 [M]. 沈晓雷等译. 北京：社会科学文献出版社，2006.

露丝·沃达克，迈克尔·迈耶. 批评话语分析方法 [M]. 北京：北京大学出版社，2014.

露丝·沃达克，保罗·奇尔顿.（批评）话语分析的新议程——理论、方法与跨学科研究（英语）[M]. 北京：北京大学出版社，2016.

Lakoff, G. & M. Johnson. 我们赖以生存的隐喻 [M]. 何文忠译. 杭州：浙江大学出版社，2015.

曾润喜，杨喜喜. 国外媒体涉华政策传播的话语框架与语义策略 [J]. 情报杂志，2017，36（06）：99-104，92.

常红等. 习近平"绿色治理"观：世界认同体现中国担当——国际社会高度评价"绿水青山就是金山银山"论 [N]. 人民网—国际频道，2017.

陈昌来. 应用语言学导论 [M]. 北京：商务印书馆，2012：288-289.

陈建生. 语料库语言学与英语教学 [J]. 解放军外国语学院学报：2004，(1)：60-64.

陈悦，陈超美，刘泽渊，胡志刚，王贤文. CiteSpace 知识图谱的方法论功能 [J]. 科学学研究，2015.

丁磊. 国家形象及其对国家间行为的影响 [D]. 天津：南开大学，2009.

窦卫霖，唐健. 美国总统就职演说的话语分析——从相关高频词看美国政治的延续性与时代性 [J]. 华东师范大学学报（哲学社会科学版），2009，

41（03）：51-55.

窦卫霖．中美官方话语的比较研究［D］．上海：上海外国语大学，2011：44.

杜雁芸．美国政府对中国国家形象的认知［M］．北京：时事出版社，2013：6-8.

段鹏．国家形象构建中的传播策略［M］．北京：中国传媒大学出版社，2007.

方秀才．基于语料库的英语教学与研究综述：成就与不足［J］．外语电化教学，2012：20.

桂诗春，杨惠中．语料库语言学与中国外语教学［J］．现代外语，2010：419-426.

郭光华．境外媒体广州亚运会报道分析［J］．现代传播，2011（5）51-54.

郭贵春．隐喻、修辞与科学解释［M］．北京：科学出版社，2007.

何兆熊．新编语用学概要［M］．上海：上海外语教育出版社，2000.

何自然．模糊限制语与言语交际［J］．外国语（上海外国语学院学报），1985（05）：29-33.

贺心颖．2011年《中国国家形象片》传播效果研究——以在京留学生对中国国家形象认知调查为例［J］．文化与传播，2013，（1）：8-15.

胡翠娥．从《时代周刊》对中国事务的报道看"文化翻译"中的"社会整体想象"［J］．外语与外语教学，2015（1）：8-12.

胡立宾．"圈外"的"另类"：《纽约时报》涉华军事报道中的我军形象塑造［D］．上海外国语大学，2010.

胡壮麟．认知隐喻学［M］．北京：北京大学出版社，2004：79.

黄孝喜，周昌乐．隐喻理解的计算模型综述［J］．计算机科学，2006，（08）：178-183.

姜玮．近期西方媒体抹黑我国军事形象剖析［J］．军事记者，2008，（03）：36-37.

凯文·林奇．城市意象［M］．北京：华夏出版社，2001.

蓝纯．认知语言学与隐喻研究［M］．北京：外语教学与研究出版社，2005.

李杰，陈超美. CiteSpace科技文本挖掘及可视化（第二版）[M]. 北京：首都经济贸易大学出版社，2016.

李开盛，戴长征. 孔子学院在美国的舆论环境评估[J].《世界经济与政治》，2011（07）：76-93，157-158.

李蕊丽. 隐喻与语用预设[J]. 江西师范大学学报，2006（04）：123-128.

李希光. 妖魔化中国的背后[M]. 北京：中国社会科学出版社，1996.

李晓红，卫乃兴. 汉英对应词语单位的语义趋向及语义韵对比研究[J]. 北京：外语教学与研究，2012.

李志东. 美国人看中国的军事力量与安全战略[J]. 北京. 国际论坛，2001（03）：14-21.

梁茂成，李文中，许家金. 语料库应用教程[M]. 北京：外语教学与研究出版社，2010.

梁晓波. 中国国家形象的跨文化建构与传播[J]. 武汉大学学报（哲学社会科学版），2014，67（01）：107-111.

刘程，曾丽华. 美国主流媒体孔子学院新闻报道的批评性话语分析[J]. 对外传播，2017，（01）：76-78.

刘继南，何辉. 当前国家形象建构的主要问题及对策[J]. 国际观察，2008（01）：29-36.

刘佳，于洋. 基于语料库的媒介批评话语分析——奥运后英媒对中国国家形象的建构[J]. 大连海事大学学报（社会科学版），2014.13（6）：111-115.

刘开骅. 中国军队形象跨文化传播中的媒体误读及其消解策略[J]. 现代传播（中国传媒大学学报），2012，34（09）：14-18.

刘立华.《纽约时报》对华舆论研究[M]. 北京：九州出版社，2013.

刘立华. 批评性话语分析概览[J]. 外语学刊，2008（03）：102-109.

刘林利. 日本大众媒体中的中国形象[M]. 北京：中国传媒大学出版社，2007.

柳超健，王军. 基于语义标注工具Wmatrix的隐喻识别研究[A]. 外语教育技术研究，2017.

卢夏颖. 从框架理论视角看FT中文网的中国形象建构——以2013—2015

年两会专题报道为例［J］.新闻传播，2015，（21）：25，27.

罗伯特·杰维斯.国际政治中的知觉与错误知觉［M］.秦亚青译.北京：世界知识出版社，2003.

罗建波.中国国家形象战略的基本框架与实现途径［J］.理论视野，2007（08）：27-29.

纪玉华，吴建平.语义韵研究：对象、方法及应用［J］.厦门大学学报，2000，（3）：63-68.

马克林.我看中国：1949年以来中国在西方的形象［M］.张勇先，吴迪译.北京：中国人民大学出版社，2013.

马杨娟.基于语料库分析工具Wmatrix的概念隐喻研究［D］.杭州：杭州师范大学，2017.

牛保义.认知语言学经典文献选读［M］.开封：河南大学出版社，2008

欧亚婷，廖伶欣.社交媒体构建中国海外文化形象的策略分析［J］.海外华文教育，2017（01）：134-144.

钱立勇.美国舆论中的新中国军队形象流变与成因探析［J］新闻与传播研究，2013，20（08）：38-52，126.

沈影，吴刚.俄罗斯区域媒体中的中国形象——以《州报》《实业界》《乌拉尔政治网》报道为例［J］.俄罗斯东欧中亚研究，2013（1）：17-22.

施光.批评性话语分析研究综述［J］.学术论坛，2007，（04）：202-205.

史丽琴.英汉政治新闻模糊限制语的对比分析［D］.银川：兰州交通大学，2017.

束定芳.隐喻学研究［M］.上海：上海外语教育出版社，2000.

宋国强.中国城市的国际媒体形象［D］.上海：上海交通大学．2014：14.

苏立昌.英汉概念隐喻用法比较词典［M］.天津：南开大学出版社，2009.

孙亚.基于Wmatrix语义赋码的概念隐喻评价意义分析［J］.外语与外语教学，2014（05）：42-46.

孙亚.基于语料库方法的隐喻使用研究——以中美媒体甲流新闻为例［J］.外语学刊，2012（01）：51-54.

孙毅.隐喻机制的劝诫性功能［D］.北京：中国社会科学出版社，2010.

孙有中.国家形象的内涵及其功能［J］.国际论坛，2002，4（3）：

14-21.

唐丽萍．美国大报之中国形象的语料库语言学方法辅助下的批评性话语分析［M］．北京：高等教育出版社，2016：40.

唐青叶，史晓云．基于语料库的南非大报对习近平主席访非报道的话语分析［J］．北京第二外国语学院学报，2016，38（01）：14-24，131.

田海龙．《后现代社会中的话语：批评性话语分析再思考》评介［J］．外语教学与研究，2003（3）：318-320.

田海龙．语篇研究：范畴、视角、方法［M］．上海：上海外语教育出版社，2009.

汪红伟．中国军事外交及其国际形象效应［J］．当代世界，2009（04）：50-52.

汪少华，梁婧玉．基于语料库的当代美国政治语篇的架构隐喻模式分析［M］．北京：北京师范大学出版社，2017.

王峰，刀国新，印凡．泰国主流媒体对"昆明火车站暴恐事件"报道中的中国形象——基于语料库语言学研究方法［J］．新闻研究导刊，2017，8（09）：9-10，63.

王巧荣．南海争端中的美国因素及其对中国维护南海权益的影响［J］．毛泽东邓小平理论研究，上海社会科学院，2012（11）.

王寅．认知语言学［M］．上海：上海外语教育出版社，2007.

王寅．认知语言学探索［C］．重庆：重庆出版社，2005：55-59.

卫乃兴．词语搭配的界定与研究体系［M］．上海：上海交通大学出版社，2002：156.

卫乃兴．词语学要义［M］．上海：上海外语教育出版社，2011.

卫乃兴．基于语料库学生英语中的语义韵对比研究［J］．外语学刊，2006，（05）：50-54.

卫乃兴．语义韵研究的一般方法［J］．外语教学与研究，2002（04）：300-307.

吴德识．论越南《人民报网》新闻报道呈现的中国国家形象（2003—2012）［D］．华东师范大学，2014.

吴光辉．日本的中国形象［M］．北京：人民出版社，2010.

吴晓秋，吕娜．基于关键词共现频率的热点分析方法研究［J］．情报理论与实践, 2012, 35 (08): 115-119.

吴友富. 中国国家形象的塑造与传播 [M]. 上海: 复旦大学出版社, 2009: 9.

武建国, 陈聪颖. 2015年批评性话语分析研究综述 [J]. 天津外国语大学学报, 2016, 23 (03): 66-73.

武建国, 林金容, 栗艺. 批评性话语分析的新方法——趋近化理论 [J]. 外国语, 2016, (5): 75-83.

郗佼, 邓秀琳. 批评性话语视阈下中亚主流网络媒体中的中国国家形象——以中国在上海合作组织成员国的角色为例 [J]. 新疆社科论坛, 2015 (02): 20-25, 31.

辛斌, 高小丽. 批评性话语分析: 目标、方法与动态 [J]. 外语与外语教学, 2013 (04): 1-5, 16.

辛斌, 李曙光. 汉英报纸新闻语篇互文性研究 [M]. 北京: 外语教学与研究出版社, 2010.

辛斌.《中国日报》和《纽约时报》中转述方式和消息来源的比较分析 [J]. 外语与外语教学, 2006 (03): 1-4.

辛斌. 语篇互文性的批评性分析 [M]. 苏州: 苏州大学出版社, 2000.

许静. 中美外交新闻发布会话语中模糊限制语的对比研究——批评性话语分析路径 [D]. 南京: 南京师范大学, 2017.

杨惠中. 语料库语言学导论 [M]. 上海: 上海外语教育出版社, 2002.

杨玉麟. 屈义华. 公共图书馆资源建设与服务 [M]. 北京: 北京大学出版社, 2013: 276-277.

姚宜. 广州城市国际形象探析——基于"外国人眼中的广州城市形象"调查 [J]. 城市管理与科技, 2015 (5): 27-33.

张昆, 陈雅莉. 地缘政治冲突报道对中国形象建构的差异性分析 [J]. 当代传播, 2014 (04): 38-41.

张树彬, 张晓欣. 从及物性视角看英语"中性"新闻 [J]. 河北大学学报, 2012, 37 (02): 148-151.

张玉. 日本报纸中的中国形象——以《朝日新闻》和《读卖新闻》为例 [M]. 北京: 中国传媒大学出版社, 2012.

赵芃. 2016年国内批评话语分析研究综述 [J]. 天津外国语大学学报,

2017, (04): 72-80.

赵艳芳. 认知语言学概论 [M]. 上海：上海外语教育出版社，2001.

支冉、王永祥、支永碧. 基于语料库的西方媒体中国教育形象建构研究 [M]. 长春：吉林大学出版社，2019.

支永碧，王永祥，李梦洁. 基于语料库的美国对华经济政策话语批评性研究 [J]. 上海对外经贸大学学报，2016, (04): 83-95.

支永碧，徐晓晴. 基于语料库的词语搭配行为与语义韵研究：动向、视角与方法 [J]. 河南师范大学出版社，2015, (2): 159-162.

支永碧. 批评性话语分析研究新动态 [J]. 外语与外语教学，2007, (03): 27-32.

支永碧. 政治话语名词化语用预设的批评性分析 [J]. 社会科学家，2013 (09): 141-147.

支永碧. 政治话语虚假语用预设的批评性分析 [J]. 社会科学家，2011, (09): 154-161.

支永碧. 基于语料库的政治话语语用预设研究 [M]. 苏州：苏州大学出版社，2010：266.

周芬. 美国媒体中浙江城市形象的话语建构研究 [J]. 浙江外国语学院学报，2016 (05): 27-33.

周宁. 跨文化研究：以中国形象为方法 [M]. 北京：商务印书馆，2011.

周宁. 世界之中国：域外中国形象研究 [M]. 南京：南京大学出版社，2007.

周宁. 天朝遥远 [M]. 北京：北京大学出版社，2006.

周宁. 中国形象：西方的学说与传说《龙的幻象》[M]. 北京：学苑出版社，2004.

周文. 新军事变革背景下的中国军事新闻传播研究 [D]. 四川大学，2007.

周一骏. 试论价值观在美国媒体客观报道中的作用——以美国主流报纸中的涉华报道为例 [D]. 上海国际问题研究院，2010：15-30.

朱小雪. 外国人眼中的中国形象及华人形象研究 [M]. 北京：旅游教育出版社，2011.

Bakhtin, M. M&V. N. Volosinov. *Marxism and the Philosophy of*

Language. Ladislav Matejka & I. R. Titunik (trans.) [M]. Cambridge: Harvard University Press, 1973.

Bell, A. The Language of News Media [M]. Oxford: OUP, 1991: 206.

Camus, J. T. W. Metaphors of cancer in scientific population articles in the British press [J]. *Discourse Studies*, 2009 (4): 465-495

Charteris-Black, J. *Corpus Approaches to Critical Metaphor Analysis* [M]. Hampshire Palgrave Meamillan, 2004

Chen, Chao-mei. Searching for intellectual turning points: Progressive knowledge domain visualization [J]. *Proceedings of the National Academy of Sciences*, 2004.

Chen, Chao-mei. CiteSpace II: Detecting and visualizing emerging trends and transient patterns in scientific literature [J]. *Journal of the American Society for Information Science and Technology*, 2006.

Cheng W. & Lam, P. W. Y. Western Perceptions of Hong Kong Ten Years on: A Corpus-Driven Critical Discourse Study [J]. *Applied Linguistics*, 2013, 34 (2): 173-190.

Wang, D. P. & B. Adamson. War and Peace: Perceptions of Confucius Institutes in China and USA [J]. *The Asia-Pacific Education Researcher*, 2015, 24 (1): 225-234.

Deetz, S. Critical interpretive research in organizational communication [J]. *Western Journal of Speech Communication*, 1982, 46: 131-149

Fairclough, N. Analyzing discourse: textual analysis for social research [J]. *Language & Literature*, 2004, (15): 303-306.

Fairclough, N. *Analyzing Discourse* [M]. London: Routledge, 2003.

Fairclough, N. *Discourse and Social Change* [M]. Cambridge: Polity Press, 1992: 177.

Fairclough, N. *Media Discourse* [M]. London: Edward Arnold, 1995.

Fairclough, N. *Language and Power* [M]. London: Longman, 1989.

Fairclough. N. *Critical Language Awareness* [M]. New York: Longman Publishing, 1992.

Fairclouph, N. *Critical Discourse Analysis. The Critical Study of Language*

[M]. London, Longman, 1995.

Firth. J. R. *Papers in Linguistics 1934—1951* [M]. London: Oxford University Press, 1957.

Foot, L. M. *From boomtown to bribes Ville; The images of the city. Milan*, 1980-97 [M]. Urban History, 1999.

Forceville, C. *Pictorial Metaphor in Advertising* [M]. London: Routledge, 1996: 35.

Fowler. R. , et. al. *Language and Control* [M]. London: Rout Ledge and Kegan Paul, 1979.

Geis, M. L. *The Language of Politics* [M]. New York: Springer-Verlag. 1987.

Gibbs, Jr. R. W. The strengths and weaknesses of conceptual metaphor theory [J]. *Journal of Foreign Languages*, 2008, (2): 2-12.

Gibbs, Jr. R. W. *Metaphor and Cognitive Linguistics* [M]. Philadelphia: Benjamin's North America, 1999.

Hall, S. [et al]. *Theory of Communicative Action* [M]. Vol. 1. T. McCarthy (trans.) . London: Heinemann, 1978.

Halliday M. A. K. *An Introduction to Functional Grammar* [M]. London: Edward Arnold, 1985.

Kenneth E. B. *National Images and International Systems* [M]. Irving Publishers, 1993.

Kim, K H. Examining US News Media Discourse about North Korea: A Corpus-Based Critical Discourse Analysis [J]. *Discourse and Analysis*, 2014 (2): 221-244.

Koller, V. *Metaphor and Gender in Business Media Discourse: A Critical Cognitive Study* [M]. Basingstoke: Palgrave Macmillan, 2004

Lakoff, G. & M. Turner. *More Than Cool Reason: A Field Guide to Poetic Metaphor* [M]. Chicago: University of Chicago Press, 1989: 65.

Lakoff, G. & M. Johnson. *Metaphors We Live By* [M]. Chicago: The University of Chicago Press, 1980.

Lakoff, G. *Women, Fire, and Dangerous Things: What Categories Reveal about the Mind* [M]. Chicago: The University of Chicago Press, 1987.

Lakoff, G. & Johnson, M. *Philosophy in the Flesh—Embodied Mind and Its Challenge to Western Thought* [M]. New York: Basic Books, 1999.

Lakoff, G. The Contemporary Theory of Metaphor [A]. In A. Ortony (ed.) *Metaphor and Thought* [M], Cambridge: Cambridge University Press, 1993: 211-212.

Leech, G. & M. Short. *Style in Fiction* [M]. Beijing: Foreign Language Teaching and Research Press. 2001.

Lin & Leng. The China Image in Malaysian Chinese Literature [J]. *Foreign Literature Studies*, 2011 (33): 140-145.

Mackerras. C. *Western Images of China*, *Revised Edition* [M]. Oxford: Oxford University Press, 1999.

Martin, J. R. Beyond Exchange: Appraisal System in English [C] //Wang Z H. *The Collected Works of Martin*, *J. R.* Shanghai: Shanghai Jiao Tong University Press, 2000: 203-204.

Markovits, H. [et al]. Understanding Transitivity of a Spatial Relationship: A Developmental Analysis [J]. *Journal of Experimental Child Psychology*, 1995, 59 (1): 124-141.

Martínez. I. A. Impersonality in the research article as revealed by analysis of the transitivity structure [J]. *English for Specific Purposes*, 2001, 20 (3): 227-247.

McEnery J R&P. R. R. W*hite The Language of Evaluation: Appraisal in English* [M]. Beijing: Foreign Language and Research Press. 2008.

Mosher. S. W. *China Misperceived: American Illusions and Chinese Reality* [M]. A New Republic Book, 1990.

Ortony, A. *Metaphor and Thought* [M]. (2 nd ed.) Cambridge: Cambridge University Press, 1993.

Pragglejaz Group. MIP: A method for identifying metaphorically used words in discourse [J]. *Metaphor and Symbol*, 2007 (1): 1-39.

Ryder, M. E. *Transitivity: Stylistics Approaches* [M]. Elsevier Inc, 2006, (06): 40-46.

Rayson, P. From key words to key semantic domains [J]. *International Journal of Corpus Linguistic*, 2008, (4): 519-549.

Shi Guang. An Analysis of the Transitivity System in Courtroom Discourse [J]. *Chinese Semiotic Studies*, 2014, 4 (2): 245-257.

Sinclair, J, M. *Corpus, Concordance, Collocation* [M]. Oxford: Oxford University Press, 1991: 74-75.

Steen, G. J. et al. *A Method for Linguistic Metaphor Identification* [M]. Amsterdam: John Benjamins, 2010.

Steen, G. The contemporary theory of metaphor — Now new and improved [J]. *Review of Cognitive Linguistics*, 2011 (1): 26-64.

Stubbs, M. *Text and Corpus Analysis* [M]. Oxford: Blackwell Publishers, 1996.

Takala T. & T. M. Hujala, et al. The order of forest owners' discourses: Hegemonic and marginalized truths about the forest and forest ownership [J]. *Journal of Rural Studies*, 2017, 55: 33-44.

Turner, M. *Death is the Mother of Beauty: Mind, Metaphor, Criticism* [M]. Chicago: The University of Chicago Press, 1987.

Van Dijk, T. A. & W. Kintsch. *Strategies of Discourse Comprehension* [M]. New York: Academic Press, 1983.

Van Dijk, T. A. Communicating racism: Ethnic prejudice in thought and talk. [J]. Contemporary Sociology, 1987, 17 (2): 437.

Van Dijk, T. A. Discourse and manipulation [J]. *Discourse & Society*, 2006, 17 (3): 359-383.

Van Dijk, T. A. Discourse, context and cognition [J]. *Discourse Studies*, 2006, 8 (1): 159-177.

Van Dijk, T. A. Knowledge in Parliamentary Debates [J]. *Journal of Language and Politics*, 2003, 2 (1): 93-129.

Varttala, T. Hedging in Scientifically Oriented Discourse: Exploring Variation According to Discipline and Intended Audience [D]. Tampere: University of Tampere, 2001.

Wierzbicka, A. Emotional universals [J]. *Language Design*, 1999, (2):

23-69.

Wodak & M. Meyer (eds.) Methods of Critical Discourse Analysis [C]. London: SAGE. 2001.

Zoltán Kövecses. *Emotion Concepts* [M]. Springer-Verlag, 1990.

Zoltán Kövecses. *Metaphor: A Practical Introduction* [M]. Oxford: Oxford University Press, 2010.

后 记

光阴荏苒，自从"基于语料库的美国媒体中国形象建构研究（1990—2012）"（14YJA740061）获得教育部规划基金立项资助以来，一晃多年，直到今日才整理书稿，准备出版，质量如何，尚待学界专家批评指正。

其实，本人起步较晚，也不算大器晚成，但一直在路上。2010年博士毕业以来积极参与并主持完成各类项目20多项，2012年毕业论文获评南京师范大学优秀博士论文，2014年《基于语料库的政治话语语用预设研究》一书获得江苏省第十三届哲学社会科学优秀成果三等奖，2016年"美国对华政策语料库建设与批评性研究"获得江苏省社科基金重点项目立项资助，2017"基于语料库的美国智库涉华政治话语的批评性分析"获得国家社科基金项目资助。虽然如此，由于能力有限，加之教学繁忙，一直没有时间系统整理相关研究，好在犬子和众多弟子大力协助，书稿终于整理完成。特别欣慰的是，《基于语料库的中马语言教育政策架构隐喻对比研究》《基于语料库的美国对华政策话语的批评性分析》《基于语料库的欧洲智库中国形象建构研究》和《基于语料库的美国智库涉华政治话语的批评性分析》等专著也将陆续出版。

书稿即将付梓出版，首先感谢我的博士生导师南京师范大学辛斌教授一直以来的关心、指导和帮助，感谢南京师范大学王永祥教授、张辉教授、汪少华教授、李曙光教授、施光教授、浙江传媒学院赖彦教授以及南京财经大学许静博士等同门师兄妹的关心、支持和鼓励。

衷心感谢苏州科技大学田晓明副校长；感谢苏州科技大学城市发展智库以及"国外智库涉华舆情分析研究中心"的所有同事；感谢祝平教授、郭富强院长、顾坚书记、綦亮副院长的鼓励与关心；感谢人文社科处各位领导的关心和支持；感谢我的家人，没有他们的幕后支持，本书无法顺利完成。

感谢苏州科技大学刘洋、沈苗苗、李菲菲、董姿洁、解雪对本书的贡献。

特别感谢光明日报出版社领导和编辑的鼓励和支持，没有他们的帮助，本书难以顺利出版。

　　本书的主要分工大致如下：

　　支永碧、支冉负责第一、第二、第三、第四和第七、第十一章的撰写；支冉、王永祥负责第五、第六、第八、第九和第十章；支永碧和王永祥负责全书的统稿与审校。

支永碧